Rick Brinkman y Rick Kirschner

CÓMO TRATAR con GENTE COMPLICADA

SACA LO MEJOR DE LOS DEMÁS EN SUS PEORES MOMENTOS

Cómo tratar con gente complicada
Saca lo mejor de los demás en sus peores momentos

Título original: *Dealing with People You Can't Stand*
Publicado por acuerdo con McGraw-Hill

Primera edición: abril de 2018

D. R. © 2012, by Dr. Rick Brinkman and Dr. Rick Kirschner

D. R. © 2018, derechos de edición mundiales en lengua castellana:
Penguin Random House Grupo Editorial, S.A. de C.V.
Blvd. Miguel de Cervantes Saavedra núm. 301, 1er piso,
colonia Granada, delegación Miguel Hidalgo, C.P. 11520,
Ciudad de México

www.megustaleer.com.mx

D. R. © La Fe Ciega, por el diseño de cubierta
D. R. © Istock., por la imagen de portada
D. R. © Mónica Álvarez, por la traducción

ISBN: 978-607-316-413-9

Impreso en México – *Printed in Mexico*

El papel utilizado para la impresión de este libro ha sido fabricado a partir de madera procedente
de bosques y plantaciones gestionadas con los más altos estándares ambientales, garantizando
una explotación de los recursos sostenible con el medio ambiente y beneficiosa para las personas.

Penguin
Random House
Grupo Editorial

Dedicamos este libro a la paz mundial
y a un mundo que funcione para todos,
lo cual sucederá cuando la gente haga las paces
con aquellos a quienes no soporta.

ÍNDICE

AGRADECIMIENTOS

Queremos agradecer a las siguientes personas por su ayuda y apoyo en este proyecto: a nuestras esposas, Linda K. y Lisa B., y a nuestras hijas, Aden K. y Carle B., por su estímulo, inspiración, intuición y consejo; a nuestros padres, Lois y Alam K., y Simone y Felix B., por su ejemplo, su apoyo incondicional y su fe en nosotros; a los gatos, por dormirse tan tarde como nosotros cuando nadie más lo hizo; al doctor Robert Doughton, por mostrarnos el camino; a nuestra editora Betsy Brown, por su agradable confianza, sus útiles sugerencias y sus respuestas oportunas; a Jimmy y Jeff, por darnos la oportunidad de difundir nuestras ideas; a Fred H. y Alan S., por su guía y consejo; a muchos que a través de sus palabras y sus acciones han afinado nuestra comprensión y nuestro entendimiento sobre los problemas de las personas, así como de las personas problemáticas: Leslie Cameron Bandler, David Gordon, John Grinder, doctor Milton Erickson, Robert Dilts y Virginia Satir; también a Ken Keyes Jr., Lenny Katz, Max y Moshe Goldman, Fidel Ramírez, Juárez Shapiro, doctor Robert Bolton, doctor Robert M. Bramson, Burt Miller y Roland y Theodore Clover; a todas las personas cuyos nombres olvidamos mencionar; a los cientos de miles que han asistido a nuestros seminarios, mirado o grabado nuestros programas y compartido sus historias con nosotros. Y, finalmente, a K&S por enseñarnos a ir hacia adelante con valentía.

INTRODUCCIÓN

La gente que no soportas son aquellas personas difíciles que no están haciendo las cosas que quieres que hagan o están haciendo cosas que no quieres que hagan —y no sabes qué hacer al respecto—. ¡No tienes que seguir siendo la víctima! Aunque no puedes cambiar a las personas difíciles, sí puedes comunicarte con ellas de tal manera que cambien su comportamiento. Es cuestión de saber cómo hablarles cuando se están comportando mal.

Este libro te ayudará a identificar y a reunir elementos para la comunicación efectiva. En este sentido, la comunicación con gente problemática es similar a hacer una llamada por teléfono. Tienes que marcar todos los números en el orden correcto si quieres que entre la llamada. Si omites un dígito (sólo 10% del número si incluyes el código de área) la llamada no entrará; marca el código de área al final y llamarás al lugar incorrecto. Pero es posible que aprendas el número, lo marques correctamente ¡y transformes por completo tus interacciones con la gente que no soportas!

Desafortunadamente siempre habrá gente difícil que, sin importar lo que hagas, se negará a contestar el teléfono y tomarte la llamada. En esos casos puedes cambiar la metáfora y pensar que lidiar con esa gente es como ejercitarte en el gimnasio de la comunicación. La gente difícil te ayudará a fortalecer los músculos de la comunicación y a desarrollar tu aguante y tu resistencia. Eso puede ser exactamente lo que necesitarás, alguna vez en algún momento, para conservar una relación más preciada.

Dirigiremos tu atención a cinco áreas clave para la resolución de tus problemas con las personas:

1. Primero examinaremos las fuerzas que impulsan a la gente a ser difícil en una variedad de formas. Cuando una persona empieza a gritar, a criticar con saña, y otra se calla y no dice nada, veremos que estas

fascinantes diferencias son indicadores de intenciones que se han frustrado. Una vez que comprendas estas diferencias te sentirás menos inclinado a tomar de manera personal los comportamientos difíciles.

2. A continuación examinaremos las habilidades esenciales de la comunicación que convierten el conflicto en cooperación, la emoción en razonamiento y los motivos ocultos en diálogo sincero. La buena noticia es que ya usas estas habilidades esenciales en tu trato con las personas con las que te llevas bien. La mala noticia es que, cuando tratas con personas problemáticas, no usar estas habilidades se convierte en gran parte del problema. Haremos explícito el proceso de comunicación para que empieces a usar estas habilidades cuando más las necesitas: cuando la gente está en su peor momento.

3. Después nos enfocaremos en estrategias específicas para lidiar con los 10 (+3) comportamientos más difíciles de la gente que no soportas. Aprenderás exactamente lo que puedes hacer para que la gente deje de quejarse, atacar, estallar o romper sus promesas.

4. Cada vez más nuestras relaciones con los demás se definen por el uso del teléfono y el correo electrónico. Sacarás el mayor provecho de estas herramientas para evitar el conflicto y promover la cooperación.

5. Al final del libro repasaremos el tema de qué hacer cuando no te soportas a ti mismo. Para entonces ya te habrás reconocido en algunas de las descripciones de la gente problemática. El capítulo 23 te ayudará a identificar y a modificar tu comportamiento difícil. Mientras menos difícil seas tú, menos tendrás que lidiar con gente difícil.

Te recomendamos que leas los capítulos 1 al 9 y luego vayas directamente al capítulo que trata sobre la persona difícil con la que estás intentando lidiar.

Antes de continuar, permítenos presentarnos y platicarte cómo fue que escribimos este libro. Somos Rick y Rick, mejores amigos, socios y doctores en medicina natural. (Aunque nuestra profesión surgió en los Estados Unidos hace más de 100 años, quizá no hayas escuchado hablar de ella hasta ahora.)[1] Nos hicimos amigos cuando éramos estudiantes de medicina pero

---

[1] Después de cursar el propedéutico del programa convencional de medicina, un doctor de medicina natural se entrena como médico general holístico durante cuatro años en una escuela de medicina. Los doctores de medicina natural aprenden lo mismo

nuestra amistad floreció cuando un doctor, cirujano del hospital local, se convirtió en nuestro mentor y gracias a su guía y apoyo estudiamos la salud desde el punto de vista de la actitud. Esperábamos determinar los principios de la salud mental y emocional y descubrir cómo usar esto para prevenir o curar enfermedades físicas. Una y otra vez nos dimos cuenta de que cuando la gente pone en claro sus valores, trabaja para alcanzar sus metas y aprende sobre comunicación efectiva y habilidades de relajación, se siente mejor. Y mientras su salud mental y emocional mejora, muchos de sus síntomas físicos desaparecen. Ya que el término *doctor* proviene del latín *docere* (enseñar), empezamos a compartir estas ideas a través de seminarios y talleres.

En 1982 una organización dedicada a la salud mental nos pidió que diseñáramos un programa sobre cómo lidiar con la gente difícil. Eso marcó el inicio oficial de nuestro proyecto de investigación, el cual ha culminado en este libro. Durante el proceso hemos cambiado la manera en que definimos lo que hacemos y ahora miramos nuestro trabajo como una especie de educación continua.

Durante más de dos décadas hemos aprendido sobre las esperanzas y los miedos de las personas, sobre la manera en que construyen o destruyen su vida, sobre su forma de comunicarse y, sobre todo, acerca de aquello que las convierte en problemáticas. Hemos analizado cuál es la mejor manera de lidiar con gente así, en sus peores momentos. Escribimos este libro para darte esta información que ya ha sido presentada, a través de seminarios, videos y papel impreso, a más de un millón de personas de quienes hemos recibido una respuesta entusiasta. Esperamos y creemos que estas ideas harán una diferencia significativa y duradera en tu calidad de vida.

Dr. Rick Brinkman y Dr. Rick Kirschner

---

que los doctores convencionales en cuanto a investigación científica, diagnóstico y habilidades clínicas. La diferencia es que el énfasis está puesto en la restauración de la salud, el bienestar y la prevención de las enfermedades más que en el manejo de los síntomas a través de tratamientos con drogas o la extirpación de partes problemáticas del cuerpo. Los estudiantes deben cursar cuatro años de nutrición clínica (comparado con las pocas semanas que los doctores convencionales cursan sobre esta materia) y reciben entrenamiento como terapeutas o consejeros para guiar a sus pacientes a que realicen cambios en su estilo de vida. Los estudiantes de medicina natural aprenden sobre terapias naturales que potencian las fuerzas innatas de curación que tiene el cuerpo frente a las enfermedades. Para saber más, visita el sitio de internet de la Asociación Americana de Medicina Natural (American Association of Naturopathic Physicians [AANP]) en www.naturopathic.org.

PRIMERA PARTE

*

CONOCE A LA GENTE QUE NO SOPORTAS

¡Te mostramos los 10 (+3) comportamientos más indeseables, te dotamos con el Lente de la Comprensión y te mostramos cómo el camino al Infierno está pavimentado de buenas intenciones!

1
LA LISTA DE LOS 10 (+3) MÁS INDESEABLES

En tu repertorio de habilidades comunicativas existen niveles variados de conocimiento e ignorancia, con sus consecuentes fortalezas y debilidades interpersonales. Quizá no tengas problema para lidiar con gente de excesivas o nulas emociones y en cambio tengas más dificultad y represente mayor reto aquella que se queja y es negativa o agresiva. La gente pasiva puede parecerte frustrante, o puedes tener poca tolerancia con los presumidos o los fanfarrones. De cualquier forma, es muy probable que tú mismo seas la causa de frustración de alguien más pues, en un momento dado, todos somos la dificultad, al menos, de una persona.

Puedes estar o no de acuerdo con los demás sobre quién es una persona problemática, pero en general hay cierto consenso sobre quiénes son las personas difíciles y qué es lo que las hace difíciles. Hemos identificado 10 patrones de comportamiento a los que las personas razonables acuden cuando se sienten amenazadas o frustradas, y que representan su lucha o su intento de huir de circunstancias no deseadas. A esta lista le siguen otros tres patrones de mal comportamiento que son comunes entre las familias. ¡He aquí los 10 (+3) comportamientos problemáticos de la gente en sus peores momentos!

EL TANQUE

Era un hermoso día. El cielo estaba despejado y Jim podía escuchar el canto de las aves a través de su ventana. Avanzaba en su proyecto y la oficina bullía de actividad y trabajo en equipo.

¡De pronto se aproximó un ruido familiar e inevitable!

Jim recordó el sonido de las rodaduras de un tanque. El clamor se aproximaba por el pasillo y era como si la tierra empezara a temblar. Casi podía percibir el timbre metálico de un radar distante. Mientras Jim escuchaba, Joe *el Tanque* Binter apareció detrás de una esquina y levantando su brazo como si fuera un cañón apuntó en dirección a Jim. ¡Jim supo entonces que él era el blanco! Desesperado, izó mentalmente la bandera blanca. El Tanque continuaba aproximándose. Mientras Jim miraba paralizado el dedo-cañón que le apuntaba a la cara, Binter desató una verborrea de acusaciones y escarnio: "Eres un idiota, un imbécil. ¡Eres un incompetente y una vergüenza para la raza humana! Debes ser un error genético. Has estado trabajando en esto durante dos semanas y aun así tienes tres semanas de retraso. No escucharé ni una más de tus excusas. Pon atención, porque esto es lo que harás…"

Jim miró de reojo y se dio cuenta de que todos en la oficina habían corrido para ponerse a salvo o estaban quietos y paralizados de miedo. Como el resonar de un trueno distante, Binter ladró las órdenes. Luego, tan repentinamente como empezó, el ataque finalizó. Binter se alejó y Jim se quedó enterrado en la montaña de escombros de sus mejores esfuerzos y buenas intenciones.

El Tanque es confrontador, incisivo e iracundo,
el punto más alto del comportamiento prepotente y agresivo.

EL FRANCOTIRADOR

Era el gran día. Sue nunca había trabajado tanto para preparar un reporte. Si lograba entregarlo de una manera profesional y pulcra, existía una buena oportunidad de un ascenso. Todos los ojos estaban sobre ella cuando inició su presentación. Sabía que todas las cuentas estaban correctas y saboreaba su victoria con antelación.

De pronto, cuando estaba por pronunciar la última frase, hubo un susurro como el crujir de las hojas de otoño y algo se movió al otro lado de la sala de juntas. Fue entonces cuando escuchó el disparo: "Hey —dijo una voz burlona e insistente—. Esa idea tuya me recuerda algo que vi en un libro. Creo que en el capítulo 11".

Una risa solitaria y diabólica inundó el cuarto. Luego, una risita detrás de otra. La concentración de Sue se esfumó y perdió el punto que estaba por hacer. "¿Eh?", balbuceó con incomodidad mientras buscaba al culpable de la interrupción. Y ahí, sonriendo con una mueca como el gato de Cheshire, estaba el Francotirador preparándose para disparar de nuevo.

"¿O quizás era el capítulo 13? ¡Ja ja! No me hagas caso. Por favor, continúa. Es que apenas me estoy dando cuenta de lo poco que en realidad sabes sobre este tema."

Ya sea con comentarios groseros, sarcasmo mordaz o poniendo los ojos en blanco en determinado momento, dejarte como un tonto es la especialidad del Francotirador.

LA GRANADA

Ha sido un día de trabajo productivo. Una brisa placentera se cuela perezosamente a través de la ventana mientras Ralph revisa por segunda vez los números que tiene frente a él. En ese momento Bob entra al cuarto. Su cara es rígida como una máscara y sus puños están apretados. Ralph percibe que algo anda mal, pero una segunda mirada a los labios tensos de Bob lo insta a regresar a sus asuntos. Bob pasa a un lado de Ralph y, al hacerlo, roza un montón de papeles colocado precariamente sobre su escritorio. Los papeles caen al piso como hojas otoñales mecidas por la brisa. Ralph no quiere decir nada pero, a pesar de sí mismo, una diminuta voz escapa de su garganta: "¡Ten cuidado, Bob!"

El tiempo se detiene. Bob voltea, sus ojos se abren, sus músculos faciales se tuercen, su pelo se eriza, sus brazos tiemblan y su voz explota: "¿Por qué no te fijas dónde pones ese #$&* mugrero? ¡#$%&*! ¡¿Cómo #$%&* se supone que yo adivine que eso estaba ahí?! ¡No sé ni por qué me molesto en venir! ¡A nadie le importa por lo que estoy atravesando! ¡Ese es el #$%&* problema del mundo! ¡A nadie le importa un #$%&*!"

La voz de Bob aumenta de volumen y la brisa parece convertirse en un ventarrón con retazos de ideas girando en una ráfaga de epítetos y metralla emocional. Parece como si durara para siempre pero por fin la ira de Bob disminuye. Deja de gritar, mira a su alrededor y se da cuenta de que todos los ojos están puestos en él. Así que, sin decir palabra, sale del cuarto azotando la puerta detrás suyo. Una solitaria hoja de papel se desliza suavemente hasta el suelo.

Después de un breve periodo de calma, la Granada explota vociferando y desvariando sin ton ni son sobre cosas que nada tienen que ver con las circunstancias de ese momento.

EL SABELOTODO

"Hola. Estás llamando a Soporte Técnico XYZ. Mi nombre es Frank. ¿Cómo puedo ayudarte?"

El cliente empieza a explicar. "Mi nombre es Thadeus Davis. Soy el director del Sistema de Información Gerencial de mi compañía y he trabajado en cientos de discos duros." Davis continúa describiendo el problema, y concluye: "Claramente hay algo mal con su producto".

Frank contesta: "Bueno, señor Davis, estoy muy familiarizado con este producto. Lo que usted me ha descrito no parece ser un problema mecánico, sino uno de *software*. ¿Podría indicarme qué extensiones ha instalado?"

"No es un problema de *software*."

"Señor, eso es lo que estoy intentando determinar. ¿Cómo sabe que no es un problema de *software*?"

"¿No estás escuchando? No es un problema de *software*. ¡Es un problema de su producto!"

Frank intenta preguntar otra cosa. "¿Apareció algún mensaje de error? ¿Recuerda lo que decía?" Davis no lo recuerda y con impaciencia repite que el equipo tiene un problema. Frank lo intenta de nuevo. "¿Señor, ha intentado conectar la unidad a otra computadora?"

Davis contraargumenta: "Sabemos que no es un problema de la computadora porque podemos conectar cualquier otra unidad a la computadora. ¡Permítame hablar con su supervisor!"

Muy pocas veces, cuando tiene alguna duda, el Sabelotodo tolera que lo corrijan o lo contradigan. Si algo sale mal el Sabelotodo establecerá con toda autoridad quién es el culpable: ¡tú!

EL AUTODENOMINADO SABELOTODO

Dena no planeaba que las cosas sucedieran de esa manera. Tenía una gran experiencia en el comité de inversiones y se había dedicado en cuerpo y alma a la investigación. Creía que finalmente demostraría de lo que era capaz. Pero no consideró la posibilidad de que Leo pudiera interferir. Como una pesadilla que se hace realidad, Leo dominaba la reunión. Exaltaba el desempeño de diversos fondos, lo cual, Dena sabía, era una tontería. ¡Nadie se daba cuenta de lo que Leo hacía! Acaparaba por completo la atención del grupo con su locuacidad. Y una vez que Leo los tuvo en su mano, no había quien lo detuviera.

"Leo —intervino Dena—, esos fondos son… Bueno, cuando pones atención en su historial…" Ella batallaba con la información, sin saber cómo detener el asunto antes de que fuera demasiado tarde.

"Si tienes una duda sobre este asunto o sobre cualquier otra cosa ¡sólo pregunta!" Leo proclamó sin perder el ritmo e inmediatamente se dirigió hacia su hechizada audiencia. "Sé exactamente lo que necesitamos. ¡Por supuesto, para mí, elegir las inversiones correctas es pan comido! ¡Sí! ¡Sin esfuerzo! De hecho, hasta lo disfruto. Es una habilidad que tengo, ¿saben? Además, le he seguido el rastro a estos fondos durante años. ¡Tienen un magnífico historial! ¡Confíen en mí!"

¿Magnífico historial? Por lo que Leo decía era obvio para Dena que él no tenía idea sobre esos fondos. Pero era igualmente evidente que ella no tenía idea de cómo detenerlo. Su corazón se hundió mientras miraba alrededor y veía como, una a una, las personas se dejaban envolver por la seguridad y el entusiasmo de Leo. ¿Cómo podían adivinar que él no tenía idea de lo que hablaba y que era Dena quien había hecho la investigación?

El Autodenominado Sabelotodo no puede engañar a todos, todo el tiempo, pero puede engañar a algunos, suficientes veces, y a suficientes personas, todo el tiempo... todo por llamar la atención.

LA PERSONA SÍ

Alice era la persona más amable del mundo. Tan amable que no podía decir que no; sí que no lo hacía. Le decía sí a todos y a todo, y esperaba sinceramente que esto pondría a todos contentos.

"¿Me harías un favor?", preguntaba Tom.

"¡Claro!", decía Alice.

"¿Irías a dejar esto por mí?", solicitaba Mark.

"¡No hay problema!", respondía Alice.

"¿Podrías recordarme que tengo que regresar esta llamada?", suplicaba Ellen.

"¡Por supuesto!", contestaba Alice con alegría.

"Termina esto antes de irte, ¿de acuerdo?", decía el jefe.

"Encantada", era la respuesta inmediata de Alice.

Pero la mayoría de las veces Alice no le recordaba a Ellen, no le hacía el favor a Tom, no iba a dejar el paquete de Mark y no terminaba el trabajo que su jefe le había solicitado. Siempre ponía excusas y daba explicaciones por no hacer lo que había dicho que haría, y sin embargo, para su sorpresa, eso no era suficiente.

Por querer complacer a la gente y evitar la confrontación, la persona Sí dice que sí sin detenerse a pensar las cosas. Reacciona a las peticiones olvidando compromisos previos y se sobrecarga de tareas hasta que no le queda tiempo para ella. Así, acumula mucho resentimiento.

LA PERSONA QUIZÁ

Se acercaba una fecha de entrega para Marv y se requería una decisión de Sue. Ella debía tomarla sin tardanza, pero extrañamente Sue no estaba por ninguna parte. Después de una prolongada búsqueda en cada sala y en cada pasillo, Marv la encontró. "No tengo tiempo de platicar Marv. Lo siento", dijo Sue y trató de alejarse, pero Marv la alcanzó y la presionó.

"¿Ya decidiste a quién vamos a enviar a la convención en Hawái?", preguntó Marv con urgencia.

"Bueno… todavía lo estoy pensando", fue la respuesta de Sue.

"¿Todavía lo estás pensando? —Marv tenía que acelerar el paso pues Sue caminaba con rapidez—. Sue, la convención es en tres semanas. Te pedí que seleccionaras a alguien hace seis meses. Este es el evento más importante del año y siempre enviamos a nuestros mejores representantes de ventas."

"Bueno… ya sé… Supongo que ya decidiré."

Marv, respirando con agitación, procuraba mantener el paso. "¿Supones? ¿Cuándo?"

Sue se detuvo. "No lo sé. Pronto." Miró el piso distraídamente, luego giró, y caminó de regreso por donde habían venido. Marv se quedó parado, mirándola, atónito y sin aliento. No había duda alguna en su mente de que esta decisión se postergaría hasta que fuera demasiado tarde para actuar.

En un momento de coyuntura, el Quizá procrastinará con la esperanza de que se presente una mejor opción. Tristemente, con la mayoría de las decisiones, llega un punto en el que es demasiado tarde y la decisión se toma sola.

LA PERSONA NADA DE NADA

Si Nat tenía algo que decir a su favor, Sally jamás lo habría adivinado. Su habilidad para sentarse y mirar fijamente era desesperante. Mientras más tiempo llevaban casados, él hablaba menos. A Sally le parecía que ella era la única que pronunciaba palabra. Podía haber peores problemas, por supuesto. Al menos Nat no era un bravucón y nunca se dirigía a las personas de mala manera. Pero, de todas formas, apenas hablaba. Quizás un poco de charla le habría dado variedad al silencio imperante. Sally lo intentó. "Así que, eh… Nat, ¿qué piensas de lo que está haciendo el presidente?" Nat no pareció escucharla. Encogió los hombros y siguió leyendo el periódico. Sally volvió a intentarlo. "¿Nat? Eh… ¿te cae bien?"

El movimiento de sus ojos mientras se levantaban para verla fue casi imperceptible. La mirada de Nat era como un cuarto vacío. Parecía como si nadie se encontrara en casa. "Yo… no sé." Eso fue todo lo que dijo, luego bajó la mirada de la misma insulsa manera y reinició su lectura.

Sally no se detuvo. Después de todo, llevaban casados 17 años. Sintió como si la distancia entre ellos fuera de kilómetros en lugar de metros, y como si fuera su responsabilidad construir un puente entre ellos. Así que lo intentó de nuevo. "Nat, eh… ya nunca platicamos. Ya nunca me dices que me amas. ¿Aún me quieres?"

Nat le dirigió esa misma mirada anodina y luego, despacio, volteó la cara hacia la ventana. Dejó el periódico en la mesa y dijo: "No sucede nada. Hace 17 años te dije que te amaba. Si algo cambia, te lo haré saber". Eso fue todo. Levantó su periódico, continuó su lectura y las esperanzas de Sally se hundieron en el vacío.

Nada de retroalimentación verbal. Nada de retroalimentación no verbal. Nada. Qué otra cosa esperarías del… Nada de Nada.

LA PERSONA NO

Jack terminó la tercera parte de su presentación de seminario, cuando una mujer en la parte de atrás del salón levantó la mano. "¿Sí, señora? Usted, en la parte de atrás, ¿tiene una pregunta?"

Ella lo miró fijamente entrecerrando los ojos. "Eso no funcionará", dijo.

"¿Lo ha intentado alguna vez?", preguntó él, dudoso de qué era exactamente de lo que hablaban.

"¿Cuál es la razón para intentarlo si no funciona?" Fuera lo que fuera, parecía ser algo obvio para ella.

"¿Cómo sabe que no funciona?"

"Es obvio."

"¿Obvio para quién?", preguntó Jack. La desesperación se apoderó de él.

"Para cualquier persona inteligente capaz de reflexionar un poco sobre esto". Su determinación era notable.

"¡No es obvio para mí!", dijo Jack, creyendo que había ganado la discusión.

"Bueno, ¿y qué es lo que eso dice sobre ti?", replicó ella, triunfante.

Más mortal para el ánimo que una bala, más poderosa que la esperanza, capaz de vencer grandes ideas con una sola sílaba. Disfrazada de persona normal y de buenas maneras, la persona No inicia batallas interminables por inutilidad, desesperanza y desesperación.

EL QUEJUMBROSO

Tan pronto como Joann recuperó su concentración, Cynthia empezó a quejarse otra vez. Esta era la centésima vez que ella interrumpía, y no eran siquiera las 12.

La voz de Cynthia seguía y seguía y resonaba como una motosierra. "¿Te dije que apenas compré mi nuevo asador después de ahorrar un año y medio? Es muy pesado y fue un problema sacarlo del auto. Mi esposo quiso ayudar pero como tiene mal la espalda no creí que eso fuera una buena idea, así que no lo dejé. La caja tenía un tamaño incómodo. Es muy difícil mover una caja cuando no cabe en tus brazos. Pero lo intenté. Y, finalmente, después de sacarme varios moretones, fui a conseguir una carretilla…"

"Cynthia —imploró Joann—, si no tenías otra manera de sacar la caja del auto, ¿por qué no buscaste ayuda antes de ir a recogerla a la tienda?"

"Pues no podía pedir ayuda a nadie más. Y, de todas maneras, dos personas no lo habrían logrado tampoco. ¡Y me corté un dedo con una grapa cuando quise abrir la caja! Si alguien me hubiera ayudado se habría cortado y me habría echado la culpa a mí. Además no sé cuánto iba a durar la oferta y realmente quería ese asador. Mi esposo no quería esperar. Está muy ansioso por estrenarlo, tan ansioso como yo. Y, de todas maneras, ni siquiera funcionó bien y ahora debo regresar el asador a la tienda. Pero como es tan pesado para volver a meterlo a la caja, yo…"

A medida que la voz de Cynthia perforaba más profundamente el subconsciente de Joann, ella pensó: "¿Qué le pasa? ¡Lo único que hace es quejarse!"

El Quejumbroso se siente desamparado y abrumado por la injusticia del mundo. Su estándar es la perfección y no hay nada ni nadie que la alcance. Pero la miseria ama la compañía, así que esta persona te compartirá sus problemas. Ofrecerle soluciones te convierte en mala compañía, así que sus quejas se incrementarán.

OTRAS PERSONAS: FAMILIARES

EL JUEZ

El Gigante temía las visitas de su mamá pues ella criticaba y se quejaba de todo. En su última visita, él le dio un cuarto en la torre con la mejor vista panorámica. Pero ella se quejó porque debía subir demasiadas escaleras. En una ocasión anterior, él le ofreció el cuarto en la planta baja, y ella dijo: "¿Qué? ¿No soy suficientemente especial para ocupar la habitación de la torre?" En esta ocasión, el asunto se repitió.

"¡Mira la manera en que estás vestido! ¡Pareces un vago! ¿Cómo esperas que la gente te tema?"

"Pero mamá, no es fácil encontrar camisas de talla extra-extra-extra-extra grande."

"¿Eres tan flojo que no haces lo necesario para ser terrorífico? ¡Sí que eres perezoso! Y mira este lugar. Se ve que no has trabajado en el jardín desde la última vez que estuve aquí. ¿Cómo puedes permitir que esa horrible mata de frijoles continúe creciendo frente a tu casa? ¿Y no eres capaz de limpiar de vez en cuando? ¡Fi, fai, fo, fum, aquí huele a sangre humana! Por lo menos espero que estés cuidando bien a mi ganso."

Mientras su mamá recorría el castillo para encontrar al ganso, el Gigante puso los ojos en blanco y se dejó caer en los escalones de piedra del castillo. Se desplomó con tristeza, sintiéndose increíblemente pequeño.

El Juez establece un estándar que nadie puede alcanzar
y luego enjuicia y critica sin parar.

EL ENTROMETIDO

Daphne abrió la puerta y se sorprendió al ver a su futura suegra. "¡Hera, que lindo de tu parte pasar a visitarme! ¿A qué debo el honor?"

"Daphne, mi futura nuera —Hera tomó los hombros de Daphne, levantó la cabeza y miró a la chica de arriba abajo—. He venido a ayudarte a vestir. Empecemos, porque no es poca cosa."

Antes de que Daphne pronunciara una palabra, Hera pasó a su lado y atravesó el dintel de la puerta de su departamento. Daphne fue detrás de ella. "Disculpa, Hera, no es el mejor momento. No he podido recoger —pero cuando llegó a la sala, Hera ya no estaba a la vista—. ¿Hera?", la llamó.

"Aquí estoy". La voz de Hera provenía de la recámara de Daphne.

"¡Mi recámara! ¿¡Cómo se atreve?!", pensó Daphne. Entró a su cuarto y estaba a punto de decir algo cuando se detuvo en seco. Hera revisaba su ropero como un torbellino. Algunas prendas eran arrojadas al piso, otras a la cama, y Hera tenía algo que decir de cada una de ellas.

"Basura. Basura. Ésta la puedes usar en tu luna de miel. Ésta, olvídalo, nuca cabrás en ésta. Ésta es un trapo…"

Acorralada entre su furia y el deseo de no ofender a su futura suegra, Daphne se mantuvo en silencio. Mientras Hera continuaba hurgando su ropa apareció Zeus y se plantó en medio del cuarto, rodeado de nubes envolventes. "¡Ay, Dios mío! ¡Es tan invasivo como su madre!"

El Entrometido piensa que sabe lo que te conviene,
decide que eres incapaz y pretende organizarte la vida.

EL MÁRTIR

"Jo, jo, jo —rio Santa—. ¡Pinky, falta una semana para la gran noche y vamos adelantados! Estoy encantado."

Pinky, el duende en jefe, evitaba ser demasiado optimista. Pero incluso él debía admitir que todo marchaba sobre ruedas. "Sí, éste es el primer año en un siglo que recuerdo tener duendes tranquilos durante estas fechas."

Santa sonrió, se reclinó en su silla, y se dispuso a celebrar encendiendo una pipa. Justo en ese momento, la señora *Clos* apareció en la puerta, con el teléfono en la mano. "Querido, mi mamá está en el teléfono. Nos invita a ir al Polo Sur para la cena de Navidad."

Santa dejó a un lado su pipa, respiró profundamente, y dijo: "Sabes muy bien, querida, que tengo trabajo en Navidad".

La señora *Clos* retiró la bocina de su oreja y Santa pudo escuchar a su suegra quejarse: "¡No me digas que no puede hacer un espacio para cenar! Tiene que comer, ¿no? Porque ciertamente se ve que come bastante. ¿Y quién le dijo que hiciera todo en una noche? Sin mencionar que fui yo quien le dio el enganche para su trineo mágico y esos renos. ¡Eso es lo que le permite ser la gran cosa! Si no fuera por mis sacrificios, él todavía sería un gordo haciendo entregas en un pueblito en Suecia".

Santa puso la cabeza entre sus manos y murmuró: "¡Eso fue hace 800 años! ¿Tengo que volver a escuchar lo mismo después de todo este tiempo?"

> El Mártir es un dador necesitado. Te da presentes,
> los quieras o no. Cada regalo viene con una obligación.

Ésta es la gente difícil con la que los demás no soportan trabajar, hablar o tratar. Pero si estás harto de la pereza, frustrado por los bravucones, decepcionado de la humanidad y cansado de perder, no desesperes. Recuerda que cuando tratas con personas problemáticas siempre tienes una opción. De hecho, tienes varias opciones.

1. *Puedes quedarte y no hacer nada.* Esto incluye sufrir el momento y quejarte con alguien que no puede hacer nada al respecto. No hacer nada es peligroso porque la frustración con las personas problemáticas tiende

a crecer y empeorar con el tiempo. Y quejarse con quienes no pueden hacer algo al respecto tiende a bajar la moral y la productividad, además de posponer una acción efectiva.

2. *Puedes alejarte.* A veces tu mejor opción es la retirada. No todas las situaciones tienen solución, y algunas simplemente no merecen ser resueltas. Alejarse tiene sentido cuando ya no hay motivo para seguir lidiando con la persona. Si la situación se deteriora, si todo lo que dices o haces empeora las cosas y si has llegado a perder el control, recuerda que la discreción es la mejor parte de la valentía, y aléjate. Como dijo Eleanor Roosvelt: "No eres la víctima de nadie sin tu permiso". De todas maneras, antes de que decidas retirarte puedes considerar otras dos opciones.

3. *Puedes cambiar tu actitud respecto de las personas difíciles.* Incluso cuando las personas difíciles continúan comportándose problemáticamente, puedes aprender a verlas y escucharlas de manera diferente y a sentirte distinto cuando estás alrededor de ellas. Hay cambios de actitud que te liberarán de tus propias reacciones frente a la gente difícil. Y un cambio de actitud es absolutamente necesario si deseas encontrar la voluntad y la flexibilidad para elegir la cuarta opción.

4. *Puedes cambiar tu comportamiento.* Cuando cambies la manera en que lidias con las personas difíciles, ellas tendrán que aprender nuevas maneras de lidiar contigo. De la misma forma en que algunas personas sacan lo mejor de ti y otras lo peor, tú tienes la misma habilidad con los demás. Hay estrategias efectivas para lidiar con la mayoría de nuestros problemas de comportamiento. Una vez que sabes qué es lo que necesita hacerse y cómo llevarlo a cabo, estás en el camino correcto para hacerte cargo de situaciones poco placenteras y redirigirlas para generar resultados valiosos.

2
EL LENTE DE LA COMPRENSIÓN

Este capítulo es sobre la comprensión: el tipo de entendimiento que te ayudará a comunicarte de manera efectiva, prevenir conflictos futuros y resolver los actuales antes de que se salgan de las manos. Este entendimiento se obtiene cuando colocas el comportamiento de tu persona difícil debajo de una lupa, miras a través del lente y lo examinas con detenimiento hasta ver el motivo que se esconde detrás de él.

¿Alguna vez te has preguntado por qué algunas personas son cautelosas mientras que otras son desinhibidas, algunas tranquilas y otras escandalosas, algunas tímidas y otras avasalladoras? ¿Has notado cómo, de un momento a otro, la gente puede intentar intimidarte y luego cambiar y ser amable, e incluso amigable? ¿Alguna vez te ha sorprendido la rapidez con la que el comportamiento de la gente cambia?

Cuando enfocas tu Lente de la Comprensión en el comportamiento humano, observarás que los niveles de asertividad poseen un amplio rango, desde pasivo hasta agresivo, dentro del cual la mayoría de la gente encuentra su zona de confort. Observa los extremos. En una situación determinada las reacciones pasivas y no asertivas pueden ser sumisas y no oponer resistencia, e incluso replegarse por completo. Otras pueden variar desde la determinación temeraria hasta la dominación, la beligerancia y el ataque.

PASIVO   MENOS   ASERTIVO   MÁS   AGRESIVO

Todos respondemos a diferentes situaciones con distintos niveles de asertividad. Durante tiempos difíciles o complicados la gente tiende a salir de su zona de confort y se vuelve más pasiva o más agresiva de lo que suele ser. Al enfrentar un reto un individuo altamente asertivo puede hacerse notar hablando más alto o actuando más rápido mientras que un individuo de baja asertividad puede ser cada vez más reticente frente a algunas actividades. Puedes reconocer qué tan asertivas son las personas por la forma en que se ven (si dirigen la energía hacia afuera o hacia dentro), por la forma en que se oyen (si gritan o murmuran o se mantienen en silencio) y por lo que dicen (si exigen o sugieren).

Al mirar a través de tu Lente de la Comprensión descubrirás patrones cuando la gente centra su atención en una situación determinada. Por ejemplo, ¿alguna vez has estado tan ensimismado en lo que estabas haciendo que olvidaste que había gente a tu alrededor?

Cuando la atención se centra casi exclusivamente en la tarea que se realiza, lo llamamos *foco en la tarea*. ¿Alguna vez has estado tan concentrado en lo que la gente hacía a tu alrededor que no pudiste concentrarte en nada más? Cuando la atención está puesta casi exclusivamente en las relaciones lo llamamos *foco en la gente*.

En este rango, y dependiendo de la situación, el comportamiento puede moverse con rapidez de un extremo a otro, de amigable y acogedor a pragmático y *manos-a-la-obra,* o viceversa. Durante tiempos difíciles, exigentes o estresantes, la mayoría de la gente tiende a enfocarse casi de manera exclusiva ya sea en el cómo (la tarea) o en el quién (la gente) y a abandonar su modo normal de operación. Una manera de discernir el foco de atención de una persona es escucharla con atención. Cuando alguien pone su foco en la tarea, su elección de palabras lo refleja: "¿Trajiste el reporte?" "¿Terminaste tus tareas?" "¿Elaboraste los cálculos?" "¿Qué tan cerca estás de finalizar el proyecto?" Cuando las personas están enfocadas en la gente, su elección de palabras lo refleja: "¿Qué tal tu fin de semana?" "¿Cómo está tu familia?" "¿Cómo te sientes hoy?" "¿Viste lo que hice?"

Ahora júntalo todo. La gente puede enfocarse en los demás de manera agresiva (beligerantemente), involucrándose (asertivamente) o con pasividad (de forma sumisa). La gente puede centrarse en una tarea de manera agresiva (con determinación temeraria), asertiva (involucrándose) o pasivamente (replegándose). Estas características de comportamiento pueden observarse a través de tu Lente de la Comprensión, tanto en otros como en ti. Y aunque todos podemos comportarnos de maneras muy diversas, para cada uno de nosotros hay una zona de comportamiento normal (mejor) o exagerado (peor).

¿QUÉ DETERMINA EL ENFOQUE Y LA ASERTIVIDAD?

Cada comportamiento tiene un propósito o una intención. La gente se porta según su propósito y hace lo que hace con base en lo que le parece que es más importante en un momento determinado.

Hemos identificado *cuatro intenciones generales* que determinan la manera en que la gente se comportará. Aunque éstas no son las únicas intenciones que motivan un comportamiento, creemos que ofrecen un esquema general en el que pueden ubicarse todas las intenciones. A manera de marco organizacional para comprender y lidiar con comportamientos difíciles, éstas son las cuatro intenciones:

Hacer las cosas.
Hacer las cosas bien.
Llevarte bien con los demás.
Obtener el aprecio de los demás.

De la misma manera en que la gente elige lo que usará a partir de una variedad de estilos de ropa (formal, casual, de trabajo) también lo hace entre una variedad de comportamientos que dependen de la situación. Puedes tener una camiseta favorita o unos pantalones, y quizá tengas un comportamiento preferido. Pero más que tener un estilo de comportamiento todo el tiempo, tu manera de actuar cambia en la medida en que cambian tus prioridades.

Para facilitar la detección y la comprensión de estas cuatro intenciones en los demás, identifícalas en ti y reconoce su conexión con tu comportamiento en diferentes situaciones.

Hacer las cosas

¿Alguna vez has necesitado que algo se haga? Si necesitas *hacer las cosas*, te enfocas en la tarea que está frente a ti. Fijarte en las personas es secundario a menos que sea necesario para el cumplimiento de esa tarea. Cuando realmente necesitas que algo se haga, tiendes a acelerar el paso más que a disminuirlo, a actuar más que a deliberar, a ser asertivo más que a replegarte. Y cuando terminar la tarea es un asunto urgente, necesitas ser menos cuidadoso y más agresivo, dar saltos antes de mirar y hablar antes de pensar.

Pero no sólo *hacer las cosas* es lo importante. A veces lo es evitar las equivocaciones: el tener la certeza de que cada detalle es preciso y está en su lugar.

Hacer las cosas bien

¿Alguna vez has hecho todo lo posible por evitar un error? Hacerlo bien es otra intención enfocada en la tarea y que influye en el comportamiento. Cuando hacer las cosas bien es tu prioridad, es probable que disminuyas la velocidad para poder ver y concentrarte mejor en los detalles. Es probable que avanzar —si es que alguna vez avanzas— te tome mucho tiempo. Incluso puedes no actuar si dudas acerca de las consecuencias de hacerlo.

A veces es cuestión de tiempo. Es importante encontrar el balance entre estas dos intenciones. Lo llamamos *hacerlo correctamente* porque si no se hace bien entonces realmente no se hace, ¿no es así? Pero una cantidad indeterminada de variables puede modificar este balance. Por ejemplo, si te han dado dos semanas para completar una tarea, inicialmente puedes inclinarte más hacia *hacerlo correctamente*, y avanzar despacio y con cuidado. A medida que la fecha límite se aproxima el balance puede virar dramáticamente hacia *hacer la tarea,* especialmente la noche anterior. Quizá sientas el repentino impulso de sacrificar detalles que antes parecían imprescindibles.

Llevarte bien con los demás

Otra intención detrás del comportamiento consiste en *llevarte bien con los demás.* Esto es necesario si quieres iniciar y desarrollar relaciones. Cuando hay gente con la que quieres *llevarte bien*, quizá seas menos asertivo, ya que pones sus necesidades por encima de las tuyas. Si *llevarte bien* es tu prioridad y la gente te pregunta a dónde quieres ir a comer, quizá respondas: "¿A dónde quieres ir tú?" Si los demás también quieren caer bien dirán: "A donde tú quieras. ¿Tienes hambre?" En esta situación, los deseos personales son menos importantes que la intención de *llevarse bien* con los demás.

Algunas veces, sin embargo, sobresalir de la multitud se vuelve una prioridad.

Obtener el aprecio de los demás

La cuarta intención general, *obtener el aprecio de la gente*, requiere un grado más alto de asertividad y el foco en la gente, para lograr ser visto, escuchado y reconocido. El deseo de contribuir y ser apreciado es una de las fuerzas motivacionales más poderosas. Los estudios muestran que las personas que aman su trabajo, así como quienes están felizmente casadas, se sienten apreciadas por lo que hacen y por quienes son. Si obtener aprecio es tu intención cuando vas a comer con tus amigos, es posible que digas: "¡Hay un restaurante fantástico al que quiero llevarlos! Les va a encantar. La gente me agradece todo el tiempo por haberlos llevado a ese lugar".

A veces recibes lo que das. Es importante encontrar el balance entre estas dos intenciones. Creemos que *recibes aprecio* cuando lo das. Dar aprecio y *llevarse bien* con los demás van de la mano. Pero hay una gran cantidad de variables que pueden perturbar el equilibrio. Por ejemplo, si eres un empleado nuevo en la oficina, inicialmente te inclinarás más hacia el *llevarte bien*, siendo considerado, atento y útil. Pero si hay una oportunidad de ascenso, el balance puede cambiar significativamente hacia la *obtención de aprecio*. Si crees que tus esfuerzos serán subestimados quizá te importen menos que antes los sentimientos de los demás. Igualmente, en el cortejo que precede al matrimonio, la gente tiende a mostrar una gran preocupación por las necesidades y los intereses del otro. Años después, es común escuchar a cada uno de los esposos exigir que sus propias necesidades sean satisfechas.

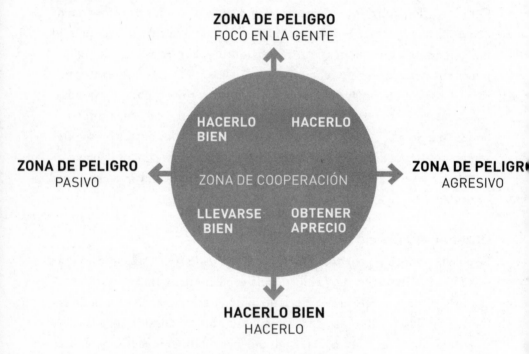

ES UNA CUESTIÓN DE EQUILIBRIO

Todas estas intenciones, *hacer las cosas, hacer las cosas bien, llevarte bien con los demás* y *obtener el aprecio de los demás,* tienen su lugar y su momento en nuestras vidas. A menudo, mantener estas intenciones nos conduce a tener menos estrés y más éxito. Para *hacer las cosas,* pon atención a *hacer las cosas bien.* Si lo quieres hacer bien, evita complicaciones procurando que todos *se lleven bien.* Para que un esfuerzo de equipo tenga éxito, cada parte debe sentirse valorada y apreciada. Aunque la prioridad de estas intenciones puede variar de un momento a otro, existe un balance normal entre ellas en todos nosotros (representada por la parte sombreada del centro del círculo). Lo llamamos *zona de cooperación*. Cuando las personas están en la *zona de cooperación*, a pesar de que sus intenciones pueden diferir, no entran en conflicto ni se sienten amenazadas por el otro.

SI LA INTENCIÓN CAMBIA, EL COMPORTAMIENTO TAMBIÉN

Toma en cuenta la siguiente situación y observa cómo cambia el comportamiento si la intención lo hace.

A Jack le han asignado un proyecto en la oficina. Tiene tres semanas para hacerlo, y como esto puede significar un ascenso, realmente quiere hacer las cosas de la mejor manera. Jack necesita algunos cálculos que Ralph, uno de sus colegas, debe hacer. Ralph le entrega un papel y agrega: "La última línea da más o menos a 1050". Jack dice: "¿A qué te refieres con 'más o menos 1050'? ¿Qué es concretamente?" Ralph contesta "1050". Jack dice:

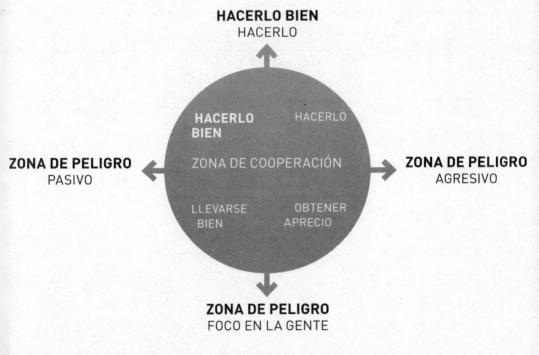

HACERLO BIEN
HACERLO

HACERLO
BIEN

HACERLO

ZONA DE PELIGRO
PASIVO

ZONA DE COOPERACIÓN

ZONA DE PELIGRO
AGRESIVO

LLEVARSE
BIEN

OBTENER
APRECIO

ZONA DE PELIGRO
FOCO EN LA GENTE

"¿Estás seguro?" Ralph responde: "Sí, bastante seguro". Jack llama a su esposa y le avisa que llegará tarde a casa. Esa noche se encierra en su oficina y con detenimiento y metódicamente revisa los números de Ralph. ¿Dónde crees que Jack se encuentra en el lente?

Obviamente la prioridad de Jack es *hacerlo bien*. Así que aminora el paso y se dedica a asegurarse de que hace bien las cosas.

Llega el fin de semana y Jack está trabajando en el estudio de su casa. Su hija de siete años entra y le dice: "Papi, papi, ven a mi cuarto a ver el dibujo que hice". Jack deja a un lado su trabajo y dedica el resto de la tarde a jugar con su hija. Esa noche, su esposa le dice que ha conseguido una niñera y le sugiere que vayan a cenar a algún lugar fuera de casa. Cuando ella pregunta a dónde le gustaría ir, Jack contesta: "A donde tú quieras". A la hora de la cena ella le pregunta si tiene tiempo para componer la gotera de la llave de la cocina al día siguiente. Jack piensa en su proyecto y sabe que no tendrá tiempo pero responde: "Sí, seguro". ¿Dónde está Jack ahora?

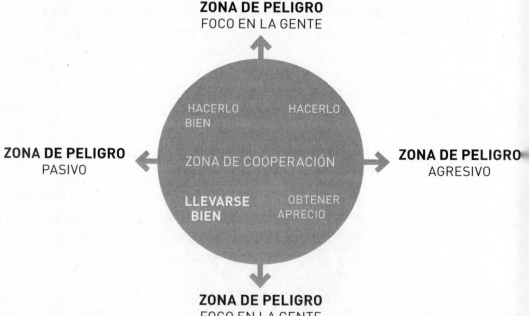

Obviamente, la intención de Jack es *llevarse bien*. Pone sus necesidades a un lado para complacer a las personas que le importan. Repentinamente el proyecto se vuelve secundario y la prioridad es *llevarse bien* con la familia.

Al día siguiente, Jack repara la plomería, y ya que está en eso, arregla también el quemador de la estufa y remplaza un mosquitero rasgado. Cuando su esposa regresa de las compras quiere mostrarle lo que adquirió, pero él quiere enseñarle primero lo que ha hecho. ¿Dónde se encuentra Jack ahora?

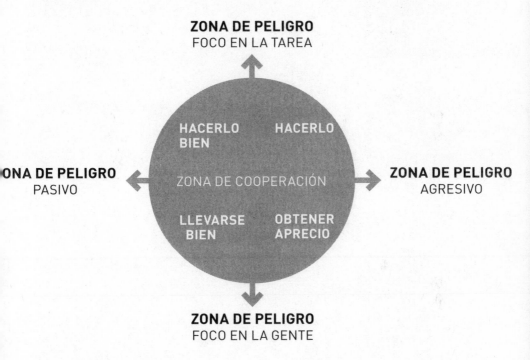

Si dijiste *obtener aprecio*, muy bien. Toma nota de que cuando su esposa regresó a casa, si él hubiera estado en el modo *llevarse bien*, probablemente habría echado un ojo a lo que ella había comprado en la tienda. Pero como *obtener aprecio* era primordial, no podía esperar para mostrarle lo que él había hecho.

Jack no avanza en su proyecto durante el fin de semana tanto como hubiera querido, así que en el transcurso de la semana entra en crisis. La fecha de entrega está encima. Trabaja en casa cuando su hija más pequeña le pregunta si puede acompañarla mientras se queda dormida y protegerla de los monstruos. Él dice: "No hay monstruos en tu cuarto. Regresa a la cama". Poco después su esposa le pregunta si quiere acompañarla a tomar un té. Sin levantar la vista, dice someramente: "No". Entonces ella pregunta lo que harán el fin de semana y ofrece algunas opciones. "¡No tengo tiempo para eso ahora! —responde exasperado—. Elige tú." Y regresa a su trabajo. "¡Vaya! —piensa—. Tendré que adivinar algunos detalles sobre estos números."

¿Dónde está ahora Jack?

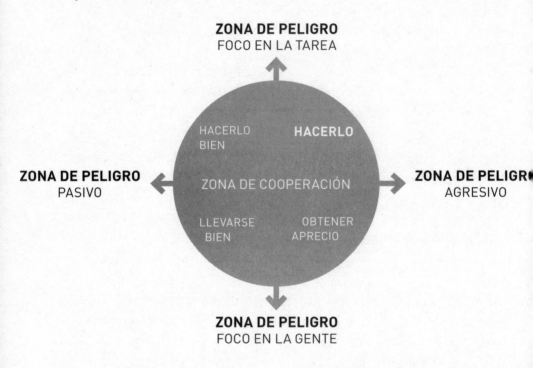

Hacerlo es la respuesta. Bajo la presión de la fecha límite, Jack se enfoca más en la tarea y no está dispuesto a usar tiempo para estar con su familia. Su manera de comunicarse es más directa. Está dispuesto a adivinar algunos números, lo cual habría sido impensable hace algunas semanas, cuando tenía el lujo del tiempo para *hacerlo bien*.

ESCUCHA DE DÓNDE PROVIENE LA INTENCIÓN DE LA GENTE

¿Cómo puedes identificar las intenciones de los demás? Un indicador inmediato es su estilo de comunicación. Vayamos a una reunión en la que cuatro personas con diferentes intenciones tienen algo que decir. Tu misión es poner atención al estilo de comunicación de cada una y determinar cuál es su intención primaria.

La primera persona dice: "¡Sólo hazlo! ¿Qué sigue en la agenda?"

¿Qué intención es más probable que esté representada aquí con tal estilo comunicativo, tan breve y tan directo? Si te suena a que la prioridad es *hacerlo*, estás listo para continuar con el siguiente ejemplo. Cuando la gente quiere que las cosas se hagan mantiene una comunicación breve y concreta.

La siguiente persona en la reunión dice: "Eh… de acuerdo con los números de los últimos dos años, y tomando en cuenta la inflación, los mercados fraccionarios, la competencia extranjera, y, por supuesto, extrapolando eso hacia el futuro… considero… eh… que sería benéfico para nosotros tomarnos más tiempo para explorar el problema a fondo, pero si se requiere en este instante una decisión, entonces… hagámoslo".

¿Qué intención está representada aquí con un estilo de comunicación tan indirecto y detallado? Si estás pensando en *Hacerlo bien*, estás en lo cierto. Mira cómo ambas personas dijeron "hagámoslo". Pero la persona enfocada en *hacerlo bien* jamás soñaría en decirlo sin antes respaldar su argumento con detalles.

La tercera persona en la reunión habla: "Siento… y díganme si no están de acuerdo conmigo, porque realmente valoro sus opiniones —de hecho he aprendido tanto de trabajar con todos ustedes—, pero estaba pensando… si todos están de acuerdo, que quizá deberíamos hacerlo. ¿Les parece?"

¿Qué intención es la que mejor está representada por este estilo de comunicación indirecto y considerado? Si crees que esto es un ejemplo de *llevarse bien*, entonces acertaste. La persona en el modo *llevarse bien* será considerada con las opiniones y los sentimientos de los demás.

De pronto, la cuarta persona en la reunión se levanta (aunque todos los demás permanecen sentados) y proclama ruidosamente, "Pienso que deberíamos hacerlo y les diré por qué. Mi abuelo solía decirme: 'Hijo… el que se duerme, pierde'. Nunca supe a qué se refería, pero jamás dejé que eso me detuviera. Ya saben, eso me recuerda un chiste que escuché. Les va a encantar..."

Mientras esa persona continúa, nos gustaría detenernos y considerar qué intención es la que más probablemente representa tan elaborado estilo de comunicación. Si estás pensando en *obtener aprecio*, has hecho un buen trabajo hasta ahora en el reconocimiento de las intenciones según su estilo de comunicación. La persona enfocada en *obtener aprecio* probablemente tiene un estilo más flamboyante.

¿Entiendes cómo la gente con distintas intenciones primarias puede sacar de quicio a los demás?

Ahora piensa en la persona problemática en tu vida; en la situación en la que esa persona es difícil. ¿Cómo se comunica? ¿Y qué hay de tu comunicación? ¿Quién era más directo y concreto? ¿Quién era más detallado? ¿Quién tenía deferencias con los demás? ¿Quién era más elaborado? ¿Quién se enfocaba más en las personas? ¿Quién era agresivo y quién pasivo? Al observar el comportamiento y escuchar los patrones de comunicación de tu persona problemática puedes identificar su intención primaria.

PRIORIDADES COMPARTIDAS, NO HAY PROBLEMA

Cuando las personas tienen las mismas prioridades, es poco probable que ocurra un malentendido o un conflicto.

Por ejemplo:

La persona con la que trabajas en un proyecto quiere hacerlo. Tú estás enfocado en la tarea, tú la estás llevando a cabo y tu comunicación con esa persona es breve y concisa.

La persona con la que trabajas quiere hacer la tarea de manera correcta. Tú estás enfocado en la tarea, tú estás poniendo atención en cada detalle y los reportes que entregas están muy bien documentados.

La persona con la que trabajas quiere llevarse bien contigo. Con tu conversación amigable y tu comunicación considerada, le dejas saber a esa persona que te importa y te agrada.

La persona con la que trabajas busca obtener aprecio por lo que está ha-ciendo. Con tu entusiasmo y tu gratitud le haces saber a esa persona que reconoces sus contribuciones.

¿QUÉ SUCEDE CUANDO LA INTENCIÓN NO ES SATISFECHA?

Cuando las intenciones de las personas no son satisfechas su comporta-miento empieza a cambiar. Cuando la gente quiere que las *cosas se hagan* pero teme que eso no suceda su comportamiento se volverá *controlador* para así impulsar el trabajo. Cuando la gente trata de *hacer las cosas bien* y teme que no sea así, su comportamiento se volverá *perfeccionista* y señalará cada error o equivocación potencial. Cuando la gente trata de *llevarse bien* y teme no ser incluida, su comportamiento buscará *obtener aprobación*, sa-crificando sus necesidades personales por el placer de los otros. Cuando la gente quiere *obtener aprecio* y teme no hacerlo, su comportamiento se tornará *llamativo,* obligando a los demás a que lo noten. Estos cuatro cam-bios son sólo el inicio de una metamorfosis que la gente no puede soportar. Usando nuestro lente, estos cambios son representados por el área justo afuera de la *zona de cooperación* llamada *zona de cuidado.*

Si te das cuenta de estos cambios de comportamiento, entonces enfoca inmediatamente tu atención en *acoplarte* (capítulo 4) con esas personas. ¿Pero qué pasa si no son flexibles? *Bueno, ¿quieres saber algo verdadera-mente terrorífico? Su comportamiento cambiará hasta convertirse en tu peor pesadilla.*

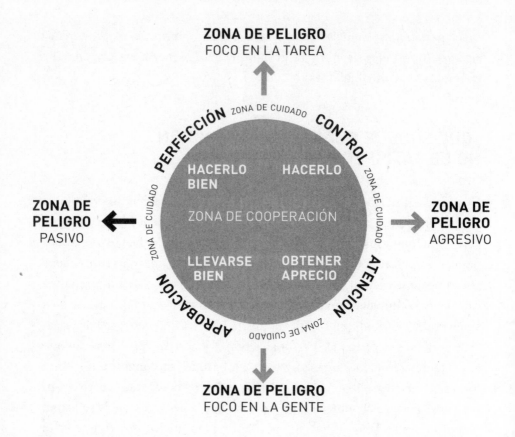

3
EL CAMINO AL INFIERNO ESTÁ PAVIMENTADO DE BUENAS INTENCIONES

Una vez que la gente ha determinado que lo que quiere no está sucediendo o que lo que no quiere sí sucede, su comportamiento se vuelve más extremo y entra en la *zona de peligro*. Observemos cómo las intenciones positivas amenazantes o frustrantes conducen a las personas a comportarse de manera problemática.

INTENCIÓN AMENAZADORA DE *HACER LA TAREA*

A través de un lente distorsionado por la intención de hacer las cosas, parecería que los demás sólo pierden el tiempo, se van por la tangente, o hablan demasiado. La intención incrementa la intensidad del comportamiento de la persona, quien, en consecuencia, se vuelve más controladora. Los tres comportamientos controladores más difíciles son los del Tanque, el Francotirador y el Sabelotodo.

El Tanque. En una misión, incapaz de aminorar su paso, empujándolo todo o pasando por encima de ti, el Tanque no se detendrá para evitar hacerte pedazos. Pero lo irónico es… que lo suyo no es personal. Simplemente te encontrabas en su camino. Por controlar el proceso y tener éxito en la misión el comportamiento del Tanque va de presionar un poco a ser abiertamente agresivo.

El Francotirador. Es un estratega cuando las cosas no se están haciendo a su entera satisfacción. El Francotirador te controla a través de la vergüenza y la humillación. La mayoría de las personas teme ser avergonzada en público —un hecho que el Francotirador utiliza como ventaja, haciendo comentarios cargados de ironía en tus momentos de mayor vulnerabilidad.

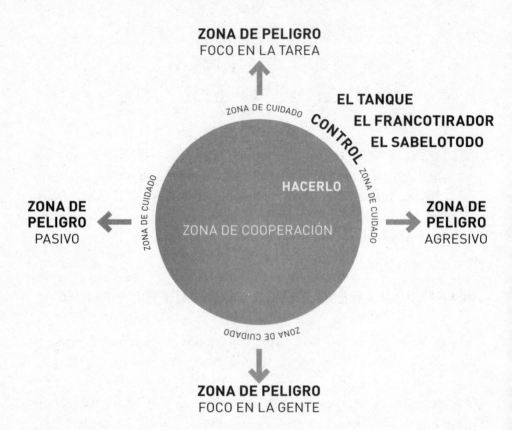

El Sabelotodo. Controla a las personas y los actos dominando la conversación con largos y arrogantes argumentos, elimina la oposición señalando errores y debilidades y desacredita otros puntos de vista. Debido a que el Sabelotodo es culto y competente, la mayoría de la gente se desgasta ante su estrategia y al final se rinde.

INTENCIÓN AMENAZADORA DE *HACER LA TAREA CORRECTAMENTE*

A través del lente distorsionado de las personas que se enfocan en hacer las cosas bien, todo lo que las rodea parece hecho al aventón y sin cuidado. Para empeorar el asunto, enfrentan estas preocupaciones con palabras horriblemente vagas como *bastante*, y *aproximadamente*, y *es probable*. Cuando el comportamiento se intensifica se vuelve cada vez más pesimista y perfeccionista. El Quejumbroso, el No, el Juez y el Nada de Nada, ejemplifican este tipo de comportamiento.

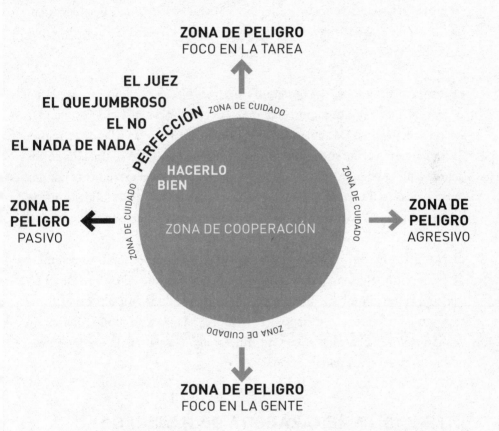

El Quejumbroso. En nuestro mundo imperfecto, el Quejumbroso se cree incapaz de cambiar las cosas. Sobrecargado y abrumado por la incertidumbre que lo rodea respecto de todo lo que podría salir mal, abandona cualquier intento de pensar en una solución. Cuando el sentimiento de desamparo aumenta, usa cualquier problema como evidencia de su generalización masiva y se queja: "Ay… nada está bien. Todo está mal". Esto, por supuesto, sólo sirve para volver locos a los demás, y la deteriorada situación provoca más quejas.

El No. Cuando algo sale mal, el No, a diferencia del Quejumbroso, no se siente indefenso. En cambio, se instala en la desesperanza. Convencido de que lo que está mal nunca podrá componerse, no tiene reparo en dejar saber a los demás cómo se siente: "Olvídalo, ya intentamos eso. No funcionó antes, tampoco funcionará ahora y te estás engañando si alguien te dice lo contrario. Date por vencido y ahórrate el esfuerzo. Es una causa perdida". La fuerza de gravedad de este pozo profundo jala a otros hacia la desesperanza del No.

El Juez. A diferencia del Quejumbroso y el No, el Juez no se enreda en la generalización de que todo está mal. En cambio, su atención está en las áreas específicas en las cuales él ha decidido que tú no estás dando el ancho. El Juez puede variar su conducta y ser muy quisquilloso (enfocado en los detalles que no tienen consecuencias reales) o ir hasta el extremo de condenarte y desacreditarte. La crítica no constructiva es su especialidad. Puede expresar sus juicios directamente y hacértelos saber o hablar a tus espaldas.

El Nada de Nada. Cuando una serie de eventos no cumple su estándar de perfección, algunas personas se frustran tanto que se retiran de la situación, renunciando de manera absoluta. Puede haber un último grito de reclamo a los poderes en turno: "¡Perfecto! Háganlo a su modo. ¡Luego no vengan a llorar conmigo si eso no funciona!" Y a partir de ese momento no hacen ni dicen… nada de nada.

INTENCIÓN AMENAZADORA DE *HACERLO* Y *HACERLO BIEN*

No todos los comportamientos están basados en una única motivación. Cuando la gente quiere *hacerlo* y *hacerlo bien* te ve a través de un ojo crítico y te juzga incapaz de hacer lo necesario para que las cosas se resuelvan. Así que toman el control.

El Entrometido. Cuando combinas el ojo crítico y perfeccionista del Juez con la naturaleza controladora y el foco en *hacer las cosas* del Tanque, obtienes un Entrometido. Estas personas saben lo que te conviene, se insertan en tu vida y procuran que hagas lo que están seguros que es lo mejor. Pueden ser simplemente metiches o llegar a interferir y manipular. El Entrometido siempre te observa: la manera en que te vistes, con quién estás, cómo hablas, qué haces.

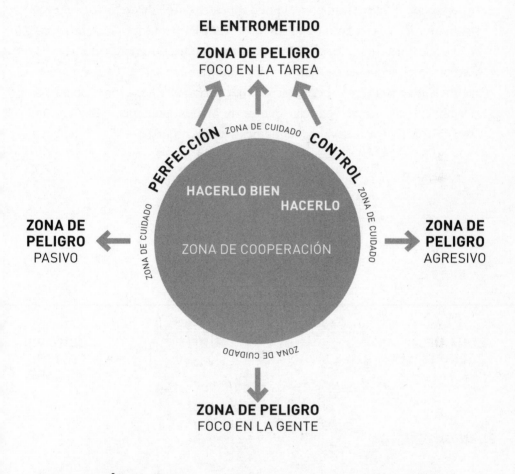

EL ENTROMETIDO

ZONA DE PELIGRO
FOCO EN LA TAREA

PERFECCIÓN ZONA DE CUIDADO CONTROL

HACERLO BIEN HACERLO

ZONA DE CUIDADO ZONA DE CUIDADO

ZONA DE PELIGRO
PASIVO

ZONA DE PELIGRO
AGRESIVO

ZONA DE COOPERACIÓN

ZONA DE CUIDADO

ZONA DE PELIGRO
FOCO EN LA GENTE

INTENCIÓN AMENAZADORA DE *LLEVARTE BIEN CON LOS DEMÁS*

Si una persona siente incertidumbre respecto de lo que piensan los demás de ella, e interpreta esto a través del lente distorsionado del intento frustrado de llevarse bien con los otros, terminará asumiendo que las reacciones, los comentarios y las expresiones faciales de quienes la rodean están dirigidas a ella, de manera personal. El comportamiento buscará cada vez más la aprobación y evitará la desaprobación. Los tres comportamientos más difíciles que buscan la aprobación, son el Nada de Nada, el ambiguo Sí, y el Quizá.

El Nada de Nada. Tímido, incómodo e incierto, el Nada de Nada es experto en morderse la lengua. Ya que no tienen nada amable qué decir, no dicen nada. Esto sucede prácticamente todo el tiempo. Es, de muchas maneras, la estrategia perfecta para evitar herir los sentimientos del otro o que alguien se enoje. Es casi un plan perfecto, pero hay una mosca en la sopa. Como los Nada de Nada no pueden relacionarse de manera auténtica o hablar con sinceridad, nunca se llevan genuinamente bien con nadie.

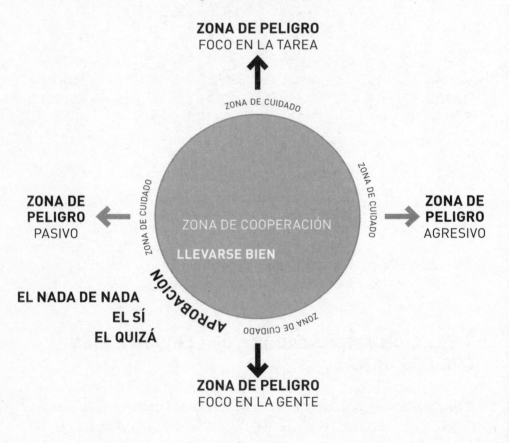

El Sí. Busca aprobación y evita la desaprobación a toda costa. Trata de complacer a todos. Responde que sí a cada petición, sin pensar con cuidado qué es lo que promete o las consecuencias de no cumplir su compromiso. "Por supuesto," dice el Sí. Y con la siguiente solicitud: "Claro", o "Dalo por hecho". No pasa mucho tiempo antes de que el Sí se sobrecarga de compromisos y no cumple. De esta forma, cada una de las personas con las que intentaron llevarse bien se enfurece. En el singular caso en que cumpla una promesa, la vida del Sí deja de pertenecerle pues todas sus decisiones girarán en torno de las demandas y las necesidades de los demás. Esto produce un estado de mucha ansiedad y resentimiento en el Sí, lo cual puede llevar a actos inconscientes de sabotaje.

El Quizá. Evita la desaprobación evadiendo la toma de decisiones. Después de todo, una decisión equivocada puede llegar a molestar a alguien, o algo podría salir mal, y ¿a quién culparían? La solución es postergar la decisión, hacer rodeos y divagar hasta que alguien más decida o la decisión se tome sola. Como todos los demás comportamientos difíciles, éste perpetúa el problema que pretende resolver, provocando tanta frustración y molestia que el Quizá es dejado a un lado. Esto, además, le impide establecer relaciones significativas.

INTENCIÓN AMENAZADORA DE *OBTENER APRECIO*

El intento frustrado de obtener aprecio por falta de retroalimentación positiva, si se ve a través de un lente distorsionado, puede ser tomado por algunas personas de manera completamente personal. El comportamiento que esto genera se intensifica en proporción directa a la falta de retroalimentación y reconocimiento y se enfoca más y más en obtener atención. Los tres comportamientos difíciles en busca de atención, que son resultado del deseo frustrado de *obtener aprecio,* son la Granada, el Francotirador y el Autodenominado Sabelotodo.

La Granada. Dice que no obtiene ningún aprecio ni respeto. Cuando el silencio y la falta de reconocimiento se vuelve ensordecedora, cuídate de la

Granada: berrinche tamaño adulto. ¡Kaboom! "¡A nadie le importa nada aquí! ¡Éste es el #$%&* problema con el mundo! ¡No sé ni siquiera por qué #$%&* me molesto!" Despotrica y vocifera de manera que es difícil ignorarla. Pero ya que este comportamiento desesperado produce atención negativa y disgusto, la Granada se vuelve más propensa a explotar a la menor provocación.

La diferencia entre el Tanque y la Granada es que el primero dirige su fuego en una sola dirección, mientras que la segunda explota descontrolada en 360 grados. El Tanque apunta a blancos específicos e ignora a otras personas y equipo de oficina. La Granada involucra elementos que poco o nada tienen que ver con las circunstancias presentes. El ataque del Tanque es una demanda de acción. El berrinche de la Granada es una demanda de atención.

El Francotirador Amigable. Al Francotirador, de hecho, le agradas. Sus disparos son una "manera divertida" de obtener atención. "Nunca olvido una cara… pero en tu caso haré una excepción." Mucha gente tiene relaciones que incluyen este tiroteo lúdico. Normalmente, la mejor defensa es una buena ofensiva porque, en lugar de lastimar, un contraataque es una señal de aprecio. Pero si la gente que recibe no da u obtiene aprecio de esta manera, pueden estar riendo de dientes para afuera mientras una herida sangra en su interior.

El Autodenominado Sabelotodo. Es especialista en la exageración, las medias verdades, los sinsentidos, los consejos inútiles y las opiniones no solicitadas. Es carismático, entusiasta y persuasivo. Este desesperado por obtener atención puede conducir a las personas ingenuas por un camino erróneo, involucrándolas en serios problemas. Si discutes con él, subirá el volumen de voz, se aferrará a su punto de vista hasta la intransigencia y se negará a retroceder hasta hacerte ver tan tonto como él.

INTENCIÓN AMENAZADORA DE *OBTENER APRECIO Y LLEVARSE BIEN*

Intentar *obtener aprecio* y *llevarse bien* crea una tensión que provoca que la gente se desvíe de su camino para complacer y ayudar a los demás de maneras desesperadas.

El Mártir. Puede ser agradable en la superficie pues es solícito con todo el mundo, pero lo que realmente busca es que los demás lo aprecien y ser significativo en la vida del otro. Desafortunadamente, las cosas que hace no son las que el otro desea, por lo que a menudo no obtiene el reconocimiento que busca y esto conduce finalmente a su derrumbe. Es entonces, cuando se pregunta por qué, si él hace todo por todos, a nadie le importa.

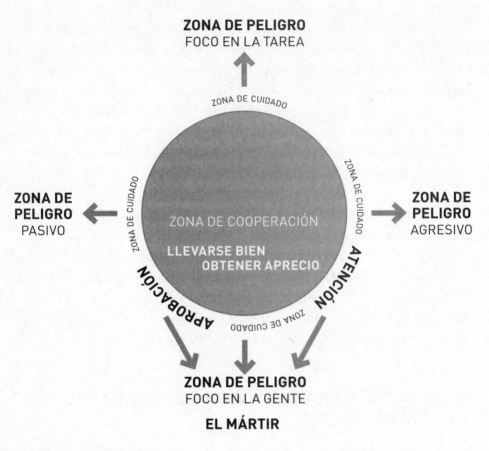

ZONA DE PELIGRO
FOCO EN LA TAREA

ZONA DE CUIDADO

ZONA DE CUIDADO

ZONA DE PELIGRO
PASIVO

ZONA DE CUIDADO

ZONA DE COOPERACIÓN

LLEVARSE BIEN
OBTENER APRECIO

ZONA DE PELIGRO
AGRESIVO

APROBACIÓN

ZONA DE CUIDADO

ATENCIÓN

ZONA DE PELIGRO
FOCO EN LA GENTE

EL MÁRTIR

PARA RESUMIR

- El comportamiento se vuelve más controlador cuando se frustra la intención de que las *cosas se hagan*. Esto provoca que la persona se vuelva un Tanque, un Francotirador o un Sabelotodo.
- El comportamiento se vuelve más perfeccionista cuando se frustra la intención de *hacer las cosas bien*. Esto provoca que la persona se vuelva un Quejumbroso, un No, un Juez o un Nada de Nada.
- El comportamiento se vuelve más perfeccionista y más controlador cuando se frustra la intención de que las cosas *se hagan* y se *hagan correctamente*. Esto provoca que la persona se vuelva un Entrometido.
- El comportamiento se orienta a obtener aprobación, cuando se frustra la intención de llevarse bien. Esto provoca que la persona se vuelva un Nada de Nada, un Sí o un Quizá.

- El comportamiento se orienta a llamar la atención cuando se frustra la intención de *obtener aprecio*. Esto provoca que la persona se vuelva una Granada, un Autodenominado Sabelotodo o un Francotirador.
- El comportamiento orienta a llamar la atención y a obtener aprobación cuando se frustra la intención de *obtener aprecio y llevarse bien*. Esto provoca que la persona se vuelva un Mártir.

EL LENTE DE LA COMPRENSIÓN *

EL ENTROMETIDO
ZONA DE PELIGRO
FOCO EN LA TAREA

EL JUEZ
EL QUEJUMBROSO
EL NO
EL NADA DE NADA

EL TANQUE
EL FRANCOTIRADOR
EL SABELOTODO

PERFECCIÓN ZONA DE CUIDADO CONTROL

HACERLO
HACERLO CORRECTAMENTE
ZONA DE COOPERACIÓN
LLEVARSE BIEN
OBTENER APRECIO

ZONA DE CUIDADO

ZONA DE CUIDADO

ZONA DE PELIGRO
PASIVO

ZONA DE PELIGRO
AGRESIVO

EL NADA DE NADA
EL SÍ
EL QUIZÁ

APROBACIÓN

ATENCIÓN

ZONA DE CUIDADO

LA GRANADA
EL FRANCOTIRADOR
EL AUTODENOMINADO
SABELOTODO

ZONA DE PELIGRO
FOCO EN LA GENTE

EL MÁRTIR

* Encuentra un esquema imprimible y a color del Lente de la Comprensión en www.DealingWithPeople.com.

Al leer las descripciones de los 10 (+3) comportamientos difíciles que la gente no soporta, quizás hayas notado que cuando tus intenciones se frustran te conviertes de vez en cuando en una de esas personas. Esto no debería sorprendernos, ya que cada uno de nosotros somos la persona difícil de alguien, en algún momento. ¿Quién no ha lloriqueado, se ha quejado, se ha desesperanzado, exagerado una historia, ocultado sus verdaderos sentimientos? ¿Quién no se ha sentido ignorado, desplazado o marginado? ¿Quién no ha dejado para después lo que debía hacer en el momento? ¿Quién no ha perdido los estribos, acusado en voz alta, o desaparecido en el momento menos indicado? La diferencia entre tú y la gente difícil es la frecuencia y la intensidad con la que lo haces y si reconoces o no tu responsabilidad. Pero el punto es que estos comportamientos son observables y modificables.

El comportamiento de la gente que no soportas está determinado por su percepción de lo que creen que sucede y lo que consideran importante. Su comportamiento interactúa con el tuyo, el cual está basado en las mismas variables. Esto da un resultado ya sea azaroso o intencional. El resultado de tus relaciones con quienes están en sus peores momentos está en tus manos.

SEGUNDA PARTE

*

SOBREVIVE COMUNICÁNDOTE CON HABILIDAD

Por qué "unidos venceremos pero divididos no nos soportamos".
Cómo escuchar para comprender. Comprende con más profundidad,
habla de manera que te entiendan, logra lo que planeas y lo que esperas
y cambia tu actitud.

4
DEL CONFLICTO A LA COOPERACIÓN

Un gramo de prevención vale por una tonelada de gente difícil.

Ya te comunicas de manera eficaz con la mayoría de las personas y sólo tienes dificultades con algunas. Nuestro propósito en los siguientes capítulos es ayudarte a hacer conciencia de las habilidades comunicativas que ya utilizas de manera inconsciente y que te permiten generar confianza con quienes te importan. Una vez que reconozcas estas habilidades, podrás usarlas con la gente difícil, a voluntad, para convertir los conflictos en cooperación.

DOS HABILIDADES ESENCIALES: INTEGRARTE Y REDIRIGIR

¿Qué tienen las personas que algunas son tan fáciles y con otras es tan complicado lidiar? ¿Cómo es posible que con una te lleves bien y con otra mal? La respuesta a estas preguntas es que "unidos venceremos pero divididos no nos soportamos". Los problemas ocurren cuando el énfasis de una relación se enfoca en las diferencias entre las personas. Mientras más divididos estén, más pronto caerán.

Te llevas mejor con las personas cuando el énfasis está puesto en las similitudes entre ustedes. La diferencia entre un problema con un amigo y uno con una persona difícil es que con el primero el conflicto siempre estará suavizado por lo que tienen en común. El éxito de la comunicación depende de encontrar ese denominador común antes de redirigir la interacción hacia un nuevo resultado. Reducir las diferencias es esencial para tener éxito en lidiar con las personas que no soportas.

Y es ahí donde se necesita la integración y la redirección. La *integración* es cualquier comportamiento con el cual puedas reducir las diferencias entre tú y el otro para encontrarte con él donde sea que se encuentre y así moverse juntos hacia un territorio común. El resultado de la integración es un creciente entendimiento. La *redirección* es cualquier comportamiento con el que puedas utilizar ese entendimiento para cambiar la trayectoria de la interacción.

La integración es una habilidad comunicativa esencial. Es algo que las personas llevamos a cabo de manera natural y automática cuando compartimos una visión, sentimos afecto o buscamos profundizar una relación. Te sorprenderá lo mucho que ya hay de integración en tu vida.

¿Has estado conversando con alguien cuando te das cuenta que, de pronto, están en el mismo canal? En ese momento de descubrimiento, las diferencias se reducen y ambos se sienten más cercanos. Esa es la experiencia de la integración.

Seguramente alguna vez has ido a un restaurante con amigos, y al mirar el menú preguntaste: "¿Qué van a pedir?" Tu pregunta tiene poco que ver con lo que comerían y más con enviar una señal de amistad. Si antes de la comida tus amigos ordenaron un trago y tú hiciste lo mismo, ese es otro ejemplo de integración.

Cuando tu hijo llega del parque con los ojos llorosos y un raspón en la rodilla, ¿qué haces? Si el amor que sientes por tu hijo es grande, lo levantarás para estar al nivel de sus ojos o te inclinarás para quedar a su altura. Quizás, incluso, pongas tu mano sobre tu rodilla, frunzas el ceño y en un tono parecido al de él, preguntes: "¿Te duele mucho?" Eso es integrarse y le demuestra a tu hijo que te importa.

¿Has platicado con personas que tengan un acento muy marcado? ¿Imitaste un poco su entonación? Si sí, ese era un impulso natural por integrarte a personas que te gustan.

Si alguna vez has ido muy arreglado a un lugar al que todos iban en *short* y camiseta, ¡has sentido lo que es no estar integrado!

Te integras con las personas de maneras distintas. Te integras visualmente con tu expresión facial, con tu ánimo y con tu postura. Te integras verbalmente con el volumen de tu voz y la rapidez con la que hablas. Te integras conceptualmente con tus palabras. Pero así de natural como es integrarse con la gente que te gusta o con quienes compartes un objetivo, es igualmente natural *no* integrarse con aquellos con quienes percibes dificultades. No integrarse trae serias consecuencias. Sin la integración, las diferencias entre las personas son la base del conflicto.

Punto clave. Nadie coopera con nadie que parezca estar en su contra. En las relaciones humanas no hay punto medio. Consciente o inconscientemente las personas quieren saber: "¿Estás o no de mi lado?" Tu actitud será interpretada como cálida o fría y percibida como a favor o en contra. Lo creas o no, ése es un sentimiento que tienes en común con la gente difícil.

Punto clave. La integración precede siempre a la redirección, ya sea que escuches para comprender o hables para ser comprendido. Sólo después de establecer cierto grado de comprensión con la gente difícil a través de la integración podrás redirigir la interacción y cambiar la trayectoria hacia un resultado valioso. En las siguientes estrategias encontrarás habilidades específicas de integración y redirección para lograr una comunicación efectiva con gente problemática. Mientras lees, procura recordar los momentos en que has utilizado estas estrategias de manera eficaz e imagina situaciones en las que quizá las usarás de nuevo. En la segunda mitad del libro volveremos a mencionar estas habilidades y estrategias para lidiar efectivamente con los 10 (+3) comportamientos más indeseados.

INTEGRACIÓN NO VERBAL A TRAVÉS DEL LENGUAJE CORPORAL Y LAS EXPRESIONES FACIALES

Algunas personas hablan con sus manos; otras, sólo con la boca; algunas sonríen diplomáticamente a todo el mundo; otras gruñen a quien sea, mientras que unas más permanecen inmóviles, inescrutables. Algunas personas se levantan para hablar; otras se sientan. Algunas se encorvan, otras se paran derechas, y otras más se recargan en algún mueble. Estas diferencias de estilo pueden ser malinterpretadas e incomprendidas. Las personas que hablan con sus manos consideran que quienes hablan únicamente con la boca son rígidas y almidonadas. Quienes hablan sólo con la boca piensan que quienes hablan con sus manos están fuera de control. Las personas que sonríen ven a quienes gruñen como gente llena de odio, mientras que quienes fruncen el ceño consideran a los demás como payasos o tontos.

Cuando la gente se lleva bien se integra de manera natural al reflejarse en la postura corporal, las expresiones faciales y el ánimo del otro. Si estás disfrutando una conversación con personas que están sentadas con las piernas cruzadas, después de un tiempo cruzarás las tuyas. Si tienen las piernas estiradas y se inclinan hacia adelante, en poco tiempo harás lo mismo. Si sonríen, sonreirás. Si hablan de algo que les incomoda, mostrarás preocupación. Si gesticulan con las manos, harás algo similar. Esto puede llevar a tal punto que si ellos se rascan la cabeza, tendrás comezón, en el mismo lugar, repentinamente. De hecho, si tuvieras oportunidad de ver un video en cámara rápida de ti con personas con las que te llevas bien, parecería un juego automático e inconsciente de "Lo que hace la mano, hace el de atrás".

Durante el resto del día de hoy pon atención en la manera en que la gente imita el comportamiento no verbal de los otros. Observa cómo te integras a los demás y cómo ellos lo hacen contigo. Mira a dos personas a la distancia y fíjate cómo se integran de una forma no verbal. Si ves a una pareja discutiendo, te darás cuenta de que hay muy poca integración entre ellos y de que sus diferencias son exageradas.

La mayoría del tiempo la integración no verbal sucede en automático y casi siempre pasa inadvertida por ambas partes. La integración o la falta de ella puede crear una atmósfera de confianza o de recelo, de cooperación o de desinterés entre tú y los demás. Una manera de lidiar con la gente difícil en un ambiente pesado es integrarse a propósito con su postura corporal, sus expresiones faciales y su ánimo. Integrarse así envía un mensaje: "¡Estoy contigo! ¡No soy el enemigo! ¡Estoy interesado en lo que dices y haces!"

Importante. No es necesario forzar tanta integración no verbal que la gente lo note: no quieres que piense que te estás burlando de ella. Es innecesario imitar de pies a cabeza lo que el otro hace. Quieres simular el comportamiento que ocurriría con naturalidad si se llevaran bien. En una situación normal, hay lapsos de tiempo entre la imitación de un cambio de postura.

A veces la integración no verbal es similar pero no idéntica. ¿Te ha tocado estar con alguien de "pie inquieto"? Quizá no quieras golpetear el piso con tu pie, pero no tardarás en hacerlo con tu lápiz sobre la mesa al mismo ritmo.

Una cosa a la que nunca querrás responder es a un gesto hostil dirigido a ti. Si alguien te amenaza con el puño o te grita: "¡Eres un idiota!", por favor no le muestres tu puño ni le grites: "¡Yo también pienso que eres un imbécil!" Eso no es integrarse. No recomendamos responder a la agresión con agresión. La clave para integrarse, si hay agresión, es bajar el tono asertivamente. Hablaremos de eso cuando abordemos el tema de Tanques y Granadas.

Cuando examinemos los 10 (+3) tipos de comportamientos difíciles descubrirás lo útil que puede ser la integración no verbal. Usando tu cuerpo, puedes ayudar al Nada de Nada, al Quizá y al Sí a sentirse cómodos contigo. Serás capaz de demostrarle al Tanque, sin palabras, que puedes defenderte sin ser agresivo.

INTÉGRATE VOCALMENTE CON VOLUMEN Y VELOCIDAD

Siempre que te comunicas exitosamente con las personas, te integras de manera natural con su volumen y su velocidad. Si ellos hablan más fuerte, hablarás más fuerte. Si van más rápido, acelerarás. Las personas que hablan rápido disfrutan la carrera; quienes hablan pausadamente, disfrutan ir al paso. Las personas tranquilas aprecian la calma. Las personas escandalosas aprecian el volumen alto. Si fallas al integrarte con el volumen y la velocidad de la voz de las personas, terminarás lidiando con un gran malentendido.

Una mamá y su hija adolescente fueron a terapia en un último intento por arreglar lo que parecían diferencias irreconciliables. Cuando la mamá estaba enojada con su hija, su comunicación se aceleraba. Sin embargo, lo hacía también por otras razones. No importaba la razón por la que el discurso de la mamá se acelerara: la hija reaccionaba con desinterés. Dejó de escuchar cualquier cosa que su madre dijera; no por lo que decía sino por la manera en que lo hacía. La mamá estaba muy frustrada con esto e inevitablemente perdía los estribos. La hija se retraía más y más. Con el tiempo se separaron tanto que tenían que gritarse.

Desafortunadamente, este patrón es típico de muchas relaciones padre-hijo. No es que no haya amor suficiente; el problema es que no hay integración suficiente. Les señalamos esto a la madre y a la hija y las ayudamos a hacer conciencia de sus diferencias comunicativas. Ambas cambiaron su comportamiento. Cuando la mamá se dio cuenta que lo que quería era la atención de su hija, desaceleró su comunicación y se integró con lo que era mejor para la chica. La hija también quería una buena comunicación con su mamá, en lugar del acoso y la agresión constantes. Así que hizo un esfuerzo por poner atención a lo que su mamá le decía, independientemente de la velocidad en que lo hiciera, consciente, además, de que la rapidez no significaba enfado. Usando el amor que se tenían, ambas se esforzaron por mejorar su comunicación.

En este caso, como sucede a menudo, más que el contenido de la comunicación, el proceso era lo que generaba dificultades.

5

ESCUCHA PARA ENTENDER

LAS PERSONAS DESEAN SER ESCUCHADAS Y COMPRENDIDAS

Cuando las personas se expresan verbalmente necesitan retroalimentación para saber que fueron escuchadas. También desean ser comprendidas. Esto es así incluso cuando ellas mismas no se entienden, como cuando, en medio de un enojo, tratan de describir sus sentimientos y sus ideas. Pero cuando dos o más personas quieren ser escuchadas y comprendidas al mismo tiempo y nadie está dispuesta a escuchar y a comprender a la otra, la discusión es casi inevitable. Una comunicación hábil debe enfocarse primero en escuchar y comprender.

La mala noticia: nuestra estrategia requiere que por un tiempo pongas a un lado lo que necesitas comunicar, en el momento en que más necesitas ser escuchado y comprendido. La buena noticia: al ayudar a las personas problemáticas a expresarse, incrementas la posibilidad de que puedan e, incluso, deseen escucharte. No hay duda de que cuando la gente se siente escuchada y comprendida, baja la guardia y deja de preocuparse de sus sentimientos y sus ideas. La puerta de su mente se abre y te escucha con más facilidad.

La comprensión sucede en dos niveles: *emocional* —la gente siente que comprendes su sentir— e *intelectual* —la gente cree que comprendes lo que dice—. Cuando la gente se pone difícil (sus intenciones se ven amenazadas o frustradas) es útil escuchar y comprender sus sentimientos y sus ideas. Una estrategia simple pero efectiva para lograrlo es que escuches activa y no pasivamente. Si te habitúas a escuchar como describimos a continuación prevendrás que algunas personas se vuelvan insoportables.

Paso 1. Intégrate. ¿Cómo sabe la gente que estás escuchando y comprendiendo? Por el modo en que la miras y la forma en que te escuchas cuando hablas. Mientras el otro ventila sus emociones, destapa la olla de vapor, se queja, lloriquea, descarga sus problemas, menciona cosas irrelevantes o confusas y te detalla aspectos de cosas que para ti son completamente inútiles, tu tarea es ofrecer evidencia visual y auditiva de que lo que está diciendo tiene sentido para ti. (¡Incluso si no es así!)

Más que distraer a esa persona difícil con un gesto de confusión, con interrupciones o desacuerdos, te sugerimos que la ayudes a expresarse por completo. Asiente con la cabeza mientras exclamas una o dos veces, en el momento justo: "Ajá, sí", "Ah", "Mmm, claro", y luego repites lo que el otro ha dicho para hacerle saber que lo has escuchado. Todo en ti —tu cuerpo, tu postura y el volumen de tu voz— debe dar la impresión de que has escuchado y entendido.

Llegará el momento en que te involucres más activamente. Y sabrás cuándo has alcanzado ese punto en el momento en que la persona problemática empiece a repetir lo que ya dijo. Cuando esto suceda, considéralo una señal de que esa persona necesita algo de retroalimentación.

Paso 2. Retoma. Una manera de dar retroalimentación es *retomar,* o repetir algunas palabras que el otro usa. Esto envía una clara señal de que escuchas y de que consideras que es importante lo que el otro dice. Retomar no es lo mismo que traducir o volver a enunciar. Las palabras son símbolos de la experiencia, y los símbolos verbales que las personas utilizan para expresar su experiencia tienen significados que les son únicos. Decir lo que el otro dijo en tus propias palabras iniciando con "En otras palabras…" u "O sea que lo que en realidad tratas de decir es que…" puede alargar el proceso comunicativo con las personas difíciles ya que podrían tomar esto como evidencia de que no entendiste.

Retomar no implica que te conviertas en un loro y repitas todo. Qué tanto retomas depende de la situación. Cuando lidias con el ataque del Tanque debes retomar el mínimo ya que la capacidad de atención de éste no es mayor a dos frases. Cuando tratas con un Sabelotodo, retomar a conciencia sus argumentos es imprescindible, a menos que quieras escuchar su cátedra desde el principio. Con las ambiguas personas Sí y Quizá es importante retomar sus afirmaciones emocionales. La habilidad de retomar lo que el otro dijo puede ser utilizada con cada una de las 10 (+3) personas que no soportas.

Retomar es particularmente importante cuando tratas con una persona por teléfono, ya que la única información visual que el otro tiene de ti es lo que deduce del sonido de tu voz y de las palabras que usas.

Paso 3. Clarifica. Después de escuchar al otro, reúne información sobre el significado de su comunicación. Es normal estar confundido pues te interesaste genuinamente y harás preguntas. Las *preguntas clarificadoras* son interrogantes abiertas que piden más que una respuesta monosilábica. Contienen las palabras *qué, quién, dónde, cuándo* y *cómo*. "¿De quién estás hablando? ¿A quién te refieres? ¿Dónde sucedió esto? ¿Cuándo sucedió? ¿Cómo sucedió?" Después de reunir esta información, explora lo que el otro dice y lo que pretende satisfacer con su comportamiento.

Es esencial que continúes recabando información y no seas reactivo a lo que el otro dice. Cuando lidias con personas difíciles, preguntar lo correcto vale mucho más que tener la respuesta correcta. "Todos nosotros somos más inteligentes que cualquiera de nosotros" es un principio muy útil. Quienes preguntan pueden ganar mucho al poner a trabajar esta inteligencia mayor.

Cuando lidias con personas difíciles que están enojadas, poner a trabajar la inteligencia mayor no es siempre posible. Las emociones pueden nublar el raciocinio hasta que parezca que el cerebro no está conectado con lo que la persona busca. ¿Cuántas veces, al estar enojado, dijiste algo de lo que después te arrepentiste? Es virtualmente imposible razonar con las personas emocionales, pero es posible mostrar comprensión, retomar lo que has escuchado y hacer preguntas.

Beneficios de hacer preguntas clarificadoras

- Reúnes información de mejor calidad que la que se te ofreció inicialmente. Las preguntas permiten que ambos esclarezcan detalles y comprendan las particularidades de un problema, en lugar de reaccionar frente a generalizaciones vagas.

- Ayudas a los demás a ser más racionales en el proceso. Al hacer las preguntas correctas ayudas a quienes están molestos a detenerse en aquello que no han pensado, hasta que pueden tranquilizarse y pensar con calma las cosas.
- Demuestras con paciencia y solidaridad que te importa lo que te están diciendo. De esta forma las personas problemáticas estarán más dispuestas a calmarse y cooperar.
- Desaceleras la situación para prever hacia dónde se dirige. Esto te permite aplicar acciones correctivas con anticipación.
- Sacas a flote intenciones ocultas o evidencias mentiras sin ser confrontador. Eso es lo que hacía el personaje del detective de Peter Falk en *Columbo,* el programa de televisión.

Como principio general, es mejor hacer más y no menos clarificación, incluso cuando crees entender lo que la gente dijo. Las personas a menudo creen que entienden lo que el otro dice, cuando no es así. Preguntar algo específico no te dará necesariamente una respuesta específica. Ambos, el Quejumbroso y el No, tienden a hablar en generalizaciones.

Paso 4. Resume. Para asegurarte que tanto tú como tu persona problemática han comprendido, resume lo que has escuchado. "Si te entiendo bien, ¿este es el problema en el que estás involucrado, y esto es lo que sucedió, el lugar en el que sucedió y la manera en la que pasaron las cosas?"

Cuando haces esto, suceden al menos dos cosas: si se te fue un detalle, el otro puede rellenar ese vacío. En segundo lugar, demostrarás una vez más que haces un esfuerzo serio para comprender la situación de manera integral. Esto incrementa las posibilidades de contar con la cooperación del otro y así poder modificar las cosas.

Paso 5. Confirma. Al escuchar con atención, llegaste a una coyuntura. Más que asumir algo te has asegurado de que la persona problemática está satisfecha y siente que su problema ha sido escuchado. Pregunta: "¿Te sientes comprendido? ¿Quieres agregar algo?"

La comprensión se logra con un cuestionamiento sincero, escuchando, haciendo sentir al otro que nos importa, y recordando las cosas que dice. De este modo, las personas difíciles se vuelven más cooperativas.

BREVE RESUMEN

Cuando tu persona problemática está hablando
Tu meta: escucha y entiende

PLAN DE ACCIÓN

1. Intégrate de manera visible y audible.
2. Retoma algunas palabras del otro.
3. Clarifica el significado, la intención y el criterio del otro.
4. Resume lo que has escuchado.
5. Confirma para asegurarte que entendiste bien.

6
COMPRENDE CON PROFUNDIDAD

Hasta aquí hemos hablado sobre el acto de escuchar como método para incrementar la confianza, la cooperación y la comprensión. Pero a veces los aspectos más importantes y útiles de la comunicación están ocultos no sólo para quien escucha sino para quien habla. Cuando identificas esos elementos puedes integrarte y al mismo tiempo redirigir la interacción.

IDENTIFICA LA INTENCIÓN POSITIVA

Definimos *intención positiva* como un buen propósito basado en una comunicación o un comportamiento. Asumimos que todo comportamiento se origina en una intención positiva y que incluye comportamiento negativo. La incapacidad para reconocer y apreciar la intención positiva puede tener consecuencias duraderas.

Frank era dueño de una tienda de artículos deportivos. Su negocio era de temporada y acababa de pasar por una época de bajas ganancias. El flujo de efectivo era poco y por esa razón muchos focos fundidos de la tienda no habían sido remplazados. Un nuevo empleado notó el problema, puso manos a la obra y mandó a pedir nuevos focos para remplazar los viejos. También abasteció el almacén con focos suficientes para dos años, para que la tienda nunca más estuviera a oscuras.

Frank estaba furioso porque los recursos financieros limitados de la tienda se hubieran usado de esta manera y regañó al empleado frente a todos. Dos años después, Frank se preguntaba por qué este empleado no demostraba ninguna iniciativa y había que darle hasta la más mínima instrucción.

CÓMO TRATAR CON GENTE COMPLICADA

¿No es obvio lo que pasó? ¡El dueño no reconoció la intención positiva de su empleado!

¿Cuál era la intención positiva? Quizás estaba preocupado porque la tienda estuviera en penumbras, pues los clientes dudarían de la calidad de los artículos. Quizá sólo quería caer bien a todos y trató de hacer algo amable por sus compañeros. O quizá pretendía hacerse notar. Cualquiera que fuera la razón, lo que importa es que no se le reconoció la intención positiva y eso acabó con su iniciativa.

Si Frank se hubiera puesto en los zapatos de su empleado e integrado con él para identificar y reconocer su intención positiva, quizás habría dicho algo como lo siguiente: "Gracias por tomar la iniciativa y cambiar los focos. Aprecio que te preocupe cómo se ve la tienda. Estoy seguro de que pensaste en lo que los clientes piensan si entran a una tienda en penumbras. Quizá piensen que lo que aquí vendemos es igual de lamentable. Y seguramente tus compañeros también aprecian un poco más de luz. Pero debes saber que estamos pasando por un mal momento financiero y no hay efectivo. Debemos regresar los focos que se quedaron en el almacén. Pero muchas gracias por tomar la iniciativa. Definitivamente quiero que sigas poniendo manos a la obra. De hoy en adelante haré lo posible por mantenerlos informados de lo que sucede en la tienda".

¿Crees que el empleado tomará la iniciativa a partir de ahí? Es muy probable que sí. Algo muy poderoso para sacar lo mejor de las personas, aun en los peores momentos, es darles el beneficio de la duda. Asume que hay una intención positiva detrás de su comportamiento problemático y acércate a ellos de acuerdo con este principio.

Pregúntate qué intención positiva puede esconderse detrás de la comunicación o el comportamiento de las personas y actúa conforme a eso. Si no estás seguro de su intención positiva, inventa una. Incluso cuando la intención con la que trates de involucrarte no sea verdadera, obtendrás una buena respuesta y un mejor entendimiento.

Aplicar la estrategia de la integración a las cuatro intenciones vistas a través del lente del entendimiento

- Si lidias con personas que tienen como prioridad *hacer las cosas*, en las conversaciones con ellas reconoces esto y tu comunicación es breve y sin rodeos para que no sientan ninguna obstrucción, incrementarás las posibilidades de cooperación y disminuirás las de malinterpretación.
- Si lidias con personas que tienen como prioridad *hacer bien las cosas* y en las conversaciones con ellas reconoces esto y atiendes los detalles de tu comunicación con ellos, incrementarás las posibilidades de cooperación y disminuirás las de malinterpretación.
- Si lidias con personas que tienen como prioridad *llevarse bien* y en la interacción con ellas les demuestras afecto con plática amistosa y comunicación considerada, incrementarás las posibilidades de cooperación y disminuirás las de malinterpretación.
- Si lidias con personas que tienen como prioridad *obtener afecto* y en la interacción con ellas reconoces su contribución con palabras entusiastas, incrementarás las posibilidades de cooperación y disminuirás las de malinterpretación.

Pregúntate qué intención positiva puede estar detrás de lo que hace y dice alguien. ¿Qué hay detrás? ¿Qué propósito puede tener al comportarse o comunicarse de ese modo? La próxima vez que tu pareja o un amigo digan algo de una manera agresiva, más que defenderte del ataque intégrate, ponte en los zapatos del otro y di: "Reconozco el aprecio que me tienes y quiero aclarar las cosas". Hay una gran probabilidad de que la persona hará a un lado sus agresiones, se calmará y se abrirá una vía real de comunicación.

IDENTIFICA EL CRITERIO

El criterio es eso que filtra nuestro punto de vista. Es el estándar con el que evaluamos nuestras ideas y nuestras experiencias para determinar si son buenas o malas. Es la forma en la que establecemos lo que debería ser; el piso sobre el cual las personas se plantan para decir qué apoyan y qué rechazan o por qué están a favor o en contra de una idea y por qué es importante defenderla. El criterio es especialmente importante cuando se confrontan dos puntos de vista opuestos. Siempre que identifiques el criterio en una discusión, generarás mayor flexibilidad y cooperación.

Facilitamos una junta para una compañía que trata de definir el mejor lugar para un seminario. Una persona sugiere el salón de entrenamiento. Alguien más reacciona negativamente a esa propuesta y un tercero sugiere un hotel en la playa. Una parte del grupo quiere el hotel en la playa. Las personas empiezan a tomar partido. Es el juego de estira y afloja.

Preguntamos a la primera persona: "¿Por qué crees que el salón de entrenamiento es mejor?" Responde: "Porque no nos costará nada". El *dinero* es su criterio para organizar un seminario exitoso.

Preguntamos a la siguiente persona: "¿Por qué prefieres el hotel?" Su respuesta fue la siguiente: "Si hacemos un seminario en nuestras propias instalaciones, la gente se distraerá de sus responsabilidades y correrá de un lado a otro respondiendo mensajes. Ya ha pasado. Necesitamos un espacio neutral donde todos puedan concentrarse en el tema". El criterio de esta persona incluye la *capacidad para concentrarse,* para un seminario exitoso.

Preguntamos: "¿Por qué un hotel en la playa?" Y obtuvimos esta respuesta: "Bueno, si vamos a un lugar lindo, podremos relajarnos y compenetrarnos mejor como equipo". *Compenetración* y *trabajo en equipo* es el criterio prioritario de esta persona.

Cada una de estas personas no hablaba sólo del seminario; lo hacía también de dinero, concentración, relajación y trabajo en equipo. Una vez que los criterios son expuestos, el siguiente paso es dar prioridad a uno. Todos estuvieron de acuerdo que la concentración era primordial y que había suficiente dinero para pagar un hotel pero no en la playa. El grupo empezó a intercambiar ideas sobre la manera en que podían lograr que las personas se relajaran y se afianzaran como equipo, ajustándose a un presupuesto. Finalmente tuvieron la idea de organizar una fiesta la última noche del seminario, en la que se incluyera a las familias. Al identificar y priorizar los criterios, todos en el equipo se sintieron satisfechos.

Cuando identificas los criterios, exponlos: "Si entiendo bien, esto es lo importante para ustedes…" Una vez más, demostrarás que escuchas, te involucras y recuerdas, lo cual se integra con el deseo de ser comprendido.

COMPRENDE CON PROFUNDIDAD

Asegúrate de que la persona problemática esté satisfecha y que considere que su criterio fue tomado en cuenta.

Pregúntale: "¿Te sientes comprendida? ¿Hay algo que quieras agregar?"

Cuando una discusión degenera en conflicto, identifica las razones por las cuales la gente se opone a algo. Busca una solución al problema que integre los distintos criterios. Esa es otra forma de convertir el conflicto en cooperación.

BREVE RESUMEN

Cuando la discusión degenera en conflicto
Tu meta: alcanzar una comprensión más profunda

PLAN DE ACCIÓN

1. Identifica la intención positiva.
2. Identifica los criterios y determina su prioridad.

7

HABLA PARA QUE TE ENTIENDAN

Hasta aquí hemos hablado de integrarse y saber escuchar como métodos para incrementar la confianza, la cooperación y la comprensión. Pero lo que decimos a las personas también produce efectos positivos. Las señales, los símbolos y las sugerencias que constituyen nuestra comunicación, nos dan una gran oportunidad para mejorar nuestras relaciones. Las siguientes claves te ayudarán.

MONITOREA TU TONO DE VOZ

Tu tono de voz envía un mensaje negativo o positivo de tu opinión de los demás. Según el tono, muchos pueden llegar a tomar las cosas personales, incluso si el asunto no tiene nada que ver con ellos. ¿Has tenido un pésimo día en la oficina y luego recibes una llamada de tu casa? ¿Has tenido un pésimo día en tu casa y recibes una llamada de la oficina? Incluso si eliges con cuidado las palabras, si tu tono de voz es apresurado, defensivo y hostil, la gente puede imaginarse algo muy distinto a lo que era tu intención.

Los mensajes que mezclan un tono de voz que no coincide con las palabras provocan grandes problemas en todo tipo de relaciones. Al recibir estos mensajes mezclados la gente reaccionará al tono e ignorará las palabras. La ironía es que la gente a menudo reprime sus emociones para evitar un conflicto. Sus palabras hablan sobre la dirección en que desearían que las cosas fueran, pero sus emociones se cuelan a través de su tono de voz. Quien escucha, ignora las palabras y responde al tono, y luego quien habla se siente incomprendido y el conflicto se enciende. Si te has escuchado alguna vez transmitiendo un mensaje mezclado, haz conciencia de esto y explica qué está diciendo tu tono de voz: "Disculpen si mi voz suena un poco apresurada, es que tengo prisa". O: "Sé que sueno enojado, pero es porque este asunto me importa mucho".

Cuando reconoces tu tono y aclaras lo que estás diciendo, disminuyes la probabilidad de que alguien se ofenda.

ACLARA TU INTENCIÓN POSITIVA

Si la intención positiva se relaciona con la marcación correcta de un número telefónico, la "intención" es el equivalente al código de área. Funciona mejor si lo marcas al inicio. Cuando asumes que tu intención positiva se entiende, y no la aclaras, puede haber malentendidos. Quizás a eso se refiere el dicho: "El camino al infierno está pavimentado de buenas intenciones". Para prevenir esos malentendidos aprende a iniciar tu comunicación con tu intención positiva.

Tim y Rosie iban con un consejero matrimonial y familiar de manera regular. Esperaban ser más felices en su relación. Acababan de terminar una buena sesión y Rosie le dijo a Tim: "Mi amor, vamos al Jardín de las Rosas".

Pero Tim no pareció interesarse y dijo: "No".

La respuesta desilusionó a Rosie. El consejero le preguntó cuál era su intención al mencionar el Jardín de las Rosas. Ella respondió: "Parece que estamos más cercanos de lo que hemos estado en mucho tiempo y tenemos una hora antes de recoger a los niños. Pensé que sería lindo tener un poco de tiempo sólo para nosotros".

Tim se iluminó y dijo: "¡Es una gran idea! Pero no quiero estar afuera. Hace mucho calor y hay muchos moscos. Pero hay una cafetería que acaba de abrir muy cerca de aquí. ¿Qué tal eso?"

Y Rosie dijo: "¡Qué buena idea, Tim!"

El Jardín de las Rosas no era importante para Rosie. Ella quería pasar tiempo con Tim sin importar dónde. Esa era su intención. De un número infinito de posibilidades, ir al Jardín de las Rosas sólo era una de las maneras de satisfacer ese propósito.

Si eres una persona normal, no anuncias tu intención al empezar a hablar. La ironía es que probablemente esa es la parte más importante de tu comunicación. Ese es tu propósito. El truco para comunicar la intención por delante es preguntarte antes de hablar: "¿Cuál es mi intención al decir lo que estoy a punto de decir? ¿Cuál es el resultado que realmente estoy esperando?"

Imagina que estás enojado con alguien querido y que tu intención es despejar el ambiente para que la convivencia sea otra vez ligera y divertida. Si empiezas a hablar de lo enojado que estás corres el riesgo de que el otro se sienta atacado y reaccione a eso. Y si tú reaccionas a su reacción, y luego él, a la tuya, ¡la conversación puede convertirse en una guerra campal! En lugar de eso, puedes empezar diciendo: "Me importas y odio perder el tiempo si estoy enojado contigo. Me encantaría despejar el aire para poder disfrutar nuestro tiempo juntos". Tu ser querido sabe a qué te refieres. En un ambiente tan receptivo es mucho más probable que la comunicación tenga éxito.

¿Alguna vez has estado en una conversación en la que alguien te dice algo que hace que te preguntes: "por qué me dice esto"? Explicar a las personas por qué les dirás algo antes de decírselos, es un método sencillo para dirigir la atención a lo que tú quieres. Si le das a la gente una buena razón para escucharte, planteando tu intención positiva, te comunicarás con mayor claridad y tendrás menos conflictos.

Conocimos a una secretaria llamada Doris que tenía un jefe demasiado sensible y que no paraba de darle órdenes confusas y sinsentido. Después de dedicar un tiempo para determinar si el problema era real o imaginario, Doris se dio cuenta de que pasaba dos horas semanales preparando y entregando café y una hora y media semanal apagando y encendiendo el sistema de riego. Mientras tanto, su jefe se enojaba con ella porque no resolvía los pendientes, aun cuando era él quien le ordenaba que realizara esas tareas. La primera vez que Doris intentó hablar sobre este asunto, le dijo: "Señor, pienso que tiene que poner atención en la forma como está usted administrando mi tiempo. Me ordena tareas de poca importancia y eso me impide terminar el trabajo prioritario".

Él respondió: "Ah, ¿sí? Pues escucha y escucha bien porque no quiero repetir esto. Si te parece difícil hacer tu trabajo ¡quizá prefieras empezar a buscar otro! ¡Ahora sal de mi oficina, deja de perder mi tiempo y regresa al trabajo!"

Impávida, Doris se puso a estudiar métodos de comunicación y dominó el arte de la redirección. Unas semanas más tarde: "Discúlpeme, señor. Sé que está ocupado. Esto sólo tomará un momento". (Se integra: reconoce el hecho de que él está ocupado y de la importancia del tiempo.) "Quiero ser la secretaria más productiva que usted haya tenido. (Establece su intención al mostrar la bitácora de trabajo.) Para lograrlo he llevado un registro de cómo uso mi tiempo. La razón por la que estoy aquí es para mostrarle este registro y para que usted me ayude a incrementar mi productividad." (Intención detrás de esta reunión.)

Él decidió que esto era suficientemente importante para atenderlo de manera inmediata. Quedó perplejo cuando se dio cuenta del tiempo que ella desperdiciaba. Se disculpó con ella y juntos buscaron la manera de que sus habilidades secretariales se aprovecharan mejor. El jefe la liberó de los quehaceres más mundanos e innecesarios.

Establecer tu intención por delante permite a los demás saber de dónde vienes y previene muchos malentendidos.

INTERRUMPE CON TACTO

Quizá consideres un reto que las palabras *con tacto* e *interrupción* coexistan en la misma oración cuando nos referimos a las personas difíciles. Esto es porque la mayoría de las interrupciones no intencionales son rudas y agresivas, hechas para aplastar la voz del otro. A pesar de eso hay ocasiones en que es necesario interrumpir a una persona difícil. Si alguien te está gritando o dominando una reunión, impidiendo que los demás hablen o quejándose en círculos de negatividad creciente, una interrupción puede ser una solución elegante.

Una interrupción con tacto se hace sin enojo, sin acusaciones y sin miedo. Sólo pronuncia el nombre de la persona, una y otra vez, de una forma asertiva, hasta que captures su atención: "Señor Jackson. Señor Jackson. Discúlpeme, señor Jackson". Si no conoces el nombre de la persona, tienes otra opción: "Señor. Señor. Excúseme, señor. ¿Señor? Señor". Si interrumpes a personas agresivas, quizás intenten pasar por encima de ti subiendo el volumen de voz. Si es así, insiste. Estas repeticiones de nombre o título crean una fuerza irresistible que distrae tanto al Tanque, al Sabelotodo, a la Granada y al Quejumbroso ¡que dejan de hablar para averiguar qué quieres! Una vez que tienes su atención puedes establecer tu intención, aclarar algo que ellos mencionaron o usar cualquiera de las otras opciones sugeridas en este capítulo.

DI LA VERDAD

Si dices la verdad de manera constructiva y no destructiva, la honestidad es efectiva sin importar cuál sea el comportamiento de la persona difícil. Mientras más confianza tengas con la persona, más probabilidades tendrás de ser escuchado. Así que quizá quieras pasar algunas semanas, o meses, promoviendo la confianza a través de la integración antes de sostener conversaciones abiertas y honestas con tu persona difícil. Recuerda decir a la gente *por qué* le dices la verdad antes de *decírsela*. Establece tu intención positiva y la razón por la que crees que les interesa. Estas son otras claves importantes para tener una conversación abierta y honesta:

- Usa el lenguaje de "yo". "Desde mi punto de vista" y "La manera en que yo lo veo" son frases suaves que restan confrontación a tus palabras. Estas frases le dicen a tu persona difícil que lo que expresas es *tu* verdad, más que *la* verdad, lo cual permite que el otro se sienta más cómodo y menos agobiado al escucharte.
- Sé específico en cuanto al comportamiento problemático. Habla de los comportamientos problemáticos más que de la gente problemática. Generalizaciones como "Siempre que estamos en una reunión exageras" no te ayudarán. Ofrece, en cambio, ejemplos específicos.
- Muéstrales por qué su comportamiento es contraproducente. Para motivar a alguien a que cambie, debes mostrarle qué pierde con su comportamiento.
- Sugiere nuevos comportamientos y opciones. Haz sugerencias específicas sobre lo que puede cambiar y cuáles pueden ser los resultados de hacerlo. Quizás el mayor obstáculo de ser honesto es la preocupación de herir los sentimientos del otro. Pero no le haces un favor a nadie

reteniendo información y permitiendo que continúe un comportamiento que no funciona ni siquiera para la persona difícil.

- **Refuerza el cambio de comportamiento.** Cuando alguien hace el esfuerzo por cambiar su comportamiento es vital que estés al pendiente del momento en que hizo bien las cosas. Cuando lo escuches o lo veas actuando de una manera deseable, reconoce y aprecia su esfuerzo (en ese momento o tan pronto como puedas hacerlo). La construcción paulatina del éxito es una de las mejores maneras de sacar lo mejor de la gente.

Un consejero conocido nuestro, nos contó la siguiente historia:

En mi primer año de práctica tuve un paciente llamado Joe cuyo problema era que, a los 23 años de edad, jamás había tenido una cita romántica. Estaba desesperado. Joe parecía un chico decente. Era larguirucho, de 1.78 metros de estatura y de buen ver aunque de apariencia algo descuidada. Le pregunté si era cuestión de seguridad. Dijo que no, que no tenía ningún problema para hablarle a las chicas o acercarse a una desconocida para invitarla a salir. Cuando le pedí que me lo demostrara, lo hizo pero se notaba agresivo, incómodo, inexperto y ansioso. La manera de vestirse también dejó mucho que desear. Cruzó mi mente el ser totalmente franco con él en cuanto a lo que podía cambiar tanto en su comportamiento como en su apariencia, pero no quise herir sus sentimientos. Preferí usar la siguiente sesión para recabar información. Concretamos otra cita.

En la siguiente visita de nuevo postergué mi franqueza y trabajamos cuestiones de autoestima. Muy pronto me di cuenta de que su autoestima estaba en perfecta forma y supe que para ayudarlo debía ser honesto respecto de su apariencia y sus métodos de cortejo. En su tercera visita a mi consultorio, le dije: "Joe, realmente deseo ayudarte con tu problema (mi intención) y quiero ser honesto contigo. Sólo que no estoy seguro de cómo decirte esto". Él respondió: "Sólo dímelo". Agregué: "De acuerdo, parémonos delante de este espejo".

Frente al espejo, señalé su cabeza y le dije: "Tu cabello necesita un corte que armonice con tu estructura ósea, pero la manera en que lo traes cortado ahora, o no cortado, está todo echado hacia la izquierda". Agregué: "En cuanto a tu ropa: distintos colores funcionan o no dependiendo de tu complexión. Los colores que eliges consistentemente te hacen ver como si tuvieras una enfermedad crónica en el hígado. Apuesto que te vistes por comodidad". Estuvo de acuerdo. "Bueno —continué mientras señalaba primero el patrón de su camisa y luego el de sus pantalones—, pienso que (el lenguaje del *yo*) necesitan un poco menos de… complicación y un poco más de estilo. Y una última cosa sobre la ropa: hay dos tipos de pantalones para hombre: largo y corto. Necesitas tomar una decisión porque el largo del tobillo no está bien" (mencionar detalles específicos).

"Permíteme darte el número telefónico de Teresa (sugerir nuevas opciones). Llámala. Ella te cortará el pelo con un estilo de acuerdo con la forma de tu cara. Te dirá qué colores funcionan mejor para ti y, si quieres, puedes contratarla para que te lleve de compras. Te ayudará a encontrar ropa que sea cómoda y tenga estilo. En cuanto a la manera en que te acercas a las mujeres…" Y así continué procurando ser específico sobre lo que no funcionaba o lo que podía resultar mejor.

Finalmente concluyó la sesión. No tenía idea de qué tan útil fue para él esta visita hasta que llegó el momento de pagar. Yo cobraba 40 dólares en ese tiempo. Él me extendió un billete de 100 y yo busqué cambio. "Quédate con el cambio. Gracias". ¡Ah! Y me llamó dos semanas después para darme la buena noticia: ¡tenía una cita!

TEN DISPOSICIÓN PARA ESCUCHAR

Siempre que hables para ser escuchado influirás inevitablemente en tu persona problemática. Si se pone a la defensiva, por un momento ten la disposición de poner a un lado lo que dices y enfócate en su reacción. Esfuérzate por comprender por completo: retoma, clarifica, resume y confirma. Aunque esto parece un proceso largo, llevará menos tiempo y será menos desgastante para tus sentimientos y tus pensamientos que una conversación basada en acción/reacción, de las que no producen ningún resultado valioso.

Recuerda que en las relaciones obtienes aquello a lo que le diste reconocimiento. Cuando las personas se esfuerzan por cambiar, reconocer su progreso es una recompensa para ellas. La gente gira hacia la apreciación como las hojas lo hacen al sol. Así que cuando veas a alguien comportándose de manera positiva, asegúrate de darle reconocimiento. Y si con el tiempo recae en antiguos comportamientos, tómate el tiempo para ofrecerle un amable recordatorio de quién es y de lo que es capaz, con base en el comportamiento que has observado. La honestidad siempre es la mejor política. Nos maravillamos con frecuencia de la cantidad de estrategias que utilizan las personas para lidiar con los demás, sin intentar primero hablar las cosas. Recomendamos mucho establecer un diálogo honesto con las personas difíciles, como una de las estrategias más efectivas para sacar lo mejor de ellas en sus peores momentos.

BREVE RESUMEN

Cuando te comunicas con personas problemáticas
Tu meta: habla para que te entiendan

PLAN DE ACCIÓN

1. Monitorea tu tono de voz.
2. Establece tu intención positiva.
3. Interrumpe con tacto sus intervenciones.
4. Di tu verdad.
5. Ten disposición para escuchar.

8
OBTÉN LO QUE PROYECTAS Y ESPERAS

Cuando las personas se vuelven un problema, las reacciones negativas y desconsideradas de quienes las rodean tienden a provocar y reforzar más de lo mismo. Si quieres tener una influencia positiva, necesitas respuestas consideradas. Asume que obtendrás mejores cosas al otorgar al otro el beneficio de la duda. También es en tu beneficio que le ayudes a terminar con sus comportamientos negativos y sus conceptos limitantes sobre él mismo y que refuerces los comportamientos que quieres que tenga. Si haces esto de manera habitual, la gente difícil puede llegar a verte como un valioso aliado más que como un enemigo, y, sorpresivamente, puede llegar a satisfacer tus expectativas.

PODER PIGMALIÓN

Escuchamos sobre un interesante estudio de hace algunos años que se llevó a cabo en el sistema educativo en Chicago. Fue un caso muy iluminador en cuanto al poder de las expectativas. Los investigadores que condujeron el experimento solicitaron la ayuda de algunos maestros a quienes les dijeron que habían sido seleccionados por sus habilidades como docentes y porque en sus salones había algunos niños superdotados. El experimento estaba diseñado —explicaron los investigadores— para descubrir cómo se desarrollaban los niños superdotados en la escuela, si no sabían que tenían dotes especiales. No se les informaría de este experimento a los niños ni a los padres.

El resultado: el desempeño académico de los niños, como se esperaba, fue excepcional. Los maestros dijeron a los investigadores que trabajar con los niños había sido maravilloso y expresaron el deseo de poder trabajar con niños superdotados *todo* el tiempo. Robert Rosenthal y Leonore Jacobson, los investigadores, revelaron a los maestros que los niños no eran necesariamente dotados, ya que habían sido seleccionados al azar. Y antes de que los maestros se envanecieran de sus propias habilidades, los investigadores les informaron que ellos también habían sido escogidos al azar.

Los investigadores llamaron al resultado de este desempeño sobresaliente *efecto Pigmalión* en el aula. Las altas expectativas que los maestros tenían de los estudiantes, aunque nunca fueron expresadas de manera oficial, ayudó a los estudiantes a creer en sí mismos y a actuar conforme a esa creencia. Otros estudios han revelado de manera similar que, hasta cierto grado, las personas crecerán o disminuirán en función de las expectativas de los demás.

Quizás has experimentado la dificultad de superar la opinión negativa que alguien tiene de ti cuando, a pesar de tus mejores esfuerzos, todo lo que dices o haces es distorsionado. Los padres usan el poder Pigmalión cada vez que le dicen a sus hijos: "¡Te lo dije una y mil veces! Eres desordenado/torpe/mentiroso/flojo. ¡No te preocupa nada más que tú mismo!" Este mecanismo puede ser utilizado, en cambio, para sacar lo mejor de las personas en sus peores momentos. Los padres sabios descubrirán que es mucho más valioso decirles a sus hijos: "¡Tú no eres así! A ti te importa tu apariencia./Tú sabes cuidar tus cosas./Eres una persona amable y honesta./Tú sabes que te queremos. /¡Eres capaz de hacer lo que te propongas!"

Cuando tu persona problemática se comporta conflictivamente te sentirás tentado a pensar o decir: "Ese es el problema contigo. Tú siempre…" "Tú nunca…" Para usar el poder Pigmalión de manera efectiva, di: "¡Tú no eres así! Tú eres capaz de…" y describe cómo quieres que sea esa persona de manera que crea que es capaz de cumplir con esa expectativa. Y cuando tu persona difícil haga algo que quieres que se repita, di: "Eso es algo que me gusta de ti. Tú…" y describe su comportamiento positivo de una manera que refuerce la identificación que esa persona tenga con ese comportamiento específico.

Betsy llevaba casada muchos años con Sullie. Él tenía muy mal genio. Era una de esas personas para quien el hogar es un lugar al que vas cuando estás cansado de ser amable con la gente. Tan pronto como atravesaba la puerta, descargaba en Betsy toda la frustración acumulada en el trabajo.

Ella se preguntó si quería terminar con la relación y decidió que no. Pero concluyó que debía cambiar su comportamiento para poder modificar la situación. Esa misma tarde, cuando su esposo regresó del trabajo y volcó en ella su habitual angustia, Betsy levantó la voz para que él la escuchara y dijo: "¡Sullie, tú no eres así! (¡aunque sí lo era!). Sabes que no merecemos esto. Tú eres el tipo de hombre que se preocupa por su familia y sé que nunca querrías molestarnos intencionalmente". Su afirmación tomó a Sullie por sorpresa. Sin saber qué responder, dio la vuelta y se fue. Regresó a los pocos momentos, muy abstraído.

Betsy continuó señalando sus berrinches con este tipo de afirmaciones y después de tres semanas sucedió algo sorprendente. Sullie caminaba por la casa, molesto por el mal día que había pasado en la oficina, pero antes de que ella pudiera decir una palabra, él hizo un gesto con la mano para detenerla y asintió con la cabeza: "Ya sé, ya sé. ¡Yo no soy así!" Él rio. Ella rio. Y ese fue el fin del patrón de comportamiento negativo. Ella usó el poder Pigmalión para cambiar sus vidas.

Nos damos cuenta de que el poder Pigmalión no es la cosa más fácil de usar cuando alguien se está portando como un patán. Debes dedicar tiempo a ensayar mentalmente antes de lograr comunicarte con fluidez. Debes obligarte un poco a creer que, en el fondo, el otro tiene la posibilidad de cambiar, aun cuando no haya evidencia de ello. Te sorprenderá gratamente saber que tú tienes el poder de sacar lo mejor de las personas en sus peores momentos.

ASUME LO MEJOR Y OTORGA EL BENEFICIO DE LA DUDA

Joe era ingeniero y tenía una entrega muy cerca. Se había encerrado en su oficina con la esperanza de tener tranquilidad para concentrarse y terminar el trabajo. Pero ahí estaba Carl, un colega, sentado en un sillón, aconsejándolo sobre el proyecto. Sus consejos no eran lo que Joe necesitaba. Sólo quería que lo dejaran solo. Si Joe hubiera dicho: "Mira, Carl, ahorita no tengo tiempo para esto", Carl se habría retirado pensando: "¡De acuerdo! Esta es la última vez que intento ayudarlo". Pero en cambio, Joe dijo: "Carl, de verdad aprecio tu intención de ayudarme con este proyecto y darme tu tiempo y tus ideas". A lo que Carl respondió con orgullo: "Lo que necesites, amigo". Joe continuó: "Lo que me ayudaría *mucho* en este momento es estar solo un rato para concentrarme. ¿Podrías hacer eso por mí?" Y, por supuesto, Carl dijo: "Claro, no hay problema".

Asumir lo mejor tiene un efecto positivo en las personas problemáticas, sea o no verdad. Quizá Carl no quería ayudar y sólo estaba en la oficina de Joe evadiendo su propio trabajo. Pero cuando Joe reconoció la intención positiva de Carl, él no iba a decir: "¿Ayudarte? No. Te equivocaste, Joe. Sólo estoy sentado aquí para quitarte el tiempo y dejando para mañana lo que puedo hacer hoy".

Siempre que le digas a alguien que está haciendo algo malo, se pondrá a la defensiva. Puedes minimizar esta reacción si les otorgas el beneficio de la duda y asumes lo mejor.

Digamos, por ejemplo, que has recibido retroalimentación negativa de algunos clientes sobre el comportamiento de un empleado. Si simplemente vas con ese empleado y le informas de las quejas, el empleado discutirá contigo e intentará demostrar su inocencia o iniciará un diálogo interno de autojustificación y dejará de escucharte por completo.

En cambio, si asumes lo mejor, puedes decir "sé que realmente te importa ofrecer a los clientes un muy buen servicio". Es altamente improbable que responda: "No. A mí me gusta molestar a nuestros clientes porque no me importan para nada". Si le has ofrecido la oportunidad de identificarse con una intención positiva es más probable que el empleado responda: "Por supuesto que me importa". Entonces puedes establecer tu intención: "Me encantaría que lograras hacer el mejor trabajo del que eres capaz". Has dejado claro de esa forma que tu propósito es ayudar. "Para que esto pueda hacerse, tengo algo de retroalimentación de parte de algunos clientes que me gustaría que tomaras en cuenta".

APRECIA LA CRÍTICA

Si eres una de esas personas que brincan ante la más mínima crítica, particularmente cuando parece injusta, quizá habrás notado que defenderte tan sólo tiende a empeorar las cosas. "Me parece que protestas mucho", escribió Shakespeare. La implicación es que tu defensa es una admisión de culpa y todo lo que digas podrá ser usado en tu contra. Así que mientras más trates de explicar las cosas, más parecerá que la crítica tiene razón de ser. He aquí un mecanismo que acabará de golpe con la crítica sin tener que luchar contra ella: apréciala en voz alta. Sin defensa, sin explicación, sin justificación. Un simple "gracias" es todo lo que se necesita para acabar con ella.

En una conferencia a la que asistimos hace años, una participante, Marge, se ofendió por un chiste que hizo el ponente, Leo. En un receso, Marge lo confrontó y lo acusó de ser un humano despiadado y horrible por haber hecho ese chiste. Leo intentó explicarle con paciencia que la mujer que había planeado la conferencia le había pedido que contara ese chiste. ¡Él ni siquiera sabía lo que significaba! Marge se negó a escuchar. Consideró el intento de Leo por explicarse como una manera de evadir su responsabilidad y como evidencia del gusano que era. Entonces Leo se enojó un poco y se plantó frente a Marge, exigiéndole que dejara de insultarlo y tratara, en cambio, de escuchar. Eso tampoco funcionó, pues en un instante ambos terminaron gritándose. Intentando dar por terminado el asunto, él declaró: "Señora, ¡realmente me importa un bledo lo que usted piense!" Dio la media vuelta y se alejó furioso, sintiéndose incomprendido.

Horas después, cuando la mayoría de los asistentes a la conferencia se habían ido, Leo se acercó a Rick, quejándose de las terribles acusaciones de Marge e insultándola. Ecuánime y sorprendido, Rick dijo: "Esa es una manera interesante de lidiar con el asunto".

"¡¿De verdad!? ¿Y tú cómo habrías lidiado con esto?", exigió Leo. Rick contestó: "Habría dicho sencillamente: 'Gracias por decirme con honestidad cómo te sientes' y habría dejado en paz el asunto". Leo se dio una palmada en la frente y dijo: "Increíble. ¿Por qué no hice eso?" Y se alejó refunfuñando y reflexionando sobre la sutileza de la sencillez.

Cuando aprecias verbalmente a las personas que te critican, te deshaces de la necesidad de defender, explicar o justificar tu comportamiento.

Sólo escucha al otro y agradécele por haberse comunicado contigo. No tienes que hacer preguntas sobre lo que expresa a menos que creas que sería valioso averiguar más. Una vez que el crítico ha hablado, di: "Gracias por ser sincero" o "Gracias por tomarte el tiempo de permitirme saber cómo te sientes" o "Te agradezco tu interés". Sencillo, sutil y dulce.

Conocemos a un joven que después de mudarse de la casa de su mamá no habló con ella durante más de una año. Estaba furioso con ella por su actitud dominante y sabelotodo, y relacionaba el sonido de su voz con una motosierra que arrancaba cada vez que él no cumplía con las expectativas de ella. Pasó el tiempo y él enfermó de las vías respiratorias mientras estaba de viaje. En un hotel, rodeado de extraños, delirante con tos y fiebre, empezó a pensar en su madre y en el excelente cuidado que ella le había dado a lo largo de toda su infancia. ¡Ah, cuánto extrañó el caldo de pollo que su mamá preparaba! Sin pensarlo mucho tomó el teléfono y le marcó. Ella contestó: "Hola". Después de un momento de duda, dijo: "¿Mamá? (*cof, cof*)". "Hijo, ¿eres tú?" "Sí, soy yo. Mamá, te extraño *(cof, cof)*". Ella arrancó la motosierra. "¡No es verdad! Si realmente me extrañaras habrías llamado antes, o escrito, o algo, en lugar de dejar que me preocupara de..." y así siguió, como una cascada de angustia y desesperación.

Pero en su condición febril él no tenía energía para discutir. Todo lo que podía hacer era seguir ahí acostado, tosiendo y escuchando. Y, mientras lo hacía, algo extraño sucedió. Por primera vez en su vida él pudo entender de dónde provenía el combustible que alimentaba la motosierra. Pudo escuchar que ella estaba dispuesta a volverse loca si era por el bien de su hijo. Todos esos años de lecciones, sermones y diatribas eran el resultado de sus esfuerzos por ser una buena madre, y había hecho lo mejor que había podido. El amor había sido su única motivación y él jamás le había agradecido eso.

Ella se detuvo, como si se le hubieran agotado las palabras. En ese momento de quietud, él replicó débilmente: "Mamá *(cof, cof)*, gracias por quererme. Realmente me amas, ¿verdad?" "¡Por supuesto que te adoro! ¿Estás bien mi amor?"

Todo lo que se dijeron durante los siguientes 25 minutos fue "te quiero" y lo hicieron de mil maneras distintas. En lugar de discutir sobre la diferencia de opiniones, defender sus puntos de vista, o cualquier otro de los vanos comportamientos que durante tantos años habían dañado su relación, todo lo que querían decir era "te amo".

La próxima vez que alguien te critique, pon en práctica esta estrategia. Quizá sea difícil mantener la cabeza baja, pero a cambio de algo de crítica recibirás paz duradera y abundante.

BREVE RESUMEN

Cuando la gente está en su peor momento
Tu meta: Proyecta y espera lo mejor

PLAN DE ACCIÓN

1. Utiliza el poder Pigmalión.
2. Ofrece el beneficio de la duda.
3. Aprecia la crítica.

9
CÓMO CAMBIAR TU ACTITUD

Para ser eficiente con quienes no soportas, es esencial que adquieras control sobre tu actitud hacia esa persona problemática en tu vida. Pero, ¿de dónde sacas valor para mantenerte de pie si quieres llorar o luchar cuando estás cara a cara con aquello que te confronta? ¿Cómo puedes tener la actitud correcta en el momento que la necesitas, para que tus reacciones hacia la gente difícil sean efectivas automáticamente?

Tu efectividad al usar las estrategias del resto del libro es directamente proporcional a tu habilidad de dominar tu actitud. En cada uno de los siguientes capítulos te señalaremos qué actitud debes tomar respecto de un determinado comportamiento problemático. Este capítulo trata del proceso para cambiar tu actitud.

La respuesta está, en primera instancia, en encontrar el mecanismo que produce tu actitud frente a la gente problemática. Considera por un momento qué tan rápida y automáticamente reaccionas cuando te enfrentas a uno de esos comportamientos que no soportas. Ese tipo de mecanismo de estímulo-respuesta se dispara en ti una y otra vez, cada día, y la mayoría de las veces sus efectos son benignos. Al igual que con una canción, imagen o fragancia, una situación negativa puede transportarte a un momento pasado y producir asociaciones terribles y reacciones cargadas. Hay al menos dos factores que fortalecen estos mecanismos de estímulo-respuesta: *repetición* e *intensidad*. ¡Puedes usar estos factores de manera consciente para modificar tus reacciones hacia las personas que no soportas!

MODIFICA TUS REACCIONES

El primer paso es decidir qué quieres. ¿Qué actitud te ayudará para lidiar con la gente difícil? ¿Quieres estar tranquilo? ¿Seguro de ti mismo? ¿Asertivo? ¿Relajado? ¿Solidario? ¿Paciente? ¿Determinado? ¿Todos los anteriores? Ponle nombre al recurso. Si lo nombras, lo tendrás.

Ahora intenta hacer tiempo y espacio en tu vida en el que puedas usar esta actitud de manera natural. Si crees que careces de determinado recurso, ve y consíguelo; búscalo en alguien más. Imitar a otros es una habilidad nata. ¿Recuerdas todas esas cosas que tus padres decían o hacían y que juraste que jamás repetirías? ¿De todas maneras las haces y las dices? ¿Qué pasó? Imitas esos comportamientos.

Si conoces a alguien que lidie bien con gente problemática, búscalo y pregúntale cómo lo hace: qué piensa, cómo ve a la gente problemática, qué tipo de cosas se dice a sí mismo. Conviértete en un detective de recursos y descubre cuál es ese estado interno que te permite lidiar de manera distinta con la gente problemática. Continúa preguntando hasta que todo adquiera sentido y puedas practicar mentalmente tus hallazgos. Repasa la situación con tu persona problemática usando este nuevo estado interior hasta que lo hagas tuyo.

No importa si los modelos que eliges son personas que conoces o no. Pueden ser actores de cine o personalidades de la política. Tus modelos pueden ser tan reales como los personajes de un libro o una película. Lo que importa es que consideres que tus modelos tienen la actitud o los comportamientos que quieres aprender a usar.

Habitúate a repasar lo positivo del pasado y a proyectar hacia el futuro. Mientras más realistas sean las diversas respuestas que imaginas y mientras más veces repases estas fantasías internas, más sólida será la asociación.

Un paciente de la tercera edad, Marge, tenía problemas con su agresivo jefe. Sentía que él era injusto con ella, pero no encontraba fuerzas para hacer algo al respecto. Día tras día ella escuchaba sus sermones, tragándose su orgullo. Con frecuencia lloraba. La frustración creció. Su salud se deterioró. Nos dijo que necesitaba "ser más asertiva con su jefe".

Le preguntamos si había algo en su vida en lo que fuera asertiva. No pudo encontrar nada. Así que preguntamos si conocía a alguien que podría lidiar con su jefe. Ella dijo: "¡Katherine Hepburn! Ella no toleraría ningún maltrato". Le pedimos a Marge que imaginara a Katherine Hepburn sentada frente al escritorio, en la oficina, y a su jefe entrando por la puerta. Marge miró, escuchó y aprendió, y luego repasó la escena como si ella fuera Katherine Hepburn. Ella profundizó su asociación imaginándose como Katherine Hepburn lidiando con su jefe, repetidamente.

La semana siguiente ella reportó "una mejoría de 20 por ciento". Dijo que había sido un poco más asertiva con su jefe, pero que lo que realmente la había impactado fue que en un restaurante en el que la comida no había sido cocinada correctamente ella la envió de regreso. Dijo que jamás había hecho eso en toda su vida y repentinamente, sin pensarlo siquiera, esta vez lo hizo.

Marge se habituó a repasar mentalmente los eventos pasados que la molestaban. Cada vez que se sentía insatisfecha con la interacción con su jefe, repasaba mentalmente los hechos, recreándolos con la actitud que le hubiera gustado tener. Un mes después estaba absolutamente encantada. Su jefe había intentado hacer uno de sus acostumbrados berrinches y, sin dudarlo un instante, ella le dijo que quería ser tratada con respeto, que sabía que él era capaz de lograr eso y que esperaba que en el futuro así fuera. Luego se dio la vuelta y salió. ¡Imagina la sorpresa de su jefe!

Nos dijo que lo que más la había ayudado a actuar de esa forma fue la seguridad que parecía tener Katherine Hepburn pues se respetaba de tal forma que podía confrontar elegantemente a su jefe. Marge dijo que tras repasar esta película mental, de alguna manera su jefe se veía más pequeño. Este cambio perceptivo la ayudó a ver las explosiones de su jefe de otra manera. Se dio cuenta por primera vez de lo inseguro que debía ser él por tratarla de ese modo y de que muy probablemente ese trato no tenía nada que ver con ella.

MODIFICA TU PERSPECTIVA

La manera en que miras una situación afectará significativamente tu actitud. ¿Alguna vez has tenido una pesadilla en la que te persiguen y en algún momento tu perspectiva cambia y ya no estás corriendo sino mirándote correr? He ahí dos perspectivas diferentes. Una es la experiencia de mirar, de ver a través de tus propios ojos, y se llama *asociación*. La otra, en la que te experimentas desde una perspectiva en tercera persona, se llama *disociación*. También recuerdas y rememoras de ese modo. Puedes estar dentro del recuerdo, viviéndolo de nuevo al mirarlo a través de tus ojos, y viviendo la experiencia desde dentro, como si estuvieras otra vez ahí. O puedes desasociarte del recuerdo y mirarlo a distancia, mientras reflexionas respecto de él.

Te recomendamos que te desasocies de los recuerdos no placenteros y empieces a aprender de ellos. Hay varias técnicas de disociación que puedes usar para alejarte de eventos incómodos o de personas difíciles y ajustar tu punto de vista:

- Puedes comparar los problemas con tu persona difícil con momentos más complicados en tu vida o con situaciones imaginarias en peores circunstancias. ¿Cómo se compara el hecho de lidiar con esta persona a perder una pierna o a un ser querido, o a volverte loco?
- Puedes ir mentalmente más allá del problema y proyectarte al futuro, cuando ese conflicto no tendrá ninguna importancia. A esto llamamos *técnica Alan Kirschner* en honor del papá de Rick Kirschner, pues Alan usaba este método repetidamente para mantener la perspectiva mientras Rick era pequeño. Durante tiempos difíciles y momentos críticos Alan se decía a sí mismo: "En 100 años, ¿qué relevancia tendrá esto?"
- Puedes editar mentalmente el recuerdo como si lo hicieras con una película. Inténtalo. Recuerda tu último momento incómodo con tu persona difícil, proyéctalo sobre una pantalla u obsérvalo desde la última butaca de la sala. Haz que el recuerdo se haga pequeño y se aleje. ¡Quítale el color y verás cómo pierde intensidad cuando se convierte en blanco y negro! Proyéctalo en reversa. Corta y reedita el recuerdo y crea una nueva secuencia. Intercámbiala con amigos.
- Con ayuda de una rigurosa disciplina puedes desarrollar una parte de ti que actúe como un observador imparcial y desapasionado al margen de las circunstancias. En este momento, mírate leer un libro, intenta percibir qué sientes y qué piensas al hacerlo.
- Puedes replantear el problema y cambiar su significado. Teresa esperaba el autobús frente a un hospital. Un borracho tropezó con ella y, con

botella en mano, empezó a contarle su historia. La hija de este hombre había sufrido un accidente en una motocicleta y había perdido las piernas. Él se culpaba pues le había comprado la moto. Ahora, decía, bebería hasta la muerte. Teresa le gritó: "¡Hey! Alégrate de que tu hija conserva la cabeza sobre los hombros, que puede pensar y hablar y que sus dos brazos sirven todavía. En este instante ella necesita un padre que la apoye, un padre fuerte y no un borracho tirado boca abajo en el lodo". Las lágrimas brotaron de los ojos de aquel hombre. Sin decir otra palabra, le besó la mano, dejó caer la botella de cerveza y corrió al hospital.

- Puedes comparar a tu persona problemática con algo peor. La mamá de Rick Brinkman, Simone, mantenía en su repisa *Mengele*, el libro del infame médico nazi que experimentó con gemelos en Auschwitz. Simone era una de las gemelas de Auschwitz y por poco había conocido a Mengele personalmente. Este era un pensamiento que le erizaba la piel y la ayudaba a mantener la perspectiva en tiempos difíciles. Todo lo que tenía que hacer era sacar el libro, leer una o dos páginas y, así de fácil, las circunstancias de ese momento no parecían tan malas.

La imagen es la misma, pero cambia el marco. Con un nuevo marco la imagen cobra otro sentido. Teresa le mostró al padre borracho otra manera de interpretar la misma situación. Al darse cuenta de lo que era mejor para su hija y la mejor manera de expresar su amor, el padre actuó de acuerdo con este nuevo punto de vista.

Tratemos de reinterpretar el comportamiento de la gente difícil. Cada persona problemática que cruza tu camino, cuando es colocada en un marco de referencia positivo, te ofrece una oportunidad de oro para desarrollar tus habilidades comunicativas. Las habilidades que practiques con una persona que no es tan importante para ti pueden ser las que necesites para salvar un matrimonio o una relación más querida. De esta manera tu persona difícil te ha ayudado. Si lo miras de este modo inmediatamente te sentirás mejor.

MODIFICA LA MANERA EN QUE TE HABLAS

¿Te has detenido a escuchar la manera en que te hablas? ¿Alguna vez te has dicho "¡Qué imbécil ¡No puedo creer que esto me esté pasando a mí!" O "¡No trabajo para soportar este tipo de abuso!"? ¿Cómo afectan estas ideas tu actitud y tu comportamiento? ¿Te estorban estos pensamientos?

Del mismo modo en que lo que piensas afecta lo que dices, también lo que dices influye en lo que piensas. Cuando modificas la manera en que te hablas sobre un problema cambias lo que piensas de él. Te recomendamos que tomes el control de lo que te dices. Sé consciente de ello. Sustituye los pensamientos negativos por otros, positivos y solidarios. Cuando escuches tu diálogo interno, asegúrate de que tu lenguaje te ayude a llegar a donde quieres hacerlo.

Debes aprender a hablarte con propósito para mejorar tu actitud. Puedes elaborar un par de notas mentales que te ayuden a mantener el sentido del humor y la perspectiva cuando te enfrentes a situaciones difíciles. Aquí enlistamos algunas cosas que puedes decirte y una breve explicación sobre su veracidad:

- "Voy por lo que quiero y quiero lo que obtengo." La rama que se dobla con la nieve es la que vive para ver el siguiente invierno, pero la que se resiste a la nieve se quiebra. Cuando te resistes, tratas de cambiar, limitas o inhibes a tu persona difícil, o intentas luchas contra ella, usualmente eres tú quien se quiebra.

  No nos malinterpretes. No decimos que no hagas algo respecto de la situación. Pero tan pronto como aceptes la situación tal cual es accederás a tus recursos y actuarás constructivamente para influir en el comportamiento de la gente difícil. Es lo que es, y no es lo que no es. Y así son las cosas. Al aceptar la situación podrás apuntar hacia un resultado valioso.

- "En algún lugar de esta experiencia hay una oportunidad." Quizá cada nubarrón tenga una cubierta de plata. Pero todos saben que el oro, la plata y los diamantes se encuentran en el lodo y entre las piedras. Sólo tienes que buscarlos y estar dispuesto a verlos cuando se presenten. Las oportunidades funcionan de esta manera.

- "Cualquier experiencia de la que pueda aprender es buena." Lo que aprendes al tratar con personas difíciles te permite desarrollar tu carácter, te fortalece y te ayuda en muchas otras áreas de tu vida. Aprender significa que estás recibiendo retroalimentación y que no permaneces estancado en una sensación de fracaso. Cuando observas la relación causa-efecto entre lo que hiciste y lo que obtuviste, aprendes qué funciona y qué no.

- "Puedo ser flexible." Si lo que haces no funciona, eso es garantía de que tu comportamiento ¡no funciona! Todo lo que intentes que no tenga esa garantía, tendrá mejores oportunidades de éxito que aquello que la tiene. ¡Experimenta! Intenta nuevos acercamientos. Sé temerario ¡Haz aquello que jamás habrías considerado inicialmente!

- "Sé que todo es posible." A Thomas Alva Edison le dijeron que la luz eléctrica no era posible y en su cabeza se encendió un foco. Dijeron que los humanos no podían volar, que si fuera así tendrían alas, y hoy las sobrecargo regalan a los niños broches en forma de alitas para que los prendan de sus chamarras. La gente que cree que cualquier cosa es posible es la que genera los avances. Piénsalo: si la gente puede volar y puedes apagar la luz, entonces es posible lidiar con la gente difícil. ¡Alguien está lográndolo en este preciso instante! Si no has obtenido los resultados que quieres, recuerda que es mejor prender la luz que maldecir la oscuridad.

- "Ah, bien." Te guste o no la situación, tu opinión no cambiará nada, excepto la manera en que te sientes. Así que en lugar de hacer una montaña con los argumentos y los datos que te disgustan, quizás es mejor que respires profundo y digas "Ah, bien" y abandones tu opinión. Déjala ir y parte desde ahí.

- "Todo pasa." Cuando batallas con una persona complicada, quizá sientas que es una cuestión de nunca acabar. Esa sensación de eternidad no es más que una ilusión. Piensa por un momento en la edad que tienes y en todo lo que has pasado. ¿Puedes creer lo rápido que ha transcurrido el tiempo? Tu persona difícil también pasará. Si miras hacia el futuro a partir de esta noción ganarás perspectiva y te facilitarás el proceso.

- "Eso solía molestarme. Pero lo dejé atrás." Hablando del pasado, ¿por qué no hablas de tu reacción hacia las personas difíciles como una situación que dejaste atrás? Ya sea que hables contigo o con otros, conjuga en pasado. Esto restará tensión de tu presente.

- "En Dios confío." De acuerdo con un viejo proverbio, todo funciona en armonía para bien. Es posible que algo maravilloso esté emergiendo en este momento y no lo hayas advertido. Del mismo modo que las estrellas están en el cielo y las estaciones tienen su ciclo, hay un mayor panorama en tu vida que se revelará con el tiempo. El dolor que experimentas puede ser tan sólo el rompimiento de la cáscara que encierra tu entendimiento. Aguanta. O despréndete por completo. En su momento todo será revelado y se resolverá.

Todas las herramientas que hemos descrito en este capítulo están disponibles cuando las necesites. Puedes ajustar tus reacciones a tu interpretación de los eventos en cualquier momento. Recuerda que un ajuste ocasional de actitud te libera del estrés y te conduce hacia el éxito mientras sacas lo mejor de las personas en sus peores momentos.

BREVE RESUMEN

Para ser más eficaz con todo tipo de comportamientos difíciles, para prevenir que te pierdas en una zona de peligro, y para modificar tu actitud cuando todo lo demás falla
Tu meta: domina tu actitud y tus reacciones

PLAN DE ACCIÓN

1. Modifica tus reacciones.
2. Modifica tu perspectiva.
3. Modifica la manera en la que te hablas.

TERCERA PARTE

∗

SACA LO MEJOR DE LA GENTE EN SUS PEORES MOMENTOS

Adquiere habilidades específicas y estrategias para lidiar con el Tanque, el Francotirador, el Sabelotodo, el Autodenominado Sabelotodo, la Granada, el Sí, el Quizá, el Nada de Nada, el No, el Quejumbroso, el Juez, el Entrometido, el Mártir y tu Yo Difícil.

10
EL TANQUE

Martin, originario y criado en la ciudad de Nueva York, tenía 30 años. Poseía un afilado sentido del humor y una buena dosis de sabiduría callejera, la cual se transparentaba a través de sus ojos azul claro. Acababa de mudarse a la Costa Oeste para encargarse de un trabajo gerencial en una compañía de construcción. En la oficina era el nuevo que no tenía idea. Sí, Martin había escuchado algunas historias que se contaban sobre sus nuevos jefes, Joe Sherman y Larry Panzer, y las consideraba *ligeramente* inverosímiles. Pero durante su segundo día de trabajo Martin se sintió como si estuviera a punta de pistola, mientras su nuevo jefe, de manera rotunda, le informaba que no había tolerancia para payasos haraganes vestidos de *esa* manera. Con los ojos fuera de sus órbitas, resoplando, Joe Sherman le advirtió a Martin que no se diera el lujo de perder el tiempo, pues había *mucha* gente desesperada por encontrar trabajo y habría incluso quienes *pagarían* por la oportunidad de laborar en esa compañía. Martin podía sentir las miradas de sus colegas mientras el Tanque estallaba. "¿Quién se cree que es este tipo?" Martin no sabía si sentirse sorprendido o apaleado con sus amenazas y sus intimidaciones.

No era que el jefe tuviera algo personal contra Martin. En el clásico estilo del Tanque, el agresivo ataque verbal de Sherman estaba motivado por un intenso impulso de *hacer las cosas*. Desde su punto de vista, lo que había pasado era una simple aseveración de su control mediante la agresión y las acusaciones. Martin se atravesó, casualmente, en la línea de fuego.

Cuando eres atacado por el Tanque, eres señalado como parte del problema. El comportamiento agresivo pretende ponerte en curso o eliminar el obstáculo que representas. Ya que todo se vale en el amor y en la guerra, toda situación puede convertirse en un campo de batalla virtual. Ya sea que el jefe necesita mantener andando un proyecto, o un cliente enojado necesita ayuda de un vendedor, o incluso una esposa o un esposo está tratando de concentrarse durante las innumerables interrupciones en su casa-oficina, el Tanque se enfoca en el resultado final y empuja con impaciencia hacia adelante.

No hay nada sutil en la confrontación directa del Tanque. El ataque puede ser un asalto total y frontal, escandaloso y contundente, o puede tener la tranquila intensidad y la precisión quirúrgica de un láser. Y mientras el Tanque puede despedazarte personalmente, la ironía es que no es personal. El ataque es sencillamente una manera de obtener resultados. Y para el Tanque el fin justifica los medios.

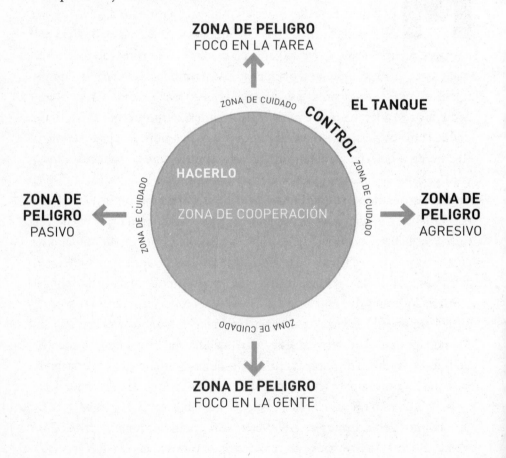

MEJOR AJUSTA TU ACTITUD

Mantente alerta respecto de tus emociones pues pueden ser tu mayor vulnerabilidad. Hay tres respuestas emocionales típicas frente al ataque del Tanque. Son naturales pero completamente inútiles:

- En un ataque de ira, ¡puedes sentirte tentado a contratacar! Si eres una persona asertiva evitarás engancharte en una guerra Patton *versus* Rommel (como el famoso videojuego) o Tanque *versus* Tanque. Es verdad que un armamento y una jerarquía superiores pueden ayudar a ganar una batalla, pero puedes perder de todas formas si el Tanque elige subyugarte creando una alianza en tu contra.
- Puedes defender, explicar o justificar tu posición. Desafortunadamente el Tanque no tiene ningún interés en escuchar tus explicaciones porque eso no cambia nada. Tu comportamiento defensivo sólo promoverá mayor antagonismo y te embarcarás en una ofensiva mayor. Si alguna vez has escuchado a alguien dando excusas cuando lo que querías eran resultados, o si alguna vez te ha tocado escuchar a un vendedor explicar el problema en lugar de solucionarlo, esto no será una sorpresa, pues sabes lo enojoso que resulta. Así que si el Tanque dice que eres un error genético, es inútil ofrecer los resultados de los análisis prenatales de tu mamá.
- Puedes bloquearte y convertirte en la persona No. En un ataque de miedo, puedes desear retirarte de la batalla, escabullirte para lamerte las heridas o perderte en tus pensamientos privados de detestable venganza. A pesar de eso debes evitar a toda costa cualquier reacción que denote miedo o debilidad. El miedo es para el Tanque señal de que su ataque es justificado y que debe hacer fuego; de que te mereces lo que el Tanque te da. El miedo incluso puede inspirar al Tanque a no mostrar piedad ni dar cuartel.

Cualquier intento de ataque, defensa o retirada, irá en tu contra. Evita estas reacciones. Encuentra el *valor* para mantenerte firme y dar un paso hacia adelante, dando la cara con determinante oposición. Asumiendo que tienes un Tanque en este momento de tu vida, o que alguna vez has lidiado con alguno, aquí tienes algunas sugerencias de cómo puedes ajustar tu actitud.

Al mirar al Tanque en tu mente, trata de imaginar a este personaje como un juguete que necesita que se le acabe la cuerda. O recuerda el momento en que te enfrentaste a un abusón en la escuela. Si conoces a alguien que sabe tratar con un Tanque, imagina que eres esa persona y sientes y piensas lo mismo que ella. Eso te permitirá ser más eficiente. Identifica modelos que tengan seguridad, autoestima y autocontrol y que sepan tratar calmada y profesionalmente con la gente prepotente. Por ejemplo, imagina qué se sentiría ser Clint Eastwood diciendo: "Vamos, hazlo. Atrévete". Cualquiera de estos métodos que elijas conviértelo en un hábito mental. Practica enfrentarte a tu Tanque al menos un par de veces hasta que te sientas seguro de hacerlo en la realidad.

Como una última parte de tu ajuste de actitud considera qué responsabilidad tienes tú en el ataque. Quizá te extendiste mucho en los detalles cuando era suficiente una explicación más corta. Quizá tu conversación tranquila y amistosa le pareció distractora o disruptiva. Ponte en los zapatos del Tanque y mira la situación a través de sus ojos. Eso te dará más pistas acerca de cómo manejar y prevenir sus ataques de una vez y para siempre.

TU META: EXIGIR RESPETO

Cuando eres asaltado, atacado o acusado verbalmente debes *exigir* respeto. El Tanque no atacará a quien respeta. La gente agresiva requiere respuestas asertivas. Tu comportamiento debe enviar la señal clara de que eres fuerte y capaz porque cualquier cosa menos que eso es una invitación a un nuevo ataque. Debes, sin embargo, mandar esta señal sin convertirte tú mismo en un Tanque. Cuando eres acusado, tu carácter se pone a prueba. La fuerza de carácter que demuestres determinará la percepción que tiene el Tanque de ti y, por lo tanto, su comportamiento contigo.

PLAN DE ACCIÓN

Paso 1. Mantente firme. El primer paso es mantenerte firme, bien plantado, sin huir ni arrojarte de cabeza a la batalla. No cambies de posición, ya sea que estés parado, sentado o inclinado. No tienes que optar por la ofensiva ni por la defensiva. Mira a los ojos al Tanque, en silencio y fijamente, y concéntrate en respirar. Inhala lenta y profundamente. La respiración consciente es una maravillosa forma de recuperar el control. Y mientras te recompones el Tanque tiene la oportunidad de disparar una ronda sin impedimentos.

Cuando Martin estaba bajo ataque, contuvo el impulso de contraatacar. Se mantuvo firme. Miró a su jefe directamente a los ojos, continuó respirando, y esperó a que terminara el bombardeo para decir: "¿Eso es todo?"

No lo era. El Tanque cargó otra ronda de abuso y disparó. Martin mantuvo su temperamento a raya, respiró con lentitud y preguntó con tranquilidad: "¿Algo más?"

"Bueno, tú…" Sherman cargó su última ronda y disparó. Se le acababa la munición. Había dicho cada cosa venenosa que sabía decir. En ese punto, permaneció ahí, mirando en silencio a Martin, como esperando una respuesta.

Martin dijo calmadamente: "Bueno, pues entonces regreso al trabajo". Y lo hizo. Se dio la vuelta con tranquilidad y se alejó.

¿Cuál es el mensaje no verbal de Martin? Estoy *concentrado* en mi trabajo, estoy *haciendo* las cosas, ¡y *tú* eres una distracción! Esto no es algo que le puedas decir directamente a un Tanque en tu segundo día de trabajo, pero puedes mostrárselo porque *las acciones dicen más que las palabras.*

En ciertas situaciones, pintar la raya con el paso 1 y no ir más allá de mantener el autocontrol, es la mejor opción. Por ejemplo, si estás en las fuerzas armadas y tu comandante está vociferando y gritándote, mantén el control y obtén su respeto. Tal como nos dijo Jim, un capitán de la marina de Estados Unidos: "Amigos, si mi almirante me dice que soy un error genético, lo único que yo puedo decir es: '¡Sí, señor!'" Estamos de acuerdo. En la estructura de poder de la milicia lo que uno puede hacer es mantener el contacto visual y respirar hasta que el ataque termine.

La situación en la que te encuentres cuando el ataque inicie puede ayudar a determinar la respuesta más apropiada. Si el Tanque es tu cliente, entonces el cliente siempre tiene la razón. Si el Tanque es tu pareja, debes involucrarte. Si el Tanque es un extraño, entonces no te arriesgues, especialmente si sospechas que el Tanque está loco y optar por la retirada es lo mejor que puedes hacer. Si el Tanque es tu jefe ¿consideras permanecer en este trabajo? ¿Había otras personas presentes? El momento puede significar todo. Quizá puedas confrontar el ataque de tu jefe en otro momento, en privado. Recuerda que el criterio es la mejor parte de la valentía. Mantener la cordura es suficiente para exigir el respeto de algunos Tanques.

Habrá momentos, sin embargo, en que querrás dar un paso al frente y avanzar en la estrategia para lidiar con el ataque del Tanque.

Paso 2. Interrumpe el ataque.

La mejor manera de interrumpir a las personas, estén o no gritándote, es repetir, de manera calmada y pareja, su nombre —nombre de pila, apellido, título, lo que sea que acostumbres utilizar— una y otra vez hasta que tengas su atención completa.

En el caso de los Tanques, lo mejor es usar su nombre firme y claramente y de manera repetida, hasta que el ataque se detenga. Cinco o seis repeticiones son suficientes para hacer que el más determinado de los Tanques se apacigüe. Aunque algunos Tanques intentarán aplastar tu voz levantando la suya, persevera. Repite su nombre hasta que haga un alto total:

"Joe, Joe, Joe". "¡No me interrumpas! Te digo que…" "Joe, Joe." "Te dije que no me…" "Joe, Joe."

Una vez que has iniciado este camino, retroceder puede ser peor que haberlo tomado. No hay necesidad de vencer al Tanque. Tu intención es hablarle asertivamente, no con agresión; perseverar con calma. A la gente agresiva, aunque no lo creas, le gusta la gente asertiva que puede defenderse sola, siempre y cuando esa asertividad no se perciba como un ataque.

Paso 3. Recupera rápidamente su punto central.

Una vez que tienes la atención del Tanque, retrocede hasta su acusación central. Rastrear ese punto y retomarlo establece el antecedente de que sabes escuchar y respetar. Esto también evita al Tanque tener que repetir las cosas y establece un buen terreno para dar el siguiente paso. Pero apresúrate. En las palabras del sargento Friday de *Dragnet*, la serie de televisión: "Limítate a los hechos". Los Tanques están equipados para la acción, y quieren, tanto como tú, que la situación concluya. Como los Tanques hablan y piensan muy rápido, puedes integrarte a él y acelerar las cosas: "¡Comprendo que no hay cabida para este tipo de vestimenta, para hacer payasadas o para perder el tiempo!"

Paso 4. ¡Apunta al centro y dispara! El punto central varía dependiendo de la situación, pero por lo regular no es de más de dos frases. La capacidad de atención del Tanque es extremadamente pequeña, así que debes evitar hacer rodeos e ir al punto. Inicia tu frase asumiendo tu punto de vista: "En mi opinión" o "Lo que yo veo". Esto previene que tu disparo reinicie la guerra. Lo que digas después depende de la situación. Por ejemplo, tu jefe te confronta en la oficina: "¿Por qué no has terminado el proyecto? Has trabajado en él durante dos semanas ¡y sigues con un mes de retraso!"

Respondes: "Jefe, entiendo que crea que el proyecto debería estar terminado (te integras retomando lo dicho). Desde mi punto de vista, el tiempo que he invertido nos ahorrará mucho dinero en el futuro" (punto central).

En un caso completamente distinto, cuando estás bajo ataque, tu punto central puede ser: "Mary, Mary, Mary (interrupción). Entiendo que tienes un problema con la manera en que se está manejando esto (retomar). Pero no estoy dispuesto a discutirlo, si esa es la forma en la que me hablas (punto central). Cuando estés lista para hablar conmigo respetuosamente me tomaré el tiempo para que platiquemos" (redirigiendo hacia el futuro).

En situaciones de servicio al cliente querrás establecer de manera clara que tú y tu cliente están del mismo lado: "Entiendo que nuestro servicio no lo ha dejado satisfecho (retomar). Su satisfacción es nuestra meta. Para ayudarlo de inmediato, necesitaré alguna información. ¿Puede apoyarme respondiendo algunas preguntas?" (punto central).

Al decir "Para ayudarlo de inmediato" estableces que tú y tu cliente están del mismo lado. Cuando dices "...respondiendo algunas preguntas" le estás ofreciendo al Tanque algo de control sobre la situación. Obtener resultados es todo lo que le importa. Al retomar lo que ha dicho, demuestras que entiendes que busca ayuda, y al redirigir con intención demuestras que están en el mismo lado. En este caso también puedes redirigir con una pregunta: "¿Le puedo hacer algunas preguntas?"

Paso 5. Marca el paso con honor. Nunca le cierres la puerta en la cara al Tanque. Si lo haces, lo puede tomar como un desafío y el Tanque tumbará la puerta y entrará a la fuerza. Si dejas abierto, le das espacio al Tanque para retroceder. Cuando las acusaciones que hace el Tanque son falsas, su percepción es poco realista o sus demandas son injustas, redirige la situación hacia una resolución pacífica ofreciéndole la última palabra, pero siendo tú quien decide dónde y cuándo. Empieza asumiendo algo y habla con determinación: "Cuando acabe mi presentación" es una frase que asume que efectivamente harás tu presentación hasta el final. "Cuando estés listo para hablar conmigo al respecto" es otra manera de asumir que estará listo, en algún momento, para hablar contigo.

En ese momento asigna las condiciones para que tenga la última palabra: "Cuando termine mi presentación, estaré más que feliz de escuchar tu retroalimentación". O: "Cuando estés listo para hablar conmigo al respecto estaré dispuesto a discutir el asunto".

Si quieres *llevarte bien*, ser muy terminante y asertivo te puede parecer tan amenazante como una guerra nuclear. Pero para el Tanque este comportamiento no es más que un estira y afloja entre las personas. Le da la oportunidad de ver de qué estás hecho. El Tanque mide tu fuerza de carácter y tu nivel de compromiso de esta manera. Las personas asertivas aprecian a las personas asertivas. Lo más probable es que dispare y continúe. Es probable que no ganes cada batalla, pero puedes ganar más respeto. ¡No te sorprendas si tu asertividad convierte al Tanque en tu aliado para una futura escaramuza con otro Tanque!

¿QUÉ HACER SI LAS ACUSACIONES DEL TANQUE SON ACERTADAS Y TÚ ESTÁS EQUIVOCADO?

Todas las sugerencias anteriores asumen que el Tanque está equivocado. ¿Pero qué sucede si el Tanque está en lo correcto? ¿Qué sucede si efectivamente tú estás desperdiciando tiempo, dinero o energía en actividades inapropiadas o distractoras? Si las acusaciones del Tanque son verdaderas, entonces una sencilla estrategia es suficiente para resolver tu problema. La manera más rápida de terminar el tiroteo es seguir estos tres pasos:

Paso 1. Admite tu error.

Paso 2. Manifiesta de manera concisa lo que aprendiste.

Paso 3. Expresa lo que harías diferente para evitar que vuelva a suceder.

El paso 3 es crucial. Muchas personas dan los pasos 1 y 2 sólo para ser apabullados nuevamente por el ataque. Pero considera esto desde el punto de vista del Tanque. Si está preocupado por tu falta de concentración, el ataque continuará si cree que seguirás desconcentrado en el futuro. La garantía que ofrezcas de que aprendiste la lección es esencial para detener el ataque. Pero una vez que has dado tu palabra deja de hablar sobre el asunto. El Tanque no requiere ni tolera que alguien lloriqueé o se humille. Se necesita valor para admitir un error y aprender de él. Así que mantente firme como soldado.

GRANDES MOMENTOS EN LA HISTORIA DE LAS PERSONAS DIFÍCILES

Sherman & Panzer, Inc.

Ha pasado un año desde que Martin entró a trabajar como gerente en Sherman & Panzer Inc. y ya recibió un ascenso. Su éxito puede atribuirse a dos factores: Martin posee habilidades interpersonales excepcionales y la compañía tiene un índice inusualmente alto de deserciones en los puestos gerenciales. El segundo factor puede atribuirse a que los dos dueños de la compañía eran firmes creyentes en la administración a través del acoso, o "sistema gaviota" (¡si algo sale mal, los dueños entran volando, hacen un gran escándalo y embarran suciedad sobre todo el mundo!)

En el breve tiempo en que Martin estuvo en la compañía recibió una muy buena dosis de abuso, aunque era menos intensa que al principio. Un día, Martin decidió que era suficiente, que debía hacer algo para que las cosas cambiaran o renunciaría. Decidió atravesar la fortificación mental, desafiar la mentalidad de búnker impenetrable y confrontar a los dueños.

Pidió una junta con sus jefes, Joe Sherman y Larry Panzer. Inició diciendo: "La productividad es mi meta en este trabajo (integrarse con lo que considera es la intención de sus jefes). Pero tenemos un serio problema de baja moral que está perjudicando la productividad". Al dirigir sus afirmaciones hacia la productividad, Martin captura la atención de sus jefes.

Larry se burló: "Ay, sí, ¿y qué problema de moral es ese?"

A lo que Martin replicó: "Desde mi punto de vista, ¡son ustedes! Vienen a nuestros cubículos, pierden los estribos por motivos insignificantes y desmoralizan a todo el equipo. Me contrataron como gerente para que organice a las personas, pero me insultan frente a todos y socavan mi autoridad. Despiden gente al azar sin saber lo que hacen: corren a los buenos y se quedan con los malos. Esto desmoraliza al equipo y por esta razón no logro que se haga trabajo de calidad. La gente sabotea y roba para ponerse a mano con ustedes. Yo sé que esta es su compañía (integración a partir del reconocimiento del punto de vista de sus jefes) y que pueden manejarla como quieran (integración). Incluso pueden despedirme en este instante si no les gusta lo que digo (integración con lo que los jefes están pensando). Ustedes quieren ganancias (integración), pero no las están obteniendo (redirección). Si quieren atestiguar lo que *realmente* es posible en este lugar se los mostraré. Pero necesitan contenerse un poco. Denme dos meses. No se aparezcan por los cubículos a menos que estén dispuestos a ser cordiales. Si tienen un problema con alguien o con algo, vengan conmigo primero y dejen que yo me encargue. Y cuando se acerquen a mí, trátenme con respeto. Si me llaman para insultarme colgaré el teléfono. De otra manera me iré hoy mismo. Es su decisión. ¿Qué quieren hacer?" (les dio la opción y se integró con su necesidad de tener el control).

Los dos dueños se miraron. Estaban pasmados y sorprendidos. Se levantaron, le extendieron la mano a Martin y dijeron: "De acuerdo, de acuerdo, ¡dos meses!" Salieron del cuarto y se alejaron. Joe le dijo a Larry: "¡Vaya! ¡No sabía que ese tipo era de buena madera!"

Algunas semanas más tarde, Joe y Larry llamaron a Martin a la sala de juntas. Le pidieron que se sentara. Lo hizo mientras ellos permanecían parados, mirándolo. Finalmente acercaron un par de sillas y se sentaron. Joe dijo en tono de confidencia: "Martin, no te dijimos esto cuando te contratamos, pero pensábamos vender este negocio para mudarnos a Florida. Pero hemos reconsiderado las cosas. ¿Qué te parecería asociarte con nosotros comprando parte de la compañía? Tú manejarías todo aquí en Nueva York cuando nosotros nos vayamos a Florida.

¿Qué sucedió? Con mucha frecuencia el Tanque respeta a quien que se defiende y da un paso al frente. Martin mostró agallas y determinación. Joe y Larry sabían que estarían en paz en Florida si Martin se hacía cargo de Nueva York porque no toleraría tonterías de nadie. Y, sin pestañear, Martin aceptó el ofrecimiento.

La confrontación cordial

Era uno de esos días en la vida de un viajero en que todo lo que puede salir mal, sale mal. Los aviones no funcionaron, los repuestos que debían llegar en 10 minutos se tardaron horas, y los aviones debían tomar un turno sólo para despegar. Al aterrizar, los pasajeros no localizaban sus maletas. Una larga fila se formó en la ventanilla del equipaje perdido, ese lugar que la gente adora odiar.

Un hombre en la fila refunfuñaba y hacía comentarios antagónicos a los agotados pasajeros a su alrededor. Cuando llegó su turno, decidió que la mujer que atendía pagaría personalmente la injusticia que había sido perpetrada en su contra por "su" aerolínea.

Quizás ella estaba entrenada excelentemente bien en servicio al cliente, o quizá sólo tenía un don natural, pero, considerando las circunstancias, se portó increíblemente. Dejó que él se descargara, retomó sus frases, le aseguró que todo se arreglaría. ¡Incluso estuvo de acuerdo con él! Pero sin importar lo que ella hiciera ni cuantas veces lo hiciera, él continuaba amenazándola como si ella, de manera personal y a propósito, hubiera etiquetado equivocadamente su maleta.

Con increíble paciencia y buen trato, ella dejó su pluma y lo miró directamente a los ojos. Él la miró también. Después de una larga pausa, ella dijo con calma y sinceridad: "Señor, sólo hay dos personas en este mostrador a quienes les importa su maleta —hizo una pausa para que él pudiera asimilar las cosas—. Y francamente, señor, una de ellas está perdiendo el interés". Otro largo momento de silencio. La irá del pasajero se transformó en confusión, hasta que, mágicamente, se diluyó.

Convertido en un caballero de buenos modales, el hombre se disculpó: "No quise causar problemas. Estoy muy frustrado y, bueno, usted me entiende. Lo siento. Perdí los estribos. ¿Qué podemos hacer para recuperar la maleta?" Y de esa manera tan sencilla ella se convirtió en su aliada en lugar de su enemiga.

Examinemos lo que sucedió. Cuando ella dijo: "Señor, sólo hay dos personas en este mostrador a quienes les importa su maleta" ella se integra a la intención del Tanque. Le deja saber que entiende la importancia de lo que él quiere y al mismo tiempo le dice que comparte su interés. El subtexto es que ambos están potencialmente del mismo lado de la cancha. Cuando ella dice: "Y francamente, señor, una de ellas está perdiendo el interés" señala el punto central, mostrándole cómo su comportamiento iracundo contraría su intención común. Pero lo que realmente funcionó fue la *sinceridad* en su tono y su expresión facial. Si hubiera sido sarcástica, no habría funcionado. Ella fue firme pero no agresiva, y sacó al Tanque de su cantaleta.

Aunque es buena idea para los negocios recordar que el cliente siempre tiene la razón, a veces necesitas la ayuda del cliente si quieres ser de utilidad. El trabajo de ella era reunir información, auxiliar al cliente y también ayudar al siguiente cliente. Después de usar otras estrategias optó por una confrontación cordial, demostrando, con propiedad, lo inapropiado del comportamiento del Tanque. Obviamente, esta empleada ha encontrado una muy buena estrategia interna para dejar pasar las cosas al mismo tiempo que avanza y hace que sucedan.

BREVE RESUMEN

Cuando alguien se convierte en Tanque
Tu meta: exigir respeto

PLAN DE ACCIÓN

1. Mantente firme.
2. Interrumpe el ataque.
3. Rápidamente retoma el punto central.
4. Apunta hacia el centro y ¡dispara!
5. Marca el paso con honor.

11
EL FRANCOTIRADOR

Darren y Jay eran ingenieros en una empresa de alta tecnología. Darren era cinco años mayor que Jay y había estado en la compañía tres años más. Por esa razón todos creían que el ascenso se lo darían a Darren. Pero era fácil llevarse bien con Jay: era muy trabajador y había demostrado tener mucha creatividad e iniciativa. Sus esfuerzos se vieron recompensados por los poderes supremos y Jay fue ascendido a gerente regional de ventas.

Una semana después de su ascenso, Jay estacionó su coche y entró al edificio. Al dirigirse a su nueva oficina pudo ver a su equipo reunido alrededor de Darren, en el pasillo. Parecían estar pasándola bien y reían emocionados con cada palabra de Darren. "Le preguntas qué hora es ¡y te dice cómo hacer un reloj! No tiene nada que decir, ¡pero tienes que esperar mucho tiempo para enterarte! ¡Ja, ja, ja!" Percibiendo que su audiencia ya no reía, Darren se dio la vuelta hacia donde todos miraban y descubrió a Jay, con el rostro conmocionado. "Oh, oh. ¡Aquí tenemos al mismísimo gran señor!"

"¿Qué hice para merecer esto?", se preguntó Jay, mientras intentaba entender cómo actuar al haber sido escogido como el blanco de un Francotirador.

Hay diversas motivaciones para el comportamiento del Francotirador. Algunas personas acechan y disparan cuando están enojadas debido a un evento determinado. Son personas resentidas con quien interfirió con sus planes. Algunas personas acechan y disparan para socavar a quien interfiere en sus planes. ¡Y algunos Francotiradores sólo lo hacen por llamar la atención!

FUEGO HOSTIL

Cuando las cosas no marchan de acuerdo con el plan o alguien lo obstruye, la persona que quiere que *las cosas se hagan* puede tratar de eliminar la oposición acechando y disparando. Para evitar las represalias, el Francotirador hará una operación encubierta y así ocultará sus retorcidas técnicas: comentarios groseros, sarcasmo, frases mordientes y los clásicos ojos en blanco. Los Francotiradores pueden usar la confusión como arma, haciendo comentarios irrelevantes para desorientar al otro y dejarlo como un tonto. Un par de tiros bien colocados y a tiempo y el Francotirador tomará el control.

Cuando hay rencor, el *modus operandi* del Francotirador es: "No te enojes, ¡véngate!" He aquí algunos resentimientos que han inspirado los ataques del Francotirador, tal como los ha reportado la gente en nuestros seminarios:

- El chauvinista que no quiere trabajar para una mujer jerárquicamente superior.
- El veterano que no quiere rendirle cuentas al novato carente de experiencia.
- El funcionario que cree que lo han excluido de un proyecto importante.
- La novia que está enamorada del chico que se casó con su mejor amiga.
- La madre cuya hija se casó con alguien que no era suficientemente bueno para ella.
- El compañero de clase que está celoso del éxito del estudiante nuevo.

En el caso de Darren y Jay, el primero estaba enojado por no haber obtenido el ascenso y equivocadamente culpaba a Jay de esa asituación.

FUEGO AMIGO

No todos los tiros del Francotirador se hacen a matar. Existe tal cosa como el disparo juguetón y relativamente inocente que sólo busca atención. A veces, molestar sólo es una estrategia para llamar la atención, motivada por el deseo de hacer reír a la gente y ganar su afecto. Las buenas amistades a veces se basan en una rivalidad lúdica y un humor ácido. En el mundo artificial y omnipresente de la televisión a esto lo llaman "comedia de situación" o *sitcom*. Todos molestan a todos despiadadamente, y luego la audiencia, presente en el estudio, ríe a carcajadas, y todo se repite en la siguiente escena. Pero en el mundo real no todos aprecian el sarcasmo o saben reírse con el humor negro y burlón. Un disparo cuya intención sólo era rozar puede causar una herida mortal. El Francotirador juguetón quizá no se entere nunca del daño que hizo porque el blanco de su burla sonreía, aunque de dientes para afuera, mientras sangraba por dentro.

MEJOR AJUSTA TU ACTITUD

Si no te gusta que te molesten ni te hagan el más pequeño raspón, quizá te conviertas en un blanco fácil y evidente. Una vez que se corra la voz habrá quien intente aprovechar tu debilidad. (Observa la forma en que los niños en las escuelas se atormentan unos a otros ¡y verás que los más vulnerables son los que se llevan la peor parte!) Cada vez que reaccionas a los disparos te pones en bandeja de plata para que suceda otra vez.

Cuando eres provocado por el tiroteo del Francotirador querrás estallar o huir. En cualquiera de los dos casos él obtendrá la victoria. Quizá querrás molestarlo de regreso, pero considérate advertido: si nunca aprendiste cómo ofender con gracia a las personas problemáticas, tu tibia venganza será contraproducente y te saldrá el tiro por la culata. Mejor enfréntalo: para detener los disparos debes aprender a vivir con ellos. Si el Francotirador no te hace reaccionar su comportamiento pierde todo el valor.

Para que puedas poner en perspectiva el comportamiento del Francotirador debes desarrollar la actitud de *curiosidad asombrada*. Cuando el Francotirador acecha y dispara, en lugar de tomarlo como algo personal, demuestra curiosidad y desplaza la atención hacia el Francotirador y lejos de ti. Como estos ataques pueden ser señal de inseguridad, tómalos con humor y asume que tu persona problemática es como un niño temeroso de preescolar. Quizá recuerdes cuál es la mejor respuesta para el sarcasmo: "El que lo dice lo es". Y la segunda mejor: "No oigo, no oigo, soy de palo, tengo orejas de pescado…" Pensar esto puede ser de gran ayuda. Y aunque no lo creas ¡decirlo también!

Mary tenía que lidiar con su colega, Ron, que en las reuniones la acechaba para luego disparar. Un día, después de un disparo, ella le dijo con voz infantil: "No oigo, no oigo, soy de palo…" Todos en la reunión soltaron una carcajada excepto Ron. Mary había aligerado las cosas con honor, había descargado su incomodidad y había expuesto, con pocas palabras, el infantil comportamiento del Francotirador. Ron, nada contento, no volvió a dispararle a Mary.

Si los disparos te calan de verdad, aprende a ser el maestro invencible de tus propias respuestas. Encuentra a alguien *calmado, sereno, imperturbable,* que te sirva de modelo. O recuerda cuando alguien te disparó y cambia mentalmente la historia con una respuesta tranquila que descuente al Francotirador con una sola frase.

Si estás lidiando con el Francotirador inocente que realmente no quiere lastimar reconsidera las cosas. Asume sus afirmaciones como señal de afecto o como una extravagancia de su personalidad. Aprende a reírte de estas situaciones.

TU META: SACAR AL FRANCOTIRADOR DE SU ESCONDITE

Tu meta cuando tratas con un Francotirador es *sacarlo de su escondite*. Sea cual sea el tipo de Francotirador con el que te enfrentas —el juguetón, el controlador, el resentido— necesitas recordar lo siguiente: el Francotirador no puede acechar si no hay donde esconderse. Como el poder del Francotirador se deriva de actuar a escondidas y no en público, una vez que su posición ha sido revelada, esa posición se vuelve inútil. Tratar directa y asertivamente con el Francotirador puede ser divertido: empareja las cosas forzándolo a salir de su refugio y a mostrarse frente a todos.

PLAN DE ACCIÓN

Paso 1. Observa. Retoma. Tu meta es sacar al Francotirador de su escondite. Debes acercarte a él. Si debido a algo que se dice o a la manera en la que se hace, un tercero está recibiendo los disparos, ¡detente! —incluso a la mitad de una frase o palabra—. No digas lo que ibas a decir y párate en seco. Busca al Francotirador y regresa sobre tus pasos: rastrea y retoma lo que dijo. Todo en un solo movimiento.

Existe un gran poder en frenarte en seco. Ya sea que estés a solas con el Francotirador o con testigos, detenerte hará que toda la atención se enfoque en el Francotirador, incluyendo la suya. Si el disparo es una expresión facial que los demás han visto, quizá no sea posible que la rastrees verbalmente, pero puedes realizar una rápida imitación de su gesto. Es muy probable que todos rían y la tensión se diluya. Al atajar la interrupción del Francotirador con una ofensiva corta que retome lo que él dijo, atrapas la bala en el aire y la dejas caer, sin daño alguno, al piso. El mensaje no verbal es: "Fallaste".

Jay se paró frente a Darren, en silencio. Miró a todos los presentes en el pasillo y luego fijó sus ojos en Darren. En un tono medio y con curiosidad,

Jay dijo: "Escuché que dijiste que no tengo 'nada que decir pero que si lo tengo, debes esperar mucho tiempo para escucharlo'" (retomar).

Paso 2. Haz preguntas que lo pongan bajo el reflector. Es momento de sacar los reflectores haciendo preguntas que saquen al Francotirador de su limbo y que expongan su comportamiento. Hay dos tipos de preguntas de reflector que puedes hacerle.

- La pregunta de intención: "Cuando dices eso, ¿qué es lo que realmente tratas de expresar?" Puedes indagar sobre el significado verdadero de sus palabras y posiblemente exponer el resentimiento que te guarda el Francotirador.
- La pregunta de relevancia: "¿Y eso qué tiene que ver?" Puedes cuestionar la relevancia de lo que él dice con el tema que se trata en ese momento.

Sea cual sea el reflector que uses, la clave para hacerlo bien está en mantener un tono neutral y una mirada inocente. No dejes que el sarcasmo se cuele. Mientras más calmado y profesional te muestres, más poderoso será el efecto.

Examinemos estas dos preguntas de reflector utilizando la situación del pasillo entre Darren y Jay. Si Jay cuestionara a Darren sobre su intención, lo haría más o menos así: "Cuando dices que se requiere mucho tiempo para entender lo que digo, ¿a qué te refieres en realidad, Darren?" (Pregunta de reflector que evidencia el resentimiento).

"¡Nada! Es sólo una broma. Eso es todo. ¿Qué te pasa? —dice Darren, tratando de disparar por segunda vez—. ¿No aguantas una broma?" Darren se muestra serio y profesional.

"Darren, cuando dices: '¿No aguantas una broma?', me pregunto: ¿qué es lo que realmente tratas de decir?" (Pregunta de reflector que evidencia el resentimiento).

Jay podría usar la otra pregunta de reflector, la que cuestiona la relevancia. Para hacerlo, establece el propósito de la situación o la actividad, e la forma en que tú la comprendes. Luego cuestiona la relevancia del comentario del Francotirador en relación con ese propósito: "¿Qué tiene que ver eso (lo que el Francotirador dijo) con esto (lo que tú estableciste como el propósito de la actividad)?"

Si Jay cuestionara a Darren sobre la relevancia, lo haría más o menos así: "Darren, todos estamos trabajando juntos en esta división (establece el propósito). Mi propósito en este proyecto es impulsar el trabajo en equipo (se alinea con ese propósito) ¿Qué es lo que tus comentarios sobre mí tienen que ver con nuestra habilidad para trabajar juntos como equipo?" (pregunta de reflector que cuestiona la relevancia).

Al usar las preguntas de reflector para cuestionar la relevancia de una afirmación confusa o sarcástica puedes recolocar el foco y la atención en un propósito que valga la pena y que te permita retomar el control. De hecho, puede ser que la relevancia sean un descubrimiento también para ti, y eso te ayude a resolver el problema.

Sea cual sea la pregunta de reflector que elijas, el Francotirador optará por una de estas tres respuestas:

- **Retroceder.** En ese caso, regresa a lo que estabas haciendo antes de la interrupción.
- **Continuar.** En ese caso, prosigue acorralando y cuestionando. Después de un par de intentos fallidos el Francotirador cesará su comportamiento.
- **Arremeter.** Deja todo a un lado e inicia un ataque frontal tipo Tanque.

Paso 3. Utiliza la estrategia del Tanque si es necesario. Si el Francotirador se convierte en Tanque y te acusa de ser la causa de tal o cual situación, no hay problema. De alguna forma, tú has mejorado la situación, pues has descubierto cuál es el problema. Pero es importante usar la estrategia del Tanque para demandar respeto, no sólo del Francotirador sino de todos los que presenciaron el ataque.

Mantente firme, intercepta sus interrupciones, retoma las acusaciones principales y apunta al centro, antes de ofrecerle la pipa de la paz en el momento y en el lugar que tú elijas.

Paso 4. Sal a patrullar. Si sospechas que alguien tiene algún resentimiento contigo, pero no estás seguro, sal a patrullar. Si encuentras evidencia de rencores querrás limpiar el ambiente. El mejor lugar para hacerlo es en privado. A veces es útil acudir a un tercero imparcial, pero no en el primer encuentro. Para empezar la conversación recuérdale a tu Francotirador todas las afirmaciones negativas que él ha hecho sobre ti y procura descubrir su intención. Utiliza las preguntas de intención para lograrlo.

Si el Francotirador niega las cosas, trata de ponerte en sus zapatos. Revisa mentalmente los sucesos y plantéale lo que tú consideras que es su intención. Observa cómo reacciona. Si se te ocurren varias posibilidades, díselas. Empieza tus frases diciendo: "No sé cómo son las cosas para ti" o "Estoy intentando entender, pero…" Una vez que has adivinado, es probable que el Francotirador asuma lo que has dicho y que agregue algunos detalles.

Si tienes éxito en destapar los resentimientos, es imperativo que escuches con cuidado *todo* lo que el Francotirador tiene que decir. Tu meta es que exprese su punto de vista totalmente, hasta que lo comprendas. Comprender no significa que estés de acuerdo o no, o que estés obligado a actuar en consecuencia. No hay necesidad de defenderse, explicar o poner excusas. Retoma, clarifica y ayuda al Francotirador a que manifieste plenamente su rencor, sin resistencia de tu parte, haciendo tu mejor esfuerzo para mirar las cosas desde el punto de vista del otro. Una vez que has entendido por completo la naturaleza del resentimiento, agradece sus descripciones sinceras.

Si el resentimiento es justo, reconócelo y admite tu error. Hacerlo te dará credibilidad y respeto. Si tienes información que crees que iluminará la situación, este es el momento de decirla. "¿Puedo decirte cómo sucedió?" Si la respuesta es "no", sólo responde: "De acuerdo". Cuando el rencor es expresado en público, habrá curiosos que pedirán tu lado de la historia, ya sea en ese momento o más tarde.

Por ejemplo, en una reunión el Francotirador hace un comentario sarcástico. Tú retomas sus palabras y preguntas sobre su intención, en busca del resentimiento. El Francotirador te dice: "Estás demorándote mucho para decirnos demasiado. No necesitamos todos esos detalles y ya sobrepasaste el tiempo que te tocaba. Otras personas también necesitan participar". Si determinas que la acusación es justa, simplemente di: "Tienes razón. Ahora mismo termino y le doy el turno a alguien más".

Si te encuentras en una reunión privada entre tú y el Francotirador y él no quiere platicar, entonces califica como un Nada de Nada. Encontrarás más información acerca de cómo tratar con esta persona difícil en el capítulo 17.

Paso 5. Sugiere un futuro civilizado. Ya sea en público o en privado, termina la interacción sugiriendo un comportamiento alternativo para el futuro. Es útil aliarte con el Francotirador por un bien mayor como el bien de la compañía o del equipo. Agrega: "En el futuro, si tienes un problema conmigo, ven y hablamos cara a cara. Prometo escucharte".

Si no lo haces explícito, el Francotirador puede no saber que hablar contigo es una opción. Al final de cualquier encuentro o discusión con el Francotirador es importante hacerle saber que prefieres que la comunicación en el futuro sea abierta y honesta.

SITUACIÓN ESPECIAL: FUEGO AMIGO

¿Qué hay de los Francotiradores a los que les caes bien y sólo quieren jugar contigo? ¿Cómo haces que dejen de bromear a tus costillas? Recuerda que es mejor llamarle la atención en privado, pues avergonzarlo o humillarlo en público no es bueno para nadie a largo plazo. Sé honesto y dile que no disfrutas su humor hiriente, que no es divertido para ti, y que cada vez que sucede lo único que quieres es evitarlo. Hazle saber que prefieres sentirte bien con él y dile lo que quieres. Aunque puede no comprender cómo es que te ofendes por algo que es claramente benigno y juguetón, probablemente cambiará de actitud, al menos durante un par de semanas. Tu meta durante ese periodo es mostrar aprecio por cada una de las bromas no mordaces que haga en esos días. Ya que su intención es *ser apreciado,* es muy probable que se sienta así gracias a este apoyo positivo.

SITUACIÓN ESPECIAL: FRANCOTIRADORES A TERCEROS

En ocasiones te enteras de que Fulano dijo tal cosa sobre ti. El problema aquí es determinar quién es el Francotirador en este escenario: si es

Fulano o es la persona que te pasó la información. A veces los informantes son Francotiradores disfrazados. Ponen en jaque a otros con comentarios sacados de contexto, exagerando y luego enterrándotelos en el pecho con un inocente: "¿Escuchaste lo que Fulano dijo de ti?"

Si no entiendes cuál podría ser el motivo de lo que se supone que dijo Fulano, según el informante, enciende el reflector. Pregunta: "¿Fulano sabe que me estás diciendo esto?" Si la respuesta es no, entonces dile al informante que sólo discutirás este asunto con todas las partes involucradas: tú, el acusado y el informante. "Vamos a hablar con Fulano." Eso terminará en ese momento y en ese lugar, pues el informante buscará salirse del halo luminoso del reflector de tus preguntas.

Supón que tu informante es un confidente de confianza con quien cuentas para obtener información verídica. En ese caso deja lo que estés haciendo y ve directamente con el eventual Francotirador. Dile lo que escuchaste y *pregúntale si es verdad*, porque incluso la más confiable de las fuentes puede equivocarse. Si el supuesto Francotirador pregunta: "¿Quién te dijo eso?", recuerda proteger la identidad de tu fuente y responde replanteando la pregunta original. "Ese no es el punto. Te estoy preguntando si dijiste eso de mí." La estrategia con los Francotiradores, te hayan disparado de frente o a tus espaldas, es sacarlos de su escondite haciendo que su acecho sea incómodo. Si el supuesto Francotirador niega haber dicho algo, déjalo en paz pues tu meta es su incomodidad y no su confesión. Si lo escuchas otra vez, repite el proceso. Los Francotiradores no pueden acechar si permites que se escondan.

GRANDES MOMENTOS EN LA HISTORIA DE LA GENTE DIFÍCIL

Reunámonos de nuevo con los compañeros de trabajo de Darren y Jay. "Le preguntas qué hora es ¡y él te dice cómo hacer un reloj! No tiene nada que decir, pero tienes que esperar demasiado para enterarte. ¡Ja, ja, ja!" Y luego, girando en dirección hacia donde todos miraban: "Oh, Oh. ¡Aquí está el gran señor!"

"Hola, todos —dijo Jay—. Darren, necesito tu ayuda con algo. ¿Podemos hablar en mi oficina un momento? (una vez ahí, Jay no escatima las palabras): Darren, debe ser duro para ti haber estado tanto tiempo aquí y que alguien más joven y de menor jerarquía en la organización venga y te gane el ascenso que tú merecías (patrullar en busca de rencores)".

Jay se detuvo y miró a Darren en espera de una respuesta. Darren apretó los labios, frunció el ceño y miró fijamente a Jay con una furia pausada en sus ojos. Jay continuó: "Sé que no importa que no fui yo quien solicitó el ascenso. Si estuviera en tu lugar me sentiría poco apreciado por esta compañía —Darren suspiró. Jay continuó—: creo que eres muy capaz y he aprendido mucho de ti en el tiempo que hemos trabajado juntos. Estamos aquí para generar productos de calidad, computadoras más sencillas y productivas que cambiarán la vida de las personas. Para lograrlo necesitamos hacer equipo (unirse por un bien mayor). Te quiero en ese equipo, Darren. Pienso que tienes mucho que ofrecer. ¿Qué podemos hacer?"

Finalmente Darren habló: "Estás en lo correcto en una cosa. No es justo. He estado aquí más que tú. Me he esforzado (Jay escuchó en silencio, asintiendo. Una vez que Darren ventiló todo su rencor se transformó en la persona racional que Jay había conocido originalmente). Pero supongo que no es tu culpa".

Jay dijo: "Si hay un problema entre nosotros en el futuro, ¿puedo contar con que vendrás a hablar conmigo antes de hacerlo a mis espaldas?" (sugerencia de un futuro civilizado). Jay proyectó la relación hacia el futuro cuando preguntó: "¿Puedo contar con que serás el miembro constructivo del equipo que yo sé que eres?" "Por supuesto —dijo tímidamente Darren, y añadió—: *señor* gerente".

Ambos rieron.

El gran reto de la relevancia

Sue trabajaba para una pequeña compañía manufacturera en Indiana. Era la única mujer de su departamento y en las reuniones semanales del personal. Uno de los hombres que asistía a estas juntas era un Francotirador sexista, a quien le encantaba irritar y subestimar a Sue con sus provocaciones. Siempre que ella le recriminaba sus comentarios, a veces crueles pero siempre rudos, su repuesta era: "Hey, no te pongas tan emocional. ¿No aguantas un chiste?" Los demás hombres reían disimuladamente y Sue se desanimaba.

Un día, ella decidió que necesitaba un cambio de actitud. Vino a nosotros y nos dijo: "Están todos contra mí". Le ofrecimos otro punto de vista: quizá los otros hombres en el grupo no reían de ella sino por la incomodidad que les provocaba la situación, pues mucha gente reacciona así cuando no sabe qué hacer. Le preguntamos si alguna vez se había reído por nerviosismo. "Sí —rio nerviosamente—. Sí lo he hecho."

Sugerimos que enfocara su atención en el Francotirador en lugar de hacerlo en el resto del grupo. Le dimos la estrategia del Francotirador y le pedimos que la practicara mentalmente un par de veces antes de ponerla en práctica. Dos semanas después nos llamó muy animada y reportó su progreso.

Dijo que había neutralizado al Francotirador con el reflector de la relevancia y que había funcionado maravillosamente. Tras un ataque había confrontado con mucha calma al Francotirador, diciéndole: "El propósito de esta reunión es encontrar vías para innovar la calidad de nuestro programa (establecer el propósito de la reunión). Mi propuesta está destinada a mejorar esa calidad (alineándose con el propósito). Me pregunto cómo tu comentario (retoma los comentarios sexistas de su colega) contribuye a este propósito (pregunta de reflector para cuestionar la relevancia).

Él respondió como acostumbraba: "Hey, nena. No te pongas tan emocional. ¿No puedes aguantar una broma?". Pero ella estaba preparada. Mostrando curiosidad, retomó su comentario y preguntó: "¿Qué es lo que mi estado emocional y mi sentido del humor tienen que ver con el mejoramiento de la calidad?" (pregunta de reflector para cuestionar la relevancia.)

No importaba lo que él decía; ella no dejó de cuestionar la relevancia. A la luz del reflector, sus antiguos aliados lo miraron como diciendo: "¿Quién dejó entrar a ese idiota?" "No lo conocemos". Sus últimas palabras: "Ya olvídalo". Y ese fue el final del asunto. Excepto por las burlas despiadadas que, sospechamos, le hicieron después sus compañeros.

BREVE RESUMEN

Cuando alguien se convierte en Francotirador
Tu meta: sacar al Francotirador de su escondite

PLAN DE ACCIÓN

1. Detente, observa, retoma.
2. Utiliza las preguntas de reflector.
3. Usa la estrategia del Tanque si es necesario.
4. Sal a patrullar en busca de rencores.
5. Sugiere un futuro civilizado.

12
EL SABELOTODO

El joven doctor Bosewell era un pasante con gran interés en la nutrición clínica. Dedicaba el poco tiempo libre que tenía a esta pasión. Era tal su dedicación que era raro que pasara una semana sin visitar la biblioteca de la escuela durante al menos dos horas para buscar y leer sobre el tema. Desafortunadamente, su supervisor clínico, el doctor Leavitt, era un hombre de la vieja guardia, que había decidido hacía mucho tiempo que la nutrición no era más que una manera de agrupar los alimentos y que la terapia nutricional era un fraude. En su mente la medicina verdadera tenía dos presentaciones: drogas y cirugía.

Una y otra vez, durante las consultas clínicas, el doctor Bosewell sugería terapias nutricionales. Tenía las investigaciones que respaldaban sus sugerencias y estaba seguro de que mejoraría el bienestar de los pacientes. Pero el doctor Leavitt, con base en años de experiencia y sabiduría acumulada, paraba en seco al joven interno de manera dominante, y dejaba en claro: "¡Bosewell! ¿Has estado rondando las tiendas naturistas otra vez? ¿Cuántas veces debo decírtelo? ¡Ya párale a ese sinsentido de la nutrición terapéutica! Como siempre digo, el tratamiento debe ir directo al grano. Siguiente caso".

Los Sabelotodo como el doctor Leavitt saben mucho y son personas extremadamente competentes, altamente asertivas y francas en sus opiniones y puntos de vista. Su intención es *hacer las cosas* de una manera que han preestablecido como la mejor. Pueden ser muy controladores y poco tolerantes frente a las correcciones o las contradicciones. Las nuevas ideas y los acercamientos alternativos son considerados afrentas a su autoridad y su conocimiento, sin importar los méritos de esas novedades. Cuando sus decisiones y opiniones son puestas a prueba, sacan lo mejor de sí y cuestionan, a su vez, los motivos de quien los confronta.

El Sabelotodo cree que equivocarse es una humillación. Siente que su destino y su deber es dominar, manipular y controlar. No tiene reserva para usar tu tiempo para hablar y hablar, pero no desperdiciará el suyo con las ideas inferiores de los demás. Es, por lo tanto, muy difícil y casi imposible aportarle algo.

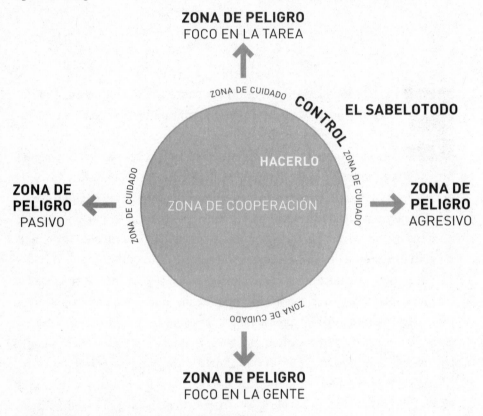

MEJOR AJUSTA TU ACTITUD

Cuando te confrontas con un Sabelotodo, debes resistir la tentación de convertirte en uno. Transformarte en un Sabelotodo puede provocarte la rigidez mental y los problemas músculo-esqueléticos que van de la mano con negarte a doblar el cuello para asentir de vez en cuando.

Evita caer en la tentación de guardarle rencor al Sabelotodo por su negativa a aceptar una segunda opinión. Este resentimiento puede acumularse hasta explotar en una discusión, lo cual no tiene sentido pues es muy probable que la pierdas.

En lugar de ayudar al Sabelotodo a sentirte miserable, reprográmate para ser *flexible, paciente* y muy *astuto* al exponer tus ideas. Es tu decisión. ¿Vale la pena hacer lo que tienes que hacer para lidiar con esta persona que no soportas? Si la respuesta es sí, reevalúa las cosas penetrando la careta de sabiduría del Sabelotodo. Esta persona difícil y de mente cerrada se ha condenado a luchar contra una de las fuerzas primordiales de la vida: la incertidumbre. Lo mejor que puedes hacer para ganar esta batalla es conformarte con saber que estás en lo correcto. Como dijo Marcel Proust: "El verdadero viaje de descubrimiento no es buscar nuevas tierras, ¡sino mirar con nuevos ojos!" En el estrecho mundo que el Sabelotodo se ha construido, él es, sin duda, infeliz: es una persona insegura sin importar qué tan limpio está su saco o qué tan impecable es su currículo.

Entra a tu laboratorio experimental y repasa las experiencias previas con el Sabelotodo. Pregúntate qué habrías hecho distinto. ¿Quién, entre las personas que conoces, es paciente, flexible y astuto? ¿Cómo manejaría la situación? ¿Cómo y cuándo has tenido esas cualidades? Retrocede mentalmente a los encuentros con el Sabelotodo. Repasa los incidentes varias veces aplicando tus recursos y desarrolla tu paciencia y tu precisión. Necesitarás estos recursos para exponer tus ideas al Sabelotodo de una manera que no sea amenazante.

TU META: ABRE LA MENTE DEL SABELOTODO A NUEVAS IDEAS

Tu meta con los Sabelotodo es *abrir su mente a nueva información y nuevas ideas.* ¡Llegará el día en que tengas una mejor idea o la pieza faltante del rompecabezas! Cuando llegue ese momento y te sientas moralmente obligado a implementar tu idea, apunta hacia tu objetivo y alcánzalo. El Sabelotodo te obstaculiza el camino. Permite que tu frustración acumulada se convierta en determinación para abrir su mente ante tus ideas.

PLAN DE ACCIÓN

Paso 1. Prepárate. El sistema de defensa del Sabelotodo monitorea la información entrante para encontrar errores. Si hay cualquier tipo de equivocación en tus ideas, o si tienen cualquier detalle que no sea claro, el radar del Sabelotodo lo captará inmediatamente y lo usará para desacreditar todo tu argumento. Para que logres que el Sabelotodo tome en cuenta tus ideas y tus alternativas, debes pensar muy bien y con mucha anticipación las cosas. Como el Sabelotodo tiene poca paciencia con las ideas de los demás, debes saber qué dirás y cómo lo dirás de manera breve, clara y concisa

Paso 2. Recupera lo dicho de manera respetuosa. Considérate advertido: tendrás que retomar mucho más de lo dicho por el Sabelotodo que con cualquier otro de los comportamientos de la Zona de Peligro. El Sabelotodo debe sentir que has escuchado y comprendido la "brillantez" de su punto de vista antes de que intentes redirigirlo hacia tu idea. Si el Sabelotodo dice algo y tú no lo repites, corres el riesgo de tener que escucharlo una y otra vez. Esto puede ser frustrante, incómodo e inacabable. Es mejor evitarlo.

Retomar lo dicho es una buena señal para el Sabelotodo de que has escuchado. Pero no es suficiente. Toda tu demostración debe ser respetuosa y sincera. No puede haber siquiera una pizca de contradicción, corrección, condescendencia o desacuerdo. Debe notarse que has entendido que el punto de vista del Sabelotodo es, de hecho, el correcto. La recuperación de sus argumentos, hecha de manera paciente, puede ayudarte a dar esa impresión. Si lo haces muy rápido, sonarás deshonesto, como si lo único que quisieras fuera llevar agua a tu molino. Aunque lo que el Sabelotodo quiere es *hacer las cosas*, está dispuesto a detenerse y apreciar su propia brillantez cuando la ve reflejada en otros.

Si tu Sabelotodo se impacienta, retoma un poco menos y avanza. Si escuchas: "¡Ve al grano!", continúa al paso 3.

Paso 3. Intégrate a sus dudas y deseos. Si el Sabelotodo realmente cree en una idea es porque existe un criterio que hace que esa idea sea importante. Si el Sabelotodo tiene dudas sobre tu idea es porque el criterio específico, las razones por las que no o por las que sí, no está siendo tomado en cuenta. Intégrate primero al criterio del Sabelotodo antes de presentar tu idea y luego demuestra cómo tu idea considera y toma en cuenta ese criterio.

¿Cómo puedes conocer el valioso criterio de un Sabelotodo? Pues resulta que los Sabelotodo tienden a desarrollar una colección finita de afirmaciones de reprobación que reflejan su criterio. Si escuchas con atención estas afirmaciones se vuelven muy predecibles. Sin importar cuál sea la idea que se discute, tu Sabelotodo en algún punto de la discusión colará una exclamación típica de desestimación como "No tenemos tiempo" o "No podemos darnos el lujo de hacer más cambios en este momento". Si sospechas que estos rechazos serán usados para socavar la validez de tu información, manifiéstalo antes de que él tenga la oportunidad de hacerlo.

Adapta las dudas del Sabelotodo parafraseando sus comentarios de desaprobación como un prefacio de tus ideas. También puedes acoplarte a los deseos del Sabelotodo mostrando que tu idea cumple con su criterio: "Ya que no podemos darnos el lujo de hacer cambios innecesarios…", "Ya que no tenemos tiempo para…"

Si retomas con respeto lo que el Sabelotodo dice de manera que él sienta que de verdad comprendes y te integras con sus dudas y sus deseos, generarás un agujero en su sistema de defensa. A partir de ahí tendrás su atención y podrás presentar tu información. Si nada en tu comportamiento es interpretado como un ataque, no habrá nada que él necesite defender. Entonces habrá llegado el momento de la verdad.

Paso 4. Presenta tu punto de vista de manera indirecta. Procede rápida pero cautelosamente. Por el momento has desarmado su sistema de defensa. Ha llegado la hora de redirigir al Sabelotodo hacia tu idea. Mientras lo haces, no le permitas sobreponerse y utiliza estos trucos:

- Usa palabras que suavicen tus afirmaciones como *quizá, puede ser, como comentario al margen, sólo estaba imaginando si* y *como podrán suponer* para sonar indirecto y tentativo, más que determinante y retador.
- Afirma en plural con un *nosotros* en lugar de en singular con un *yo* o *tú*: "¿Qué crees que sucedería si nosotros…" o "¿Qué pasa si nos concentráramos en…" Es un recordatorio sutil de que no eres el enemigo y de que

él no está bajo ataque. También le otorga al Sabelotodo algo de propiedad sobre la idea mientras la considera.

- Pregunta en lugar de afirmar. Un Sabelotodo cree que debe tener todas las respuestas. Esto implica que debe considerar la pregunta para poderla contestar. Por ejemplo: "Me preguntaba: ¿qué crees que sucedería si nosotros intentáramos (tu información e ideas) de esta manera específica?

- Al plantear tus preguntas incluye la manera en que las dudas y los deseos del Sabelotodo serían abordados si él decidiera aceptar tus ideas.

Todos estos pasos para lidiar con el Sabelotodo requieren mucha paciencia de tu parte. Tienes que pensar antes de hablar, debes retomar con sinceridad lo que él dijo, tienes que adaptar tu información a sus dudas y sus deseos y debes plantear tus ideas de manera indirecta. (Y quizá quieras tomar una pastilla para las náuseas antes de hacer cualquiera de estas cosas.)

Como casi siempre sucede al tratar con gente difícil, debes aquilatar si todo este proceso vale o no la pena según los resultados que esperas obtener. La buena noticia es que esta estrategia se volverá cada vez más fácil mientras más la uses. No es que tu espalda se vuelva más aguantadora. Es que en la medida en que seas amigable y no amenazante con el Sabelotodo —y si tus ideas demuestran efectividad— establecerás un historial que te ganará su respeto.

Paso 5. Establece una relación de mentor-protegido. He aquí un atajo para lograr el tan anhelado cambio: asume abiertamente que esta persona conocedora y problemática es tu mentora en alguna área que deseas desarrollar.

Penny, una amiga mutua de Ohio, tenía un currículo impecable. Siendo todavía muy joven entró a trabajar a un importante sistema bancario y su meta era ser la ejecutiva más joven de la historia de esa institución. Como lo esperaba, tuvo éxito y en muy poco tiempo alcanzó un puesto ejecutivo. Ahí fue cuando empezaron los problemas. Todas sus ideas, propuestas y sugerencias, eran confrontadas por su colega Dennis, apodado ¡la *Amenaza!* Parecía como si Dennis fuera parte del sistema desde siempre. Era amigo personal del fundador del banco y su cerebro contenía los conocimientos y la sabiduría acumulados de cada uno de los gigantes que habían pasado por los sagrados pasillos del banco. Tan pronto como Penny hablaba, Dennis contrarrestaba. "Intentaron eso mismo hace 15 años y fue un miserable y carísimo fracaso. ¡No hay razón para desperdiciar nuestros recursos en una idea fallida!"

Impávida —una palabra que describe muy bien la manera en que Penny enfrentaba los problemas— buscó la oportunidad de modificar la dinámica de la relación. La oportunidad surgió cuando Dennis presentó una propuesta en una reunión. Haciendo gala de una cantidad asombrosa de gráficas, tablas, cuadros e impresos, Dennis propuso un producto que podría ayudar a garantizar la rentabilidad del banco aun en tiempos de incertidumbre. Realmente era una propuesta brillante.

Al final de la reunión, Penny se acercó a Dennis y le pidió una copia de la propuesta, diciéndole que admiraba su trabajo y quería estudiar con detalle el documento. Como un granjero que recoge la cosecha, Penny se sentó, libreta en mano, durante varios días, a analizar la propuesta. Absorbió de ella tanto conocimiento, sabiduría y experiencia como pudo. La usó como base y profundizó, rescató ideas en el historial del banco, examinó documentos de referencia, y realizó su propia investigación. Cuando estuvo lista, pasó en limpio sus notas, las engrapó a la carátula del documento y se la entregó a Dennis.

"Increíble —le dijo Penny—. Sobresaliente, inspirador, meticuloso, impecable —continuó—. Creo que he aprendido más de tu trabajo con esta propuesta que de ninguna otra experiencia en el tiempo que llevo en este banco. Gracias." Penny dijo que a partir de ese día la relación se transformó. De parte de Dennis, si Penny lo quiere, Penny lo tiene.

Hacerle saber al Sabelotodo que lo reconoces como experto y que estás dispuesto a aprender de él te permite demostrarle que no eres una amenaza. De esta forma, el Sabelotodo dedicará más tiempo a instruirte que a obstruirte. Te saldrás del grupo de los "vetados" para entrar al de los "reconocidos y escuchados". Tus ideas serán más tomadas en cuenta con menos esfuerzo de tu parte y menos resistencia de los demás. Mientras tus buenas ideas se dispersan, impresionarás al Sabelotodo con tu sabiduría y ganarás su respeto.

GRANDES MOMENTOS EN LA HISTORIA DE LAS PERSONAS DIFÍCILES

El caso del joven doctor Bosewell y el síndrome del Sabelotodo

"Las pruebas de laboratorio indican que la cuenta de glóbulos blancos es elevada y se presenta un cuadro de anemia típica. La prueba de función hepática indica niveles anormales de bilirrubina, SGOT, ALT y fosfatasa alcalina. En teoría, el tratamiento que hay que seguir es claro, aunque a menudo difícil: deje de beber, lleve una dieta nutritiva y quizás aplíquese algo de corticosteroides para controlar la hepatitis. ¿Alguna pregunta?"

El joven doctor Bosewell levanta la mano. El doctor Leavitt lo mira por encima de sus gafas y asiente. Bosewell se pone de pie, aclara su garganta y dice: "Doctor Leavitt. Si comprendo correctamente, ¿la neuropatía periférica, la glositis y la hepatomegalia son todas señales características de una incipiente cirrosis alcohólica? (rastrear con respeto). ¿Y las pruebas de laboratorio indican un elevado conteo de células blancas, el examen de función hepática es anormal y estamos frente a un cuadro típico de anemia? (demostrar que sabes de lo que hablas)".

El doctor Leavitt levanta ligeramente las cejas y con una rápida mirada al resto de los estudiantes dice: "Muy bien, Bosewell. Has hecho la tarea".

El doctor Bosewell carraspea y continúa: "Gracias, señor. Puede parecer que esto no tiene nada que ver, pero leí en *Nutrición Clínica de América* una investigación sobre un aminoácido, el L-carnitina, y su efecto en las funciones del hígado. Conozco su opinión sobre los 'suplementos nutricionales' (integrarse con las dudas). Y usted no quiere que nuestros pacientes reciban tratamientos inapropiados. Recuerdo la historia que nos contó sobre el paciente que atendió cuando usted era interno. Aquel que murió por automedicarse pues no creía en los doctores. Eso lo sigue atormentando, pues cree que pudo haber hecho algo más (integrarse con las dudas). Pero, señor, estoy pensando en lo que quiere el paciente (integrarse con los deseos). No hay tratamiento que funcione sin la conformidad del paciente, quien nos ha solicitado información sobre nutrición. Y de acuerdo con el artículo de *Nutrición Clínica de América*, 500 miligramos de L-carnitina dos veces al día pueden mejorar las funciones hepáticas. En el peor de los casos, puede mejorar nuestra relación con el paciente y él tendrá mejor disposición hacia nuestro tratamiento (integrarse con los deseos). Me preguntaba, señor, ¿cuál es su opinión sobre lo que habría que prescribir a este paciente". (Nota: al finalizar con una pregunta, el doctor Bosewell le da el control al doctor Leavitt.)

El doctor Leavitt se toma unos momentos para considerar lo que acaba de escuchar. Abruptamente, dice: "Muy bien. Supongo que no le haría ningún daño y podría incluso ayudar. De acuerdo. Hazte cargo, Bosewell. Lleva un control preciso y preséntanos un reporte. ¿Quién tiene el siguiente caso?"

Al retomar los comentarios del doctor Leavitt, el doctor Bosewell demostró su respeto, su interés y su atención. Le presentó su idea con una desviación del tema central. Adaptó su idea a las dudas del doctor Leavitt sobre los suplementos, para así prevenir una eventual objeción. Integró su idea a los deseos del doctor Leavitt sobre tomar en cuenta la disposición de los pacientes para determinar el tratamiento adecuado. Y redirigió, en forma de pregunta hipotética, usando el pronombre *nosotros* para que no hubiera ni una pizca de confrontación a la autoridad del doctor Leavitt.

Este cambio tajante merece un comentario. El Sabelotodo es capaz de respetar el conocimiento de los demás si puedes lograr que se percate de él. Las terapias nutricionales del doctor Bosewell dieron resultados y el doctor Leavitt empezó a respetarlo. Cuando el doctor Bosewell terminó su internado en el hospital, el doctor Leavitt le tenía consideraciones especiales durante las consultas clínicas: "¡Joven doctor Bosewell! Dígale a la clase lo que el mundo nutricional tiene para este tipo de pacientes". El doctor Bosewell nos dijo que la actitud del doctor Leavitt no cambió con nadie más. Se cuenta en los pasillos de la facultad que alguien escuchó al doctor Leavitt presumir: "¡Ese joven e incipiente Sabelotodo me recuerda a mí cuando era estudiante!"

La historia del carpintero

Cuando éramos estudiantes de medicina atendimos a un paciente llamado Max cuya queja principal era una úlcera estomacal. Le preguntamos con mucho detalle lo que comía y durante la consulta nos percatamos de la manera particular en que se movía. Cada uno de sus movimientos estaba perfectamente coordinado. En todo momento estaba en absoluto control de su cuerpo. Supimos que se dedicaba a las artes marciales y que había adquirido esta disciplina desde muy joven.

Nos enteramos de que se ganaba la vida como carpintero. Trabajaba en un taller de carpintería propiedad de un viejo caballero japonés, Mochizuki, quien era entrenado en las artes marciales desde hacía años. Max había aceptado el trabajo de carpintero para honrar la petición de su maestro. El hijo de Mochizuki, Ishida, también trabajaba en el taller. Cuando su padre no estaba, el muchacho se plantaba frente a Max y criticaba su trabajo. A veces sus comentarios eran válidos, pero otras, no. La mayoría de las veces era cuestión de gustos. Max estaba profundamente consternado por esto, pero no hacía ni decía nada al respecto. No quería ofender a su maestro quejándose de su hijo.

Max utilizó la autodisciplina que había aprendido de las artes marciales para suprimir sus sentimientos y sus pensamientos (particularmente lo que hacían de Ishida un monigote para practicar golpes y patadas). Max consideraba su úlcera como resultado de un mecanismo que le permitía lidiar con la incomodidad de su situación laboral. Le preguntamos a Max si había otras maneras de manejar la situación, además de suprimir sus pensamientos y sus sentimientos. Max dijo que podía renunciar, pero que no quería hacerlo porque aprendía mucho cuando su maestro estaba presente. Otra opción era continuar como lo había hecho. Le dolía el estómago cuando consideraba esta opción. La tercera posibilidad nos tomó a todos por sorpresa. Se imaginó aventándole las herramientas a Ishida y diciéndole: "Muéstrame". Dejó entrever una sonrisa al mencionar esta opción.

Y eso es lo que Max, de hecho, hizo. Cada vez que Ishida se acercaba, Max le daba la vuelta a la inevitable crítica y la convertía en una oportunidad de aprendizaje. "Quiero aprender. Enséñame cómo hacerlo (convertir al otro en mentor)". Ishida no había anticipado esto e inicialmente fue receloso. Con el tiempo, el gesto lo conmovió y suavizó su trato con Max. Aunque nunca se hicieron amigos, la relación se volvió más cordial. Max aprendió técnicas valiosas e Ishida reconoció el lado artístico del trabajo de Max. Y, lo mejor de todo, los síntomas de la úlcera de Max desaparecieron por completo.

BREVE RESUMEN

Cuando alguien se convierte en un Sabelotodo
Tu meta: abre la mente de esa persona a las nuevas ideas

PLAN DE ACCIÓN

1. Prepárate.
2. Recupera lo dicho de manera respetuosa.
3. Intégrate a las dudas y los deseos del otro.
4. Presenta tus puntos de vista de forma indirecta.
5. Establece una relación de mentor-protegido.

13
EL AUTODENOMINADO SABELOTODO

Tony era un tipo divertido y amable. Se reía de sus propios chistes aunque nadie lo hiciera. Siempre que había una fiesta, Tony la encontraba estuviera o no invitado. Y cuando alguien recibía un premio, ahí estaba Tony, diciendo que ese premio se debía a sus ideas y sus sugerencias.

Tony se consideraba el hombre de las soluciones, el que estaba en medio de la jugada, el no-dudes-en-preguntarme. Tony no esperaba jamás a que le preguntaran: se ofrecía de voluntario e interfería y volvía a todos locos a su alrededor, particularmente a Sally. Para ella, su manera de ser dominante era insoportable. Ella despreciaba sus mentiras y rechazaba sus tontas opiniones. Una y otra vez trató de confrontar sus generalizaciones, sus distorsiones y sus omisiones. Desafortunadamente, las defensas de Tony se multiplicaban, él hinchaba el pecho y usaba todos sus argumentos. Y la parte más frustrante era que los demás no entendían la situación y le creían a Tony. Cada confrontación, Sally pensaba: "¿Cuál es su problema? ¿Por qué tiene que actuar así?"

El comportamiento abrasivo de Tony, como el de otras personas que se convirtieron en autodenominados Sabelotodo, era resultado de su deseo de ser apreciado. Cuando alguien se siente subvaluado tratará más que nunca de llamar la atención. El Autodenominado Sabelotodo es asertivo y se mete en conversaciones en las que no es bienvenido. Se enfoca en las personas pues ellas son la fuente de la atención y el aprecio que ansía.

El Autodenominado Sabelotodo tiene, eso sí, una habilidad: sabe cómo aprender el mínimo indispensable sobre un tema para aparentar que sabe. También tiene otro hábito particularmente malo: es adicto a la exageración como una vía para obtener la atención. Y aunque podrías pensar que él es consciente de lo que hace, no se considera un mentiroso. Cree lo que dice incluso si lo escucha por primera vez. Mientras más a la defensiva se ponga, más tendrá que repetirse. Cada vez que escuche sus palabras creerá que los demás están de acuerdo con lo dicho. De esta manera, es capaz de generar consenso, sin importar que éste sólo exista en su cabeza.

Al principio esta desinformación puede ser divertida e incluso graciosa. En tiempos de crisis se vuelve molesta y puede llegar a ser peligrosa. Después de un tiempo la gente deja de escuchar. Desesperado, el Autodenominado Sabelotodo se esforzará más por atraer la atención y esto lo marginará aún más. Muy pronto, no obtendrá nada de nadie: ni atención, ni respeto, ni apoyo. La gente empezará a decir: "¡No le des cuerda!" El resultado final es que incluso sus mejores esfuerzos y sus buenas ideas serán pasados por alto. Esto incrementará su necesidad de atención y el comportamiento del Autodenominado Sabelotodo se multiplicará.

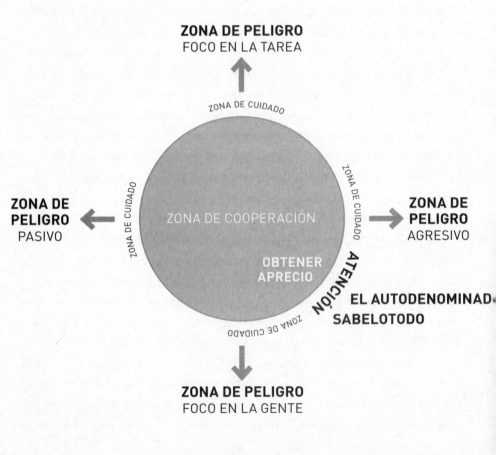

MEJOR AJUSTA TU ACTITUD

Si toleras poco a las personas exageradas, mentirosas o que trafican con la desinformación, es probable que lo que más desees sea romperles su burbuja. Considérate advertido: cuando confrontas a estas personas de manera agresiva su única manera de esquivar el ataque es contratacando con grandes enunciaciones y escandalosa persuasión. Su convicción es influir a quien se deje. Esto tiene consecuencias desastrosas debido a que el Autodenominado Sabelotodo puede guiar a los demás por caminos ilusorios.

No te apresures a juzgar, creyendo que estás por encima de ese tipo de comportamiento. ¿Acaso no defendiste alguna vez una idea poco reflexionada y en la que no necesariamente creías? ¿Alguna vez leíste algo en algún sitio, creíste que era verdad, hablaste de ello como si supieras, y te encontraste de frente con alguien que de verdad sabía e hiciste todo para salvar el pellejo? ¿Justificaste alguna vez algo que dijiste, pero que deseabas no haber dicho? ¿Alguna vez exageraste, aunque sea un poco? Cuando fingiste saber algo de lo que no tenías idea, actuaste como un Autodenominado Sabelotodo.

No importa qué tanto estire la verdad el Autodenominado Sabelotodo: no caigas en la tentación de jalar hacia el lado contrario. Si lo haces, perderás tu credibilidad y la gente pensará lo mismo de ti que de él. Debes *aguantar* la necesidad que el Autodenominado Sabelotodo tiene de presumir y considerar sus interrupciones como molestias menores, que deben resolverse antes de continuar. Te recomendamos usar la *actitud de ir más allá*. Piensa: "En cien años, ¿qué importancia tendrá esto?"

Quedar como tonto, ser puesto en evidencia o ser señalado como mentiroso, es un temor que mucha gente comparte. Cuando estabas creciendo es probable que tus papás te compararan con otros niños, en ocasiones quizá desfavorablemente. Posiblemente tuviste la humillante experiencia de ser el último en ser escogido para los equipos a la hora del recreo. Sugerimos que te enfoques en el niño temeroso e inseguro que se esconde dentro del Autodenominado Sabelotodo y que le muestres algo de compasión a esta persona que batalla tanto para obtener aprecio.

La *compasión* es una de las actitudes que mejoran tu habilidad para lidiar con este tipo de gente de manera efectiva. La vida es dura para el Autodenominado Sabelotodo porque piensa que tiene que mantener montado un espectáculo, y esconde la inseguridad que siempre siente. La compasión te ayuda a darle una vía de escape en lugar de castigarlo con una humillación.

Otro recurso que necesitarás es la *paciencia*. A veces el Autodenominado Sabelotodo maneja un buen discurso y captura la atención de la audiencia. Espera el momento correcto antes de ir en otra dirección. El momento justo lo es todo y requiere paciencia.

TU META: SACAR SUS MALAS IDEAS DEL ESCENARIO

Tu meta es apañarlo en plena actuación y *sacar sus malas ideas del escenario* de la misma manera que, con un gancho, eran retirados los malos actores de las carpas de teatros de revista. Procura hacerlo sin que el Autodenominado Sabelotodo se ponga a la defensiva

PLAN DE ACCIÓN

Paso 1. Dale un poco de atención. Hay dos maneras de dar al Autodenominado Sabelotodo el mínimo de atención.

- Retoma sus comentarios con entusiasmo. El entusiasmo es para el Autodenominado Sabelotodo lo que la luz de un reflector es para los actores. Retomar con alegría las afirmaciones de esta persona problemática es para ella una señal sólida de que estás poniéndole atención.
- Reconoce su intención positiva y no pierdas el tiempo con el contenido de sus afirmaciones. Por ejemplo: estás en una junta y el Autodenominado Sabelotodo sugiere algo ridículo y ofrece información inútil. Para reconocer su intención, puedes decir: "Gracias por querer contribuir a esta discusión".

No estás manifestando tu acuerdo con el contenido: estás reconociendo la intención positiva que distingues en su participación. Es poco probable que el Autodenominado Sabelotodo confiese honestamente: "Oh, no, eso no es lo que trataba de hacer. Para nada. Soy un escandaloso bocón que sólo busca atención". La proyección positiva puede ser suficiente para terminar con la distracción negativa porque le has dado exactamente lo que quería: atención. Con su intención satisfecha, dará un paso atrás y permitirá que los demás participen en la discusión.

Paso 2. Clarifica los detalles. Si estás seguro de que el Autodenominado Sabelotodo no sabe de lo que habla y tú sí, las cosas se facilitan. Hazle preguntas que requieran respuestas claras y detalladas. Como el Autodenominado Sabelotodo siempre generaliza, lo confrontarás por su uso de palabras generalizadoras como *todo el mundo.* Le dirás: "¿Quién es todo el mundo?" Él usará cosas como *siempre,* a lo que responderás: "¿Cuándo específicamente?" Utilizará *de manera significativa,* y tú confrontarás: "¿Significativa en qué aspecto?"

(*Cuidado.* Sé muy cuidadoso con tu comunicación no verbal. Formular preguntas clarificadoras al Autodenominado Sabelotodo puede mandarlo al rincón. Quizá no será capaz de dar esas especificaciones si no tiene información. Acorralado, el Autodenominado Sabelotodo se pondrá a la defensiva. Cuando hagas preguntas, aparenta inocencia o curiosidad; resiste la tentación de avergonzarlo. Recuerda que la humillación nunca funciona como una estrategia a largo plazo.)

Paso 3. Di las cosas como son. Redirige la conversación de regreso a la realidad. Expresa las cosas como son desde tu punto de vista. Utiliza el lenguaje del "yo" para mantener tus afirmaciones en un nivel lo menos amenazante posible. Antecede tus palabras con "Lo que yo escuché", "Lo que yo leí", "Como yo lo veo" y frases por el estilo. Para agregar evidencia irrefutable a tus palabras habladas, documenta tu información y muéstrala mientras hablas. Hasta el Autodenominado Sabelotodo sabe que no puede luchar contra los datos duros, y no lo intentará. Es el mejor momento para que cites artículos, periódicos y fuentes parecidas.

Paso 4. Dale chance. Es el momento de la verdad para el Autodenominado Sabelotodo. Es obvio que tú sabes de lo que hablas y él no. Resiste la tentación de avergonzarlo. Conviértelo en tu aliado y evita que se ponga a la defensiva. Por ejemplo, si mencionaste un documento que apoya tus afirmaciones, puedes decir: "Quizá no has leído este artículo".

Otra vía de escape que puedes usar con muy buenos resultados en este punto de la jugada es lo que los publicistas llaman *junk o'logic*. Este término acuñado en la década de 1950, es un principio publicitario que establece que si le das a alguien dos ideas que no tienen relación y pretendes que la tienen, el receptor de este mensaje combinado generará la conexión. Enciende la televisión, abre una revista o mira un anuncio espectacular y es muy probable que descubras una imagen que no tiene nada que ver con el producto. Sugerimos que tomes las ideas del Autodenominado Sabelotodo, las entrelaces con tu información y actúes como si estuvieran relacionadas de alguna manera. Esto lo confundirá; divagará sin rumbo en búsqueda de sentido y quizá jamás regrese. O al menos esto lo mantendrá ocupado hasta que la reunión vuelva a su cauce.

Un ejemplo: "Gracias. ¡Me alegra que hayas traído eso a colación! Es un muy buen punto que ayuda a resaltar…", luego cambia de tema y regresa a los hechos. Esto puede confundir al Autodenominado Sabelotodo durante el tiempo suficiente para que se salga por completo de la discusión, mientras te permite concentrarte de nuevo en lo tuyo.

Otra manera en que puedes usar el *junk o'logic* para proporcionar al Autodenominado Sabelotodo una salida, es actuar como si sus distorsiones te recordaran tus datos, y decirle cuánto aprecias su esfuerzo: "Gracias por mencionar eso. Me sacudiste la cabeza y ahora recuerdo esos artículos".

El Autodenominado Sabelotodo jamás pensará en rechazar el reconocimiento que le ofreces. Mientras se detiene a disfrutar ese aprecio, tú continúa.

La clave es darse cuenta de que el Autodenominado Sabelotodo no está tan amarrado a sus ideas como el Sabelotodo. Si le das una vía para quedar bien, es muy probable que se suba a tu tren. Esta estrategia tiene muchas ramificaciones. Si él constantemente ve que tú sabes de lo que hablas, te retará menos si están en público. De hecho, quizás intente hacerse tu amigo porque lo segundo mejor después de ganar es ser visto al lado del ganador. Es aquí cuando se vuelve útil el siguiente paso.

Paso 5. Rompe el círculo vicioso. Lo primero en este paso es reconocer el círculo vicioso que el Autodenominado Sabelotodo ha provocado y luego trabajar para romper ese ciclo negativo. El Autodenominado Sabelotodo tonto, distraído o ignorante, tratará con mucho empeño de que la gente cambie de opinión. Todos sus esfuerzos, e incluso sus buenas ideas, serán pasados por alto o considerados casualidades y no recibirán la atención que merecen. Esto, desafortunadamente, incrementará su comportamiento negativo.

Rompe este creciente círculo vicioso:

- Confróntalo gentilmente y dile la verdad sobre las consecuencias de su comportamiento negativo.
- Busca de manera activa lo que esta persona está haciendo bien y dale el crédito que merece. Para algunas personas esto es todo lo que se necesita para calmarse: les muestra una manera más apropiada de obtener reconocimiento, les permite detener el flujo de tonterías y les da opciones para canalizar esa energía productivamente.

GRANDES MOMENTOS EN LA HISTORIA DE LAS PERSONAS DIFÍCILES

El fiasco de casi un millón de dólares

Sally estaba emocionada y temerosa por la próxima reunión en la que se decidiría el sistema de computadoras que adquiriría la compañía. Estaba emocionada pues había investigado a conciencia y estaba segura del valor de comprar las Bartlett, de Computadoras Pera. Temía la reunión pues Tony estaría ahí y sabía que, si no era cuidadosa, él haría tonterías.

El día de la reunión ella inició su presentación y todo parecía ir bien. Pero justo cuando ella se empezaba a emocionar, Tony emergió:

"¿Bartlett? ¿Qué? ¿Estamos hablando de frutas o qué? ¡Ja, ja! Escuchen, no hay que darle vueltas a un asunto tan sencillo. Están viendo a un experto en computadoras. No sólo trabajé con computadoras en la universidad sino que prácticamente me gradué en el tema. De hecho, yo he tenido mi propia computadora personal durante… casi tres años. Sí, sólo hay una opción y esa es una BMI. ¡Todo el mundo las usa y eso es prueba de que son maravillosas! Hay muchas opciones de *software* y todo tipo de protección antivirus y eso es muy importante si van a estar conectadas a internet. Y si lo que quieren es almacenar sus archivos, deben tener computadoras con BMI y con muchos K. Claro, eso sólo si quieren estar en las grandes ligas. Es la única opción. Todo el mundo lo sabe."

Sally se centró. Había ensayado mentalmente esta situación y el momento había llegado.

"Tony —dijo—, gracias por querer el mejor sistema para nuestra gente (reconocer la intención positiva). ¡Jugar en las grandes ligas es la opción! (retomar con entusiasmo) —luego, inocentemente, dijo—:¿Y sabes cuántos K tiene la BMI? (retomar y clarificar en busca de detalles específicos)."

"Bueno, eso es… muchos K." Cuando Tony quiso subestimar la pregunta, ella simplemente hizo otra: "¿Conoces la capacidad para establecer redes y transferir datos entre la Bartlett y la BMI? (clarificar y pedir detalles)". Él tampoco tenía respuesta para esto y dijo algo tan confuso que nadie entendió.

Al reducir a un chillido los rugidos de Tony, Sally sacó toda su documentación: "En los últimos números de las revistas *Usuario de Pera* y *Byte*, encontré varios artículos sobre lo fácil que es transferir archivos con una Bartlett. Si mal no recuerdo (usar el lenguaje 'yo' para minimizar las respuestas defensivas), leí que hay más de 200 000 virus para las BMI, lo cual explica que haya tantos programas. La Pera sólo ha tenido 68 virus en 30 años y ninguno de ellos en los últimos 10. En otro artículo leí (documentación) que, de acuerdo con pruebas realizadas por una firma independiente, le toma a un analfabeta digital una décima parte del tiempo aprender, dominar y empezar a ser productivo en una Bartlett que en cualquier otra computadora. Pero quizá no has tenido oportunidad de leer esos artículos (darle una vía de escape)".

Su respuesta resonó en cada rincón: "Bueno, no, pero planeo leerlos. La Bartlett parece ser la opción correcta".

"Estoy de acuerdo contigo", sonrió Sally.

BREVE RESUMEN

Cuando alguien se vuelve un Autodenominado Sabelotodo
Tu meta: darle vía de escape a sus malas ideas

PLAN DE ACCIÓN

1. Dale un poco de atención.
2. Clarifica los detalles específicos.
3. Di las cosas como son.
4. Dale una vía de escape.
5. Rompe el círculo vicioso.

14
LA GRANADA

Mark y Margie habían estado felizmente casados durante seis años. El problema era que llevaban 15 de matrimonio. Como los primeros seis habían sido los felices, parecían destinados a sufrir si permanecían juntos. Sin embargo, creían que así debían ser las cosas. Así que, tercamente, permanecían juntos, esperando y rezando por un milagro.

El suyo era un patrón común: ella estallaba y él daba un paso atrás. Mientras más fuerte estallaba ella, él se retiraba más. Mientras más se apartaba él, ella explotaba como bomba con más frecuencia. Ambos se sentían victimizados por el comportamiento del otro.

Mark llegó cansado a casa. Sólo quería un poco de paz y tranquilidad, poner sus pies en alto, recostarse y relajarse. Tan pronto entró por la puerta, Margie le echó encima todos los problemas y tribulaciones de su día, demandando atención.

"Querida, relájate. ¿Por qué te provoca tanto estrés cosas tan poco importantes? ¡Estás haciendo una montaña con migajas!", dijo Mark con inocencia.

"¿Montañas con migajas? ¡Increíble! ¡Genial! ¿Crees que estoy aquí de esclava todo el día para que llegues y lo único que hagas sea insultarme? ¡Nadie entiende cómo me siento! ¡Debería mejor morirme!", Margie estalló.

"¿Por qué tiene que portarse así? —pensó Mark—. ¿Qué he hecho para merecer esto?"

Cuando los esfuerzos de alguien *no son apreciados* y son frustrados por la indiferencia de los demás, esa persona se convertirá en una Granada. Cuando la intención no es satisfecha, el comportamiento se convierte en una demanda de atención inmediata. Estallar o perder el control emocional es el último recurso pues evita sentirse poco importante. Si a lo largo de los años el comportamiento es tolerado, puede convertirse en la primera línea de defensa.

Algunas personas se sienten insignificantes y reprimen ese sentimiento durante 10 años hasta que estallan. Para otros es un evento cotidiano. Algunos explotan con desconocidos, mientras que otros lo hacen con sus seres queridos. Pero todos, tarde o temprano, hacen un berrinche. Casi cualquier cosa puede encender la mecha. Puede ser el tono de voz, un gesto, algo que se dijo o se omitió o algún aspecto de una situación determinada. Y si esperas mucho para lidiar con esto, será demasiado tarde pues cualquier cosa que digas o hagas sólo empeorará la situación: segundos después de la explosión habrá una reacción en cadena.

Si tú, como adulto, has perdido el control en público, estarás de acuerdo en que es humillante explotar y no ser capaz de detenerse. Las Granadas se odian por ser así, mientras dura el estallido, cuando ya pasó y cuando lo ven venir. Ese odio por sí misma es el que dispara el círculo vicioso de la Granada. A menudo abandonará la escena, tan pronto como se dé cuenta de lo que ha hecho, en espera de que el tiempo cerrará las heridas y los testigos olvidarán que algo siquiera sucedió. Desafortunadamente nadie olvida lo sucedido. Esta es la razón por la que, cuando el humo se disipa, el polvo se asienta y la Granada regresa, es común que el ciclo reinicie inmediatamente. Los ánimos se acumulan y crecen. Obviamente, éste es un ciclo volátil que se perpetúa hasta que las reservas de adrenalina de agotan. Este es un caso en el que un gramo de prevención vale lo que una tonelada de remedios. Las cosas no tienen que llegar tan lejos o suceder tan a menudo. Sólo tienes que involucrarte tan pronto como escuches el trueno distante.

ZONA DE PELIGRO
FOCO EN LA TAREA

ZONA DE CUIDADO

ZONA DE PELIGRO
PASIVO

ZONA DE CUIDADO

ZONA DE CUIDADO

ZONA DE COOPERACIÓN

OBTENER APRECIO

ATENCIÓN

LA GRANADA

ZONA DE PELIGRO
AGRESIVO

ZONA DE CUIDADO

ZONA DE PELIGRO
FOCO EN LA GENTE

MEJOR AJUSTA TU ACTITUD

Las dos reacciones más comunes frente la Granada que explota son: *1)* estallar junto con ella y *2)* retirarse tranquilamente y odiarla a la distancia. Ambas reacciones se basan en la molestia y a veces en el miedo. Odiar a quien ya se odia es como ofrecerle un chorrito de gasolina si está en llamas, cuando lo que necesita es algo que enfríe las cosas y le permita fluir. En lugar de decirte: "No necesito ni merezco esto", puedes hacerte un favor y perdonar a la Granada su momento de locura temporal. Después de todo, lo que no perdonas, lo vives. Para romper el círculo vicioso debes dejar de culparla por lo que ya se reprocha. ¿Cómo le haces para perdonar lo imperdonable? Continúa respirando y, con cada exhalación, deja ir algunas de esas reacciones dolorosas. Si estás viendo rojo, cámbialo a azul o a verde. Intenta escribir una carta llena de furia, ventilar toda tu frustración y tu desilusión, pero *cuidado: no envíes esta carta. Quémala cuando acabes de escribirla.*

Aprende a mirar a la Granada de una forma distinta. En un seminario una mujer nos dijo que cuando su jefe hacía un berrinche, ella simplemente se lo imaginaba como a un niñito de dos años con el pañal sucio, llorando a todo pulmón (lo cual no está muy alejando de la realidad) y lo trataba así. Otro participante del seminario nos dijo que él crea una *fantasía graciosa* para darle la vuelta al comportamiento de la Granada, como imaginarse aplastándole un pastel de merengue en la cara, justo a la mitad de su explosión.

TU META: CONTROLAR LA SITUACIÓN

Tu meta es *tomar el control cuando la Granada se descontrola*. Aunque es imposible que detengas a la Granada y evites que estalle una vez que la mecha se ha encendido, la Granada puede detenerse a sí misma en las circunstancias correctas. Puedes crear esas circunstancias.

PLAN DE ACCIÓN

Paso 1. Llama su atención. Para tener la atención de alguien cuando pierde el control, llámalo por su nombre, levanta el volumen de tu voz para que pueda escucharte a través de la explosión y ondea tus manos lentamente frente a ti. (Esto también funciona, de la misma manera, en el teléfono.) Si no sabes su nombre, usa un título, como señor, o señora, pero sea cual sea la forma que elijas levanta el volumen de tu voz hasta que sea suficientemente fuerte para ser escuchado. No quieres que te malinterprete y que crea que eres agresivo, así que *asegúrate de que tu tono y tu lenguaje son amigables*. Al hacerlo, mueve las manos frente a ti para llamar su atención.

Paso 2. Apunta al corazón. Muestra genuina preocupación por los problemas de esta persona diciendo lo que necesita oír. Al escucharla con atención, puedes determinar la causa de su explosión y luego retomar sus palabras. Las primeras afirmaciones frustradas que provocan un estallido usualmente te pueden dar una pista sobre las circunstancias que lo provocaron. Desvíate a generalizaciones o a zonas que no tengan nada que ver con las circunstancias de ese momento.

Joe es un buen ejemplo de esto: "¡A nadie le importa todo lo que trabajé! ¡A nadie le importa cómo me siento! ¡Ese es el problema del mundo! ¡A nadie le importa nada! ¡El gobierno hace exactamente lo mismo! ¡El medio ambiente arruinado! ¡El crimen! Igual que mi padre..." Tú responderás a lo anterior diciendo: "Joe, Joe, sí nos importa. Nos importa lo mucho que trabajaste".

No es necesario discutir problemas mundiales o gubernamentales, o de la conservación del medio ambiente o del padre de Joe. Hablar sobre los primeros desvaríos es suficiente.

Tienes otra opción: puedes usar interrupciones genéricas tipo Granada. Puedes decir: "¡No quiero que te sientas así! Nadie tendría por qué sentirse así. ¡Es un malentendido! ¡Joe! ¡Joe! ¡No tienes por qué sentirte de este modo!"

Esto funciona pues a la Granada no le gusta sentirse de ese modo, lo mismo que a nadie le gustaría. "Joe, Joe, a nosotros nos importa. Nos importa lo mucho que has trabajado en esto. No tienes que sentirte así. ¡Aquí hubo un malentendido!"

En una relación personal tienes otra opción. Apuntas al autodesprecio diciendo: "Te amo. Me importas y es bueno que saques todo esto y no te lo quedes dentro. Sácalo. Es obvio que algo te está generando muchos conflictos. Haremos algo al respecto".

Las palabras son sencillas de pronunciar. Lo difícil es respaldarlas. Probablemente lo último que querrás decirle a la Granada es: "Es bueno que saques todo esto". Pero la Granada prefiere las palabras aunque sean palabras vacías. Y cuando logres tocar su corazón, te sorprenderás de la rapidez con la que la Granada se tranquiliza.

Paso 3. Reduce la intensidad. Si le diste al blanco, la Granada registrará este tiro sacudiéndose el enojo o parpadeando repetidamente. Son señales de que, en efecto, tuviste buena puntería y de que la persona está revisando su sistema para comprobar si hay daño, antes de regresar a sus cinco sentidos. Cuando veas este tipo de respuesta reduce el volumen y la intensidad de tu voz. Tranquiliza a las Granadas desde la cúspide de su explosión hasta un nivel normal de comunicación, reduciendo la intensidad de tu propia comunicación.

Paso 4. Tiempo fuera para el buen comportamiento. No tiene ningún sentido tratar de tener una discusión razonable sobre la causa de la explosión si la Granada tiene la adrenalina corriéndole por las venas. Ese es momento para hacer "tiempo fuera" y dejar que las cosas se enfríen. Ya sean 10 minutos, una hora, un día o una semana, el tiempo es necesario para el seguimiento significativo de un arranque temperamental. "Joe, detengámonos un momento. Luego podemos juntarnos de nuevo y resolver las cosas."

Paso 5. Encuentra la clavija pero no jales de ella. El quinto paso apela a las relaciones a largo plazo y es, por lo tanto, el más importante. ¡Encuentra la clavija y no la jales! Si descubres qué es lo que jala la clavija de la Granada puedes prevenir que sea jalada de nuevo. Para encontrar la clavija debes buscar un momento distinto al de la explosión; un momento en el que ambos estén en la Zona de Cooperación. Puedes ir directo al grano y preguntarle a la Granada qué la hace enojar. Lo anterior, claro, asumiendo que tienen una relación suficientemente buena.

Una buena manera de empezar la plática es estableciendo con claridad tu intención: "Quiero reducir los conflictos entre nosotros". Luego, pregunta qué le provocó tanto enojo la última vez. Utiliza preguntas clarificadoras para obtener detalles específicos. Una pregunta muy útil es: "¿Cómo supiste cuándo era momento de enojarte?" Si una Granada dice: "Me enojé porque nadie me escuchaba," no trates de convencerla de lo contrario. Aunque estés seguro de que la gente la escuchaba, es obvio que la Granada lo sintió así. Pregúntale en un tono amistoso: "¿Cómo percibirías que la gente te está escuchando?"

La respuesta puede ser: "Cuando la gente no se queda nada más ahí, sentada. ¡Cuando responde algo!"

Tú, por supuesto, querrás indagar: "¿Qué respuesta te dan cuando sí están escuchando?" No des nada por sentado. Sé específico; incluso en el tipo ayuda que puedes ofrecer cuando, en el futuro, las cosas se salgan de control.

Laura tenía un jefe que explotaba con frecuencia. La mayoría de las veces esos estallidos no tenían nada que ver con ella. Durante un año se sintió mal porque no sabía cómo ayudarlo. Todo lo que decía o hacía parecía intensificar las explosiones. Llegó el día en que sencillamente preguntó: "¿Cómo puedo apoyarte en esos momentos en que pierdes los estribos?"

Él dijo muy casual: "Sólo pasa de largo e ignórame y has lo que tengas que hacer".

¡Laura no podía creerlo! Después de volverse loca tratando de ayudarlo, lo único que él quería es que lo dejaran solo. ¡Esto es prueba de que hay que comunicarse!

Si descubres que no eres quien jala la clavija, quizá lo sea alguien en casa. Si es alguien en la oficina, una solución es trabajar en la cohesión del grupo, la comunicación interpersonal y la resolución de conflictos.

En este caso, ayudar a la persona problemática a darse cuenta de la diferencia y de las consecuencias que conlleva no entender esta distinción, puede ser de mucha ayuda.

Sea cual sea la causa de la explosión, si estás dispuesto a invertir algo de tiempo cada día para escuchar de manera activa los problemas que enfrenta la persona, y si la ayudas para que hable en lugar de explotar, puedes estar seguro de que, aunque sea muy poco a poco, esto tendrá un impacto positivo: la frecuencia y la intensidad del comportamiento negativo se reducirán. En última instancia, serás una de las pocas personas frente a las que la Granada jamás explotará de nuevo.

GRANDES MOMENTOS EN LA HISTORIA DE LA GENTE DIFÍCIL

Yo despotrico *versus* Yo desvarío en la asociación Medio Desoriente

Chet y Dave eran socios en una empresa creativa en Chicago. La médula de su trabajo se basaba en las nuevas ideas. A pesar de esto sus sesiones de trabajo parecían zona de guerra. Chet era la Granada y Dave era el Tanque. Una vez, en un momento de calma, Dave el Tanque le preguntó a Chet la Granada qué era lo que más le molestaba de trabajar con él. Chet contestó que Dave parecía cerrarse ante las nuevas ideas. Esto molestó mucho a Dave el Tanque, quien se consideraba increíblemente abierto a las nuevas ideas.

Dave respiró, contuvo el impulso de discutir y preguntó: "¿Cómo sabes que estoy cerrado a las nuevas ideas?" Chet la Granada explicó que siempre que él tenía una idea nueva, Dave le buscaba los errores sin detenerse a apreciar el valor de la idea.

A Dave se le prendió el foco. Se dio cuenta de que Chet quería *obtener aprecio*, y de que él, Dave, se enfocaba en *hacer las cosas*. Recordó conflictos pasados y se dio cuenta de lo obvio; cuando Chet ofrecía una idea, Dave se adelantaba tres pasos para imaginar si esa idea funcionaría o no, y regresaba con un reporte sobre las carencias y las fallas de la idea. No pretendía desacreditar la idea sino buscar la manera de llevarla a cabo eliminando los obstáculos. Mientras más le gustaba una idea, más velozmente investigaba los problemas inherentes a ella. Como quería *hacer las cosas*, Dave olvidaba darle a Chet un sencillo pero merecido reconocimiento. ¡Dave se dio cuenta de que era esto lo que jalaba la clavija! Para quien busca *hacer las cosas*, nada es más despreciable que una Granada fuera de control. Así que Dave procuraba controlar a Chet comportándose como Tanque y por eso sus sesiones de trabajo se convirtieron en zona de guerra.

Cuando Dave se dio cuenta de la raíz del problema, encontró la manera de resolverlo. Dave se detenía cuando Chet daba una idea. Decía: "Gracias, Chet, esa es una magnífica idea —esperaba hasta que su cumplido era registrado antes de continuar—: definamos cuál es el siguiente paso para hacerla realidad. ¿Hay algún obstáculo para realizarla?"

Primero se integró con el deseo de Chet de ser apreciado, y luego comunicó claramente su intención de hacer realidad la idea lidiando con los eventuales obstáculos. Usando su habilidad para *hacer las cosas*, Dave elaboró e implementó un plan factible. Ese pequeño cambio era todo lo que se necesitaba para eliminar la mayor parte del conflicto entre ellos.

El poder de las proyecciones positivas

Mark y Margie decidieron ir a terapia para intentar conservar su relación e hicieron una cita con un consejero matrimonial.

Margie inició la sesión con esta furiosa generalización: "No me ama.

Cuando tengo problemas, los resuelvo sola". Desafortunadamente este pensamiento la enfurecía más y provocaba peores explosiones.

Mark respondió: "¡Estás histérica y fuera de control!"

La batalla estaba a punto de estallar en la oficina del terapeuta, pero el doctor estaba en casa: "¡Margie! ¡Mark! Deténganse. Ambos tienen preocupaciones legítimas que merecen discutirse y yo estoy aquí para asegurarme de que así sea".

El consejero señaló que Margie y Mark necesitaban definir cuál era el comportamiento que odiaban del otro. Margie era más sensible a que los problemas en la relación fueran ignorados. Es bien sabido que si las parejas dejan a un lado por mucho tiempo aquello que deberían resolver, el problema crece. Eventualmente esa dilación tiende a hacer del problema algo desproporcionado. Sin las señales de explosión inminente, Mark no habría sabido nunca qué es lo que sucedía hasta que un día la relación estuviera desintegrada por completo. Viéndolo de esa manera, Mark apreciaba la ventaja de los estallidos de Margie. La intención detrás del silencio de Mark era protegerla a ella de cualquier cosa hiriente que él pudiera decir. Mark creía firmemente que una vez que las palabras han salido, llenas de odio o de veneno, jamás pueden retirarse y el daño ya está hecho. Prefería mantenerse en silencio cuando estaba enojado, retirándose un tiempo hasta entender sus sentimientos o hasta encontrar una forma de comunicarse constructivamente. Visto así, Margie apreciaba la ventaja del silencio de Mark.

Cuando Mark y Margie salieron de la oficina del consejero habían cambiado. Ahora comprendían algo del comportamiento del otro. Cuando Margie estallaba, en lugar de decirle: "Eres una histérica", Mark podía tomar esto como una señal anticipada de que debían poner atención y no postergar un asunto determinado, si es que querían mantener su amor vivo. Su nueva respuesta era inclinarse hacia ella y decir; "Mi amor, si te sientes así, debe haber algo importante que necesitemos atender. No quiero que te sientas así. Hablemos". Eso es justo lo que la Granada necesitaba escuchar y realmente servía para que Margie se tranquilizara. A la larga, Margie desechó la antigua idea de que a Mark no le importaba la relación, y así se previnieron futuros estallidos.

En los momentos en que Mark se sumía en el silencio, Margie dejó de pensar llena de furia: "No me ama". En cambio podía decirse: "Me ama.

No quiere herirme con palabras llenas de ira y probablemente necesita tiempo para pensar". Ese tipo de reflexión la ayudó a mantener la calma y a decirle a su esposo: "¿Por qué no te tomas un tiempo para considerar esto y lo hablamos en la noche?"

Ella sabía que el asunto no se pospondría para siempre y eso la llenó de satisfacción y calma. Su comunicación, ahora llena de tranquilidad, le permitió a él salir de su retiro y las discusiones se volvieron fáciles, fluidas y fructíferas. Margie y Mark aprendieron a vivir felices siempre, o al menos casi todo el tiempo.

BREVE RESUMEN

Cuando alguien se convierte en una Granada
Tu meta: tomar el control de la situación

PLAN DE ACCIÓN

1. Obtén la atención de la persona.
2. Apunta al corazón.
3. Reduce la intensidad.
4. Toma "tiempo fuera".
5. Prevención: encuentra la clavija y no jales de ella.

15
LA PERSONA SÍ

Durante una junta de personal la señora Rooklyn, la gerente distrital de ventas, pidió un voluntario para que trabajara con Jamie coordinando la propuesta que se le haría a Avex en dos semanas. Al pasar su mirada por todo el cuarto, detuvo sus ojos en Teri, quien sonrió incómoda, miró a todos alrededor y se ofreció como voluntaria.

Jamie y Teri hicieron una cita para comer y hablar sobre los detalles, pero Teri llamó en el último minuto y canceló la cita.

"Escucha —dijo Jamie—, si es un problema, ¿por qué no lo hacemos por teléfono?"

"Está perfecto, si eso es mejor para ti", dijo Teri, servicialmente. Teri estuvo de acuerdo en recolectar la información necesaria de los otros departamentos y generar con ella un documento con gráficas, mientras que Jamie prepararía la presentación.

Jamie llamó a Teri una semana después. "¿Cómo vas?", preguntó. "Ah, bien", contestó Teri. "¿Ya tienes la información de contabilidad?", preguntó Jamie. "Eh, sí, bueno. Creo que hoy o mañana hablaré con alguien para conseguirla."

El día de la presentación, Jamie estaba radiante. Traía un vestido nuevo para la ocasión y se veía maravillosa. La señora Rooklyn se detuvo en su escritorio junto con el Gran Jefe, para desearle suerte y recordarle lo importante que era obtener la cuanta de Avex. Jamie no dejaba de ver su reloj y el tiempo parecía detenido. Se suponía que se vería con Teri a la una y ella no aparecía. A la una con tres minutos, Jamie pensó que quizás habían quedado en encontrarse en la oficina de Teri y no al revés.

Cuando Jamie llegó a la oficina de Teri la encontró inclinada sobre la computadora, tecleando con prisa. "Hola, Teri, ¿qué haces? Se supone que teníamos que vernos hace cinco minutos. ¿No me digas que se necesitan cambios de último minuto?"

Teri la miró. "Ay, Jamie. Hola. Lo siento. Se me pasó el tiempo. Eh, no. No son cambios de último minuto. Es algo que estoy haciendo para Frank del departamento de envíos. Le falta personal y me pidió que lo ayudara. Necesita esto ya. ¿Puedes esperar unos minutos?"

"¿Frank de envíos? ¡¿Unos minutos?! Teri, necesitamos irnos ya o llegaremos tarde. ¿Dónde está la propuesta?"

Teri giró su silla para mirar los montones de papeles que cubrían su escritorio y empezó a remover y a buscar. "Ah, ahí está una, ah, y aquí otra." Uno por uno fue sacando los documentos; algunos de ellos muy maltratados.

Jamie estaba boquiabierta. "Teri, esto parece un borrador. Ni siquiera es la misma tipografía. ¿Dónde están las gráficas?"

"Ay, Jamie, lo siento. No tuve oportunidad de hacerlas y Mary está renovando su departamento y ya sabes cómo es eso. No tuve el corazón para presionarla para que me entregara las gráficas."

Jamie se dejó caer en una silla sintiéndose repentinamente mareada. Se suponía que debían irse en cinco minutos o llegarían tarde; no estaban listas y no había manera de estarlo. Teri continuaba hablando pero Jamie no escuchaba. Todo lo que podía ver eran las caras de la señora Rooklyn y del Gran Jefe. Pensó: "¿Y ahora qué haré?"

Al aceptar ayudar con la propuesta, Teri prometió algo que sabía que le sería difícil cumplir. Su deseo de *llevarse bien* con el resto del equipo, complacer a la señora Rooklyn, y poder ayudar, la hacían olvidar cualquier consideración de lo que realmente implicaría la tarea. Para las personas Sí, el foco está puesto con tanto afán en las personas que su desempeño en la mayoría de las tareas es muy malo. El Sí puede llenarse de compromisos pues su vida se basa en los deseos de los demás. A veces no tiene una idea clara de cómo cumplir un compromiso, pues no analizó las implicaciones. Con mucha frecuencia el Sí no piensa de antemano las consecuencias de decir una cosa y hacer otra. Todo lo que sabe es que alguien quiere algo y que no puede decir que no. Impulsado por el deseo de pertenecer y *llevarse bien con los demás*, el Sí puede sobrecargarse de compromisos para complacer al otro.

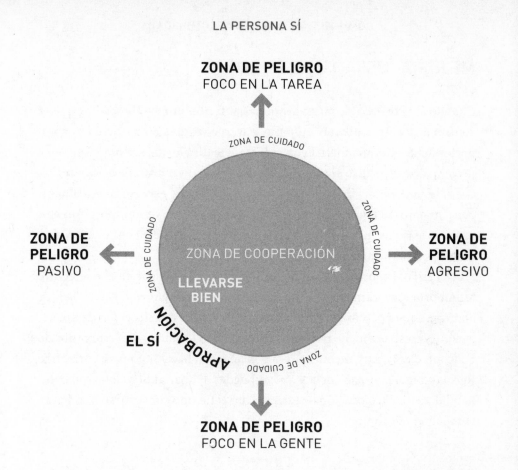

Como es una buena persona, el Sí espera que todo se resolverá maravillosamente. Cuando no es así se siente mal. Sin embargo, no se considera responsable por su incumplimiento, pues siempre hay una serie de circunstancias más allá de su control que provoca el problema. El Sí crea excusas y ofrece explicaciones, y espera que esto, de alguna manera, compense su falla.

A veces, cuando estás visiblemente enojado con el Sí, él mantiene una apariencia apacible aunque hierva por dentro, lleno de hostilidad. El Sí no quiere ofender a nadie, incluso si la gente se molesta con él. La parte de él que lo condiciona a *llevarse bien* le impide decirte la verdad. Incluso si has tenido éxito en obtener de él una disculpa y la promesa de que no volverá a quedarte mal, eso no significa que el Sí tenga la intención de hacer lo que dice.

MEJOR AJUSTA TU ACTITUD

Cuando el Sí te llena de falsas promesas es fácil sentirse saboteado y querer confrontarlo. Sin embargo, culparlo y avergonzarlo sólo perpetúa su comportamiento. Como quiere *llevarse bien*, el Sí dirá lo que sea que piense que te complacerá, incluso si eso significa hacer más compromisos poco realistas. Si la confrontación lo enoja es poco probable que exprese en voz alta sus pensamientos defensivos, y en cambio echará a mano de comportamientos agresivo-pasivos. El punto es que nunca lograrás que el Sí cumpla sus promesas poniendo en evidencia su incumplimiento.

Debes ir al centro de tu corazón y encontrar ese lugar en el que el otro te importa sinceramente. Las personas cuya prioridad es *llevarse bien* de alguna manera perciben cuando tu interés no es la construcción de una relación. Necesitas mucha paciencia con el Sí. No lo acuses de desorganizado e incompetente para reconocer esa deficiencia o hacer algo para corregirla. Recuerda que con paciencia y apoyo puedes ayudar al Sí a desarrollar sus habilidades en la ejecución de tareas y con el tiempo convertirse en un gran compañero de equipo.

TU META: OBTENER COMPROMISOS CON LOS QUE PUEDAS CONTAR

Tu meta con esta persona problemática es *obtener compromisos con los que puedas contar,* haciendo que sea fácil para ellas ser honestas, enseñándoles estrategias para la administración de tareas y fortaleciendo la relación. Como verás, hay un objetivo similar al lidiar con la persona Quizá, quien tiene problemas al tomar decisiones, evita a toda costa la confrontación, se retrae frente a los conflictos y decepciona a la gente. La diferencia es que con el Sí es muy fácil que parezca que hará lo que dice que hará. El Sí necesita aprender que, aunque ser amable es lindo, ser confiable es doblemente lindo. Tu meta con este tipo de personas es obtener compromisos con los que puedas contar.

PLAN DE ACCIÓN

Paso 1. Haz que sea seguro ser honesto. Procura que el ambiente sea seguro para que ambos puedan examinar con honestidad si las promesas realizadas serán promesas cumplidas. Procura que la conversación sea suficientemente cómoda para que cualquier enojo o miedo se discuta con calma, como dos amigos resolviendo sus diferencias con atención y consideración. Ésta puede ser una larga conversación de una sola vez o quizá requieras varias reuniones a lo largo de un periodo extendido de tiempo. La clave para la seguridad es comunicar apoyo de manera verbal y no verbal.

Jamie le llamó a Teri una semana después. Ese fue el tiempo que le tomó sobreponerse al enojo y la frustración que sintió cuando la presentación se canceló. Jamie creía que era importante resolver las cosas con Teri. Como ambas trabajaban en el mismo equipo tendrían que convivir en el futuro.

"Teri, ¿tienes un momento para platicar?" "Sí, claro. Supongo que sí", contestó Teri tímidamente.

Jamie se tomó su tiempo, dejando que cada palabra aterrizara. "Teri, me caes bien. Eres amigable, te importan los demás y pienso que podemos trabajar juntas. Desde que se canceló la presentación de Avex he pensado que necesitamos hablar o ambas nos sentiremos terriblemente incómodas cuando nos veamos."

Este tipo de comunicación con el foco en la persona gira en torno de los sentimientos. Al acercarte al Sí como compañero de equipo o amigo y hablarle antes que nada del futuro de la relación, puedes incrementar el nivel de comodidad y, con suavidad, ir poco a poco hablando del pasado.

"Sé que tu intención era reunir la información para la presentación (reconocer la intención positiva). Y sé que algunos eventos inesperados te lo impidieron. Lo difícil para mí fue no enterarme de eso hasta que ya era demasiado tarde para ayudar. Si nuestra relación será de confianza mutua, creo que necesitamos ser honestas y abrirnos. Quiero que sepas que puedes ser honesta conmigo. ¿Puedo ser honesta contigo? (hacer que sea seguro ser honesto)." Jamie miró a Teri atentamente y esperó con calma su respuesta.

"Bueno, por supuesto. Lamento mucho lo de la semana pasada, pero no fue mi culpa. Pensé que no entenderías."

Jamie asintió. "Tienes razón. No lo entiendo y me gustaría hacerlo. Me gustaría poder analizar mejor, junto contigo, esta situación y ver si podemos aprender algo de ella que nos ayude en el futuro."

Date cuenta de que cada momento que estás con el Sí en una conversación abierta, es una inversión a futuro. Cuando la relación se vuelva más fluida percibirás con más claridad los verdaderos pensamientos y sentimientos del Sí, acabarás con el sabotaje y la desilusión, alcanzarás tus metas y encontrarás alivio. Si lo haces bien, esta conversación sobre la calidad de una promesa será de una sola vez. Si lo haces mal, tendrás problemas permanentes. Por eso es importante que te desaceleres, que planees esta plática con anterioridad y que hagas que sea significativa.

Paso 2. Habla con honestidad. El Sí puede estar enojado o resentido sobre algo o creer en sus excusas, estén justificadas o no. Aliéntalo a hablar de esto contigo. Escúchalo sin contradecirlo, sin ofenderte y sin sacar conclusiones aceleradamente. Luego, recupera lo que dijo y aclárrlo. Asegúrate de que le reconoces su honestidad y dile lo mucho que lo aprecias.

"Teri, ayúdame a entender lo que sucedió la semana pasada. ¿Qué te impidió tener la información a tiempo?"

"Sí quería hacerlo, pero no debió ser toda mi responsabilidad. Había mucha más gente en la reunión que podría haberte ayudado. ¡Quieren que yo haga todo!" Jamie asintió. "Eso es terrible. Es verdad que había otras personas en esa reunión que podrían haber ayudado. ¿Te sentiste así cuando te ofreciste como voluntaria? ¿Le pediste ayuda a alguien?"

Teri miró hacia la ventana. "Bueno, no precisamente. Para empezar, ya tenía muchas cosas pendientes. Y luego todo lo inesperado. El departamento de Mary estaba reorganizándose y no tuve el corazón para presionarla. Y luego apareció Frank que estaba corto de personal y me pidió ayuda. ¿Cómo podía negarme?"

Jamie reprimió el impulso de confrontar las excusas de Teri. En cambio, asintió de nuevo. "Y por eso no tuviste suficiente tiempo para trabajar en la propuesta, ¿no? ¿Por qué no nos dijiste que estabas tan ocupada a la señora Rooklyn o a mí?" "Bueno, no quería desilusionarlas." "Teri, me parece que nadie se dio cuenta de lo que estabas pasando, ¡excepto tú! Ahora entiendo por qué estabas tan abrumada. Gracias por explicarme. De verdad aprecio que hayas sido honesta conmigo."

Jamie agradece a Teri su honestidad en lugar de apresurarse a expresar sus sentimientos sobre lo que Teri dijo. Es importantísimo reconocer la honestidad del Sí para promover este tipo de comunicación en el futuro.

Paso 3. Ayúdale a planear. Una vez que has escuchado el punto de vista del Sí será obvio por qué no puedes tomar un "sí" como respuesta. Este es el momento del aprendizaje, y como el aprendizaje proviene de lo vivido, esta es la oportunidad de *cambiar la historia* con tu persona Sí, crear una experiencia positiva a partir de sus promesas pasadas: "¿Sabes, Teri? Una de las cosas más importantes de ser compañeras de equipo, e incluso amigas, al menos para mí, es saber que mis amigos cuentan conmigo y que yo cuento con ellos. Pienso cómo afecta nuestra capacidad de ser amigas y de trabajar juntas si algo siempre está obstaculizando que cumplamos nuestras promesas. Quiero preguntarte esto: si pudieras regresar el tiempo a la junta de personal de hace tres semanas, ¿qué harías diferente?"

Aunque la respuesta era obvia para Jamie, no lo era para Teri. Así que Jamie la ayudó a ver que tenía opciones que no usaba. Por ejemplo, habría podido establecer en la junta que sería parte del equipo pero que no haría todo. Podría haber llamado a la señora Rooklyn tan pronto como se sintió agobiada y solicitarle más ayuda. Podría no haberse ofrecido como voluntaria. Si no tenía el corazón para presionar al departamento de contabilidad debido a la reorganización de Mary, podría haber pedido a Jamie que ella lo hiciera en lugar de dejarlo para después. Había muchas opciones tan pronto como la motivación para usarlas se aclaraba. La confiabilidad y pedir ayuda son ambos factores importantes para el trabajo en equipo y la amistad.

Al usar las experiencias pasadas como guía puedes, junto con el Sí, repasar lo que sucedió como si se tratara de una tarea por hacer. ¿Cuál es la motivación que faltaba? ¿Qué se pudo hacer distinto? ¿De qué otra manera se podría haber manejado la situación? Ayuda a la persona Sí, paso a paso, a enfocarse en acciones específicas y en procesos relacionados con la realización de tareas. Las personas cuya prioridad es *llevarse bien con los demás* están muy ansiosas por complacer y rara vez se toman el tiempo para pensar en los procesos necesarios para hacer las cosas, hasta que alguien les muestra la importancia de hacerlo. Todas las excusas que el Sí ha puesto en el pasado —el teléfono no paraba de sonar, la gente no dejaba de llegar, había tanto trabajo que hacer— son síntomas de una persona desorganizada.

Pensarás: "¡Pero yo no quiero hacer el trabajo que le corresponde a estas personas!" Y no tienes que hacerlo. Sin embargo, si ya estás frustrado por lidiar con las promesas incumplidas quizá quieras invertir mejor tu energía tomándote el tiempo para generar un ambiente que propicie la comunicación honesta. Puedes enseñarle a tu persona Sí algunas habilidades para que administre mejor su tiempo y así no tener que lidiar con su comportamiento problemático en el futuro.

Paso 4. Asegura el compromiso. Al final de la discusión, agradece a la persona Sí por hablar del asunto contigo y pregúntale: "¿Qué harás diferente la próxima vez que me prometas algo que no te sea posible cumplir?" Una vez que obtengas la respuesta, dale seguimiento y asegura el compromiso.

Aquí hay cinco sencillas maneras de asegurar el compromiso y darle seguimiento:

- Pídele su palabra de honor. La manera más sencilla es pedirle al Sí que respalde su compromiso con su palabra de honor. Lo miras a los ojos y le dices: "¿Tengo tu palabra de que harás esto, sin importar lo que suceda?" Cuando las personas dan su palabra se comprometen más profundamente que si simplemente dijeran: "Mmm, pues sí".
- Pídele que haga un resumen de su compromiso. Haz que el Sí haga un resumen de lo que dijo que hará, mientras tú retomas, clarificas y detallas. Dile algo como esto: "Quiero asegurarme de que ambos entendemos cómo hay que hacer esto. ¿Podrías describirme cómo lo harás y cuándo?"
- Pídele que lo escriba. Para ayudar a la persona Sí a que recuerde su compromiso haz que lo escriba antes de irte. Pídele que anote cómo planea llevarlo a cabo, que ponga una nota cerca del teléfono o en su tablero, que te dé una copia o que lo escriba en su agenda con una frase afirmativa como "Yo haré…" La mayoría de las personas organizadas

están de acuerdo en que hay algo en el acto físico de anotar un compromiso que lo hace más fácil de recordar y más probable de llevarlo a cabo.

- **Establece fechas límite raras.** "¿Me lo entregas a las 10:23 de la mañana del miércoles?" A la gente se le va el tiempo. Las fechas y las horas de entrega poco comunes quedan grabadas y sobresalen.
- **Describe las consecuencias negativas.** Señala las posibles consecuencias negativas si el compromiso no se cumple. Tu descripción será más efectiva si la planteas en términos de personas y relaciones: "Imaginemos que es miércoles a las 10:23 y que este proyecto con el que te comprometiste no está terminado, ¿cómo se sentirán todos los que dependen de ti?"

Paso 5. Fortalece la relación. Con la gente que quiere *llevarse bien*, especialmente con aquella con la que has tenido dificultades en el pasado, considera cada interacción como una oportunidad para fortalecer la relación. Reconoce los momentos en que la persona Sí ha sido honesta contigo sobre sus dudas y sus preocupaciones, dale notoriedad a los compromiso que sí se hayan cumplido y sé muy cuidadoso con la manera en que lidias con una promesa rota.

Habrá momentos en que el Sí no cumpla. Esto es porque la administración de tiempo y trabajo es una habilidad que se aprende con la práctica. Te recomendamos que lidies con las promesas rotas con mucho cuidado. Cuando la gente comete errores y le dices que ha hecho algo mal tiende a ponerse a la defensiva. Procura asumir las promesas rotas y los errores como oportunidades para ayudar a esas personas a desarrollar sus habilidades. Corregir a la gente de manera efectiva es una forma poderosa para fortalecer las relaciones. Hay maneras específicas de lograrlo:

- Dile lo que hizo, describiendo lo que sucedió de manera tan específica como sea posible. No le des tu opinión. Ofrécele hechos. Asegúrate de que lo haces con cuidado y sinceridad: "Teri, hiciste el compromiso de trabajar conmigo la propuesta".
- Dile cómo se vieron afectadas otras personas de la mejor manera que puedas: "Quedamos mal con un cliente importante. La señora Rooklyn y el Gran Jefe se desilusionaron. Nos perdieron la confianza".

- Dile cómo te sientes al respecto: defraudado, enojado, frustrado. No exageres, pero sé honesto: "Con sinceridad te digo que estoy decepcionado y muy frustrado con este asunto".

- Proyecta una intención positiva. Dile: "Tú no eres así", incluso si sí lo es. Más que negar esa intención la gente intenta cumplirla. "No eres del tipo de los que defraudan a los demás. Sé que te importa hacer un gran trabajo y ser parte del equipo, y sé que eres capaz de hacer lo que dices. También sé que no debes hacer promesas que no puedes cumplir."

- Pregúntale lo que aprendió de la experiencia o lo que haría diferente si tuviera la oportunidad. Esto se llama *momento de aprendizaje* y transforma las memorias negativas en experiencias útiles: "Dime, ¿qué harías distinto si pudieras hacerlo de nuevo?" Con este método puedes transformar el fracaso en éxito para ambos. Esta misma estrategia puede aplicarse para fortalecer la relación con la gente que ha prometido algo y lo ha *realizado*. Cuando alguien cumple con su palabra, escucha un sencillo "gracias" y eso es todo. Con la persona Sí, y con la persona Quizá, tu "gracias" incrementa las probabilidades de que las promesas se cumplirán en el futuro. Es la misma estrategia pero aplicada a una promesa que ya se cumplió.

- Dile lo que hizo bien con mucho detalle. No le des tu opinión. Ofrécele los hechos: "Teri, prometiste terminar la propuesta para la presentación e hiciste exactamente lo que prometiste".

- Dile cómo se vieron afectadas otras personas, de la mejor manera que sea posible: "Como resultado, el cliente decidió darnos la cuenta. El Gran Jefe está muy contento y dejamos muy bien parada a la señora Rooklyn".

- Dile cómo te sientes al respecto —complacido, impresionado, agradecido—: "Estoy tan agradecido de que hayas hecho esto. ¡Estoy tan impresionado con el diseño de la propuesta! Las gráficas estaban increíbles. Hiciste que toda esa información fuera fácil de digerir. La presentación no habría sido tan buena si no fuera porque te involucraste. Gracias por hacerlo".

- Proyecta una intención positiva. Dile: "Eso es lo que más me gusta de ti". Quieres que asocie el cumplimiento de sus promesas con esa intención positiva: "¿Sabes? Eso es algo que de verdad me gusta de ti. Cuando haces algo, lo haces bien. ¡Eso fue increíble!"

- Dile que estás ansioso por más de lo mismo: "Ha sido un placer trabajar juntos en esto y me encantaría volver a hacer equipo contigo en el futuro".

Al fortalecer tu relación con la persona Sí, o con la persona Quizá, no sólo fortaleces tu propia red de gente confiable sino que tendrás el placer de obtener una recompensa duradera: propiciarás cambios significativos en la vida de los demás.

GRANDES MOMENTOS EN LA HISTORIA DE LAS PERSONAS DIFÍCILES

El caso de los compromisos poco realistas

"No sé cómo voy a lograrlo —dijo Kristy, cabizbaja— … El reporte de Johnson, las nuevas recomendaciones… —pareció animarse un poco cuando preguntó—: ¿Cómo está Johnny? ¿Ya se le cayó el diente?"

"Sí —respondió Becky—. Johnny ya perdió su primer diente y se ve tan lindo chimuelo. Pero Kristy, si tienes todo ese trabajo que hacer hoy, no deberías estar aquí conmigo comiendo. Deberías ir a trabajar."

"Ya sé, ya sé", dijo Kristy mientras pasaba la mirada por el cuarto en busca de caras conocidas.

Harry la vio y se acercó sonriendo. "¡Hola, chicas! Hola, Kristy, ¿me puedes hacer un gran favor? Estoy retrasado con el reporte trimestral. ¿Crees que puedes ayudarme a reunir la información y enviármela al final de día?" "Claro", dijo Kristy con una gran sonrisa. "Gracias. Eres una gran compañera. Te veo luego."

Becky estaba boquiabierta. "¡¿Estás bromeando, Kristy?! ¿Te das cuenta del compromiso que acabas de hacer?" "¿Qué?" "Conseguir información no es nada más buscarla y ya. ¡Te tomará horas! Con lo que me acabas de decir que tienes que hacer hoy ¡no hay forma de que termines a las cinco de la tarde!" Kristy bajó la mirada: "Ay, no pensé en eso". "Bueno, pues piensa cómo se sentirá Harry cuando no le entregues lo que está esperando, sin contar a todos los que cuentan con él. ¡Y sin mencionar a quienes ya esperan algo de ti! (muestra el futuro)." "Bueno, creo que puedo trabajar hasta tarde." "¿Y tu familia?" "¡Ay, no! ¿Qué hice? ¿Qué puedo hacer?" "De ahora en adelante, cuando alguien te pida algo, si realmente quieres complacerlo, intenta decir: 'Dame un momento para revisar mi agenda y te aviso' (ayuda a aprender). Y luego puedes hacer un compromiso realista. A todos les agradas, Kristy, y nadie en esta compañía quiere que te sientas sobreexplotada." "¿Qué debería hacer con Harry?" "Sé honesta con él. Las buenas relaciones se basan en la honestidad (intégrate con aquello en lo que se enfoca). Él apreciará saber *ahora* que no puedes ayudarlo cuando aún hay tiempo para hacer algo al respecto, y no un minuto antes de la hora de entrega." "De acuerdo, hablaré con él." "Bien. Son las 12:49. Irás a la oficina de Harry a avisarle entre 12:58 y 13:06 que estás ocupada, ¿de acuerdo? (asegura el compromiso)."

Kristy rio y se levantó de la mesa. Fue honesta con Harry, quien no sólo comprendió sino que se ofreció a ayudarla.

La Navidad que por poco no es.
Una dramatización de la vida real de un incidente ficticio

Polo Norte. Con los ojos tristes, Pinky, el duende, exclamó: "¡Estamos todos tan deprimidos! El equipo no ha llegado, y al ritmo que vamos tendremos suerte si estamos listos para la siguiente Navidad, pero no para ésta".

Rachel, la nueva supervisora humana respondió: "¿Alguien ya habló con Santa?" "Claro —contestó Pinky—. Dice lo que queremos escuchar, pero no pasa nada."

Rachel fue a buscar a Santa a su oficina. Él estaba, como siempre, jovial. "Santa, han pasado dos meses desde que les prometiste a los duendes que les cambiarías el equipo y no ha pasado nada. Cada semana estamos a punto dos o tres veces de tener accidentes, y la calidad de nuestro trabajo está bajando. ¡No puedo creer que no cumplas tu promesa! Y mira esto —dijo Rachel muy molesta dejando caer sobre el escritorio un montón de papeles con quejas—: ahora tenemos que sufrir otra semana en estas condiciones."

"Déjame ver, Rachel… voy a reemplazar el equipo. De verdad lo haré. Es que he estado muy ocupado. Eso es todo. Tienen que esperar un poco más, pero buscaré la manera de hacerlo. De verdad. ¿Te puedo ofrecer una taza de té?" "¡¿Té?! No quiero té. ¡Quiero resultados!" Rachel salió furiosa de la oficina de Santa.

Esa noche, el esposo de Rachel le dijo: "Mi vida, no puedes seguir desenfundando la espada así. Seguramente lo asustaste. Por qué no regresas y le das la oportunidad de explicarse. Haz que se sienta suficientemente seguro para ser honesto. Quizás hay una razón detrás de todo esto". Raquel estuvo de acuerdo con su esposo. Se dio cuenta de lo fácil que era hablar con alguien tan calmado y paciente como él. Quizás esto era lo que se requería en esta situación.

Al día siguiente, la puerta de Santa sonó. "¡Jo, jo, jo! Pase. Está abierto", dijo Santa dándole la espalda a la puerta, mientras repasaba las fotos de los niños que tenía pegadas en el muro.

"Santa, necesitamos hablar. Esta vez no voy a gritar, lo prometo. Si voy a trabajar para ti, quiero que me tengas confianza y quiero tener confianza en ti. Necesitamos hablar con sinceridad y aclarar las cosas. Quiero escuchar (propicia un ambiente seguro para ser honesto). Así que si tienes algo que decirme, ahora es el momento. ¿Recuerdas que me prometiste que reemplazarías todo el equipo roto de la planta de producción?" "Sí. Y tal como dije lo haré." "Santa, dime la verdad: ¿qué ha evitado que lo hagas?" "Bueno, pues… ya está hecho el pedido". "¿Con quién? ¿Cuándo hiciste el pedido? (clarificar y pedir detalles específicos), Rachel preguntó con determinación."

"Bueno, de hecho, no he realizado el pedido. Estoy esperando que llegue un dinero. ¡No debe tardar! Y ya con eso resolveré el problema. Lo prometo." "¿Me estás diciendo que la razón por la que no has reemplazado el equipo es porque no tienes suficiente dinero? (recuperar)." Santa suspiró: "Sí". "¿Por qué no me lo dijiste la primera vez que me acerqué contigo a platicar de esto, hace dos meses?" "Bueno, no quería tener problemas. No creí que fuera buena idea preocuparte." "Santa, aprecio eso. De verdad. Es muy considerado de tu parte (reconocer la honestidad). Pero trabajar con ese equipo viejo preocupa a los duendes. Peor aún: cuando prometes algo y no lo cumples, se desmoralizan. A ver, repasemos todos los eventos."

Santa le contó todo. La fábrica estaba en números rojos y los pedidos habían disminuido. Los nuevos juguetes electrónicos dominaban el mercado. Tenían devoluciones como nunca antes en la historia del taller de Santa. Sólo parecía cuestión de tiempo antes de que todo el negocio se viniera abajo. Si eso pasaba, los niños no tendrían una verdadera Navidad, sin mencionar lo que sucedería con todos esos duendes leales. ¡Y los renos! ¡Podrían ser convertidos en salchichas! Santa no tenía el corazón para decirles a todos que se quedarían sin trabajo Las compensaciones gubernamentales por desempleo no aplicaban para criaturas míticas. Estaba muy preocupado y no sabía qué hacer.

"Santa, gracias por contarme. Aprecio tu honestidad (reforzar la relación y apreciar la honestidad). Aunque sea un poco tarde. Pero no tan tarde como para no hacer algo. Necesito saber, empezando ahora mismo, si cuento contigo para que me informes sobre todo lo que suceda (asegurar el compromiso)." "Rachel —lloriqueó Santa—. Lo siento mucho. Por supuesto que puedes contar conmigo. ¿Pero qué haremos para salvar la Navidad este año?" "Primero que nada, tienes que salir de esta oficina, ir a la planta, hablar con los duendes y decirles la verdad. Pídele a cada uno que se comprometa a dar todo para mejorar la calidad de los productos. Pídeles que te den ideas. En una organización dinámica todos los trabajadores ofrecen a su jefe un mínimo de 24 sugerencias al año. ¿Cuántas te ha dado, en promedio, un duende?" "Ah, no sé", respondió Santa acariciándose la barba. "Te daré una pista. Es mucho menos. Para cambiar eso tenemos que desintegrar la burocracia y dar a cada duende la autoridad y la capacidad de hacer cambios. Necesitas empoderarlos a todos."

Santa hizo exactamente lo que Rachel dijo. Se dirigió sombrío a la fábrica y llamó a su leal equipo. Mientras hablaba con el corazón, los duendes y los renos escucharon. Percibieron su sinceridad y su profunda preocupación. Trabajando juntos reorganizaron el taller y distribuyeron los quehaceres en pequeñas pero poderosas células de trabajo lideradas por un duende. Invitaron a capacitadores que les enseñaron los principios de gerencia de calidad total. En un año incrementaron a 10 su factor de calidad, ganaron el Premio de Marcolm Baldridge, triplicaron sus acciones en la bolsa y se fortalecieron tanto que se volvieron competencia directa de Nintendo.

Se aprendió la lección: *cuando lidias con un Sí, no te quedes con el sí* como respuesta. Sé amistoso y procura crear un ambiente en *el que la persona se sienta segura y pueda ser honesta. Descubre lo que realmente sucede.* El equipo que jala parejo, se desliza parejo.

BREVE RESUMEN

Cuando alguien se convierte en una persona Sí
Tu meta: obtener compromisos con los que realmente puedan
contar

PLAN DE ACCIÓN

1. Haz que sea seguro ser honesto.
2. Habla con honestidad.
3. Ayuda a la persona a que aprenda a planear.
4. Asegura el compromiso.
5. Fortalece la relación.

16
LA PERSONA QUIZÁ

Se acercaba rápidamente la fecha de entrega. Se debía tomar una decisión y se debía hacer rápido. Las opciones de planes de *marketing* de las cuales elegir nunca habían sido tantas y parecía que todos los que tenían una opinión al respecto, también tenían algún interés personal. La presión era increíble. El jefe llamó al equipo de consejeros. "¿Qué sucede aquí, Ted? ¿Qué opina la gente por aquí?", preguntó. "Es difícil decirlo, jefe. Algunos quieren hacer el cambio. Otros desean seguir en la misma dirección." "¿Y tú qué opinas?" "Lo que usted opine." "Está bien. Pero necesito tu consejo tanto como tu apoyo." "Bueno, señor, es difícil decirle a estas alturas. Podría ser de ambas maneras." "Yo lo sé. Te estoy preguntando tu opinión, Bill. ¿De qué lado estás parado respecto de este asunto?" "Mmm, déjeme pensar y se lo digo después." "Necesito una decisión ahora mismo. Mary, ¿crees que funcionará el nuevo plan?" "Quizá."

El jefe levantó los brazos y refunfuñó con congoja: "Gracias. Eso es todo". Mientras Bill y Mary salían de la oficina, él sacudió la cabeza. "¿Soy el único en este lugar con quien puedo contar para tener una opinión honesta?"

La gente decidida sabe que cada decisión tiene pros y contras. Desarrolla el hábito de tomar la mejor decisión basada en la información con la que cuenta y luego lidia con cualquier resultado negativo que resulte. Una persona Quizá no decide con claridad porque los contras de cada opinión la ciegan. Tiene numerosas razones para no buscar ayuda que la conduzcan a tomar la decisión: desde no molestar o incomodar a nadie, hasta no ser la causa de que las cosas salgan mal. El Quizá deja todo para después y procrastina, esperando que se presente una mejor opción. Desafortunadamente, con la mayoría de las decisiones llega un punto en el que ya es demasiado tarde para decidir y la decisión se toma sola.

MEJOR AJUSTA TU ACTITUD

La irritación con las personas indecisas es tan entendible como inefectiva. La impaciencia frente a la postergación crea estática y la estática hace que la toma de decisiones sea aún más difícil. El enojo da el beso de la muerte al proceso de toma de decisiones. Si tratas de presionar al Quizá para que se decida, él ejercerá presión en contra con todas sus dudas. Si tratas de arrastrar al Quizá a una decisión, él jalará hacia el otro lado, atascándose en el lodo. Cuando estés enojado o impaciente, mejor lida con esos sentimientos antes de enfrentarte a tu persona difícil.

Necesitarás *calidez* y *sensibilidad* frente a los sentimientos del otro, *paciencia* y *deseos de ayudar*. La calidez es necesaria porque ayuda a que el Quizá confíe suficientemente en ti como para relajarse y pensar con claridad. La sensibilidad es necesaria porque sin ella perderías su confianza en un instante y mandarías al Quizá dando tumbos cuesta abajo, hacia niveles más profundos de duda. La paciencia es necesaria porque la extracción de información requiere tiempo y disposición para que el proceso se desarrolle a su propio ritmo. El deseo de ayudar es esencial porque tendrás que enseñarle al Quizá estrategias para la toma de decisiones.

TU META: AYUDARLE A APRENDER A PENSAR CON DECISIÓN

El problema real que enfrenta el Quizá es simple: no tiene un método sistemático para elegir entre opciones imperfectas. Tu meta es *darle una estrategia para la toma de decisiones y la motivación para ponerla en práctica*. Quizás has escuchado el proverbio: "Dale a la gente peces y comerá por un día, pero enséñale a pescar y comerá toda la vida". Pues también es verdad que puedes "guiar a la gente al agua, pero no puedes obligarla a pescar". Así que tendrás que crear un ambiente propicio para la comunicación en el que el Quizá no posponga más y aprenda a tomar decisiones razonablemente buenas.

PLAN DE ACCIÓN

Paso 1. Establece y mantén una zona de confort. ¿Le has dicho alguna vez a un vendedor: "Lo pensaré" aunque sabes de antemano que no le comprarás? ¿Por qué lo hiciste? ¿Porque la parte de ti que quiere *llevarse bien* no quiere lidiar con la incomodidad de decir la verdad?

No hay duda: los miedos nebulosos y los sentimientos negativos interfieren con el pensamiento claro. Recuerda que cuando tratas con la gente que quiere *llevarse bien* la intensidad la empuja más profundamente hacia un comportamiento indefinido. Aunque acorralaras al Quizá para que tome una decisión, probablemente cambiaría de opinión tan pronto como alguien más lo presione en otra dirección. Para ayudarlo a pensar con claridad, propicia una zona de confort alrededor del prospecto de la toma de decisión. En lugar de empujarlo demasiado fuerte para que se decida, tómate tu tiempo y se tan considerado como puedas.

Realiza tus primeras observaciones enfocado en la importancia de una relación confiable con el Quizá y asegúrale que crees que las relaciones mejoran con la comunicación. Ya que su comportamiento se basa en *llevarse bien*, incluso tu jefe responderá con sinceridad. Por ejemplo: "Si no has decidido, debe haber una buena razón. Si te preocupan mis sentimientos o mi opinión, relájate. Te aseguro que la sinceridad es más importante que cualquier otra cosa".

Si crees que es prudente, asegúrale que esta conversación será privada. Mantén tu tono de voz y tu expresión facial acordes a la sensación de seguridad y de comodidad que quieres transmitir.

Marv encontró a Sue cerca de la máquina expendedora de refrescos. Estaba sola e hizo un gesto que dejó ver que hubiera preferido no encontrarse con él.

"Así que... —Marv empezó, con tanta calidez como pudo— ¿ya decidiste quién irá a la convención en Hawái?" "Bueno, todavía lo estoy pensando." "Sue, te pedí que decidieras hace dos meses y la convención será en tres semanas. Sabes que siempre enviamos a nuestros mejores representantes de ventas. Sé que has postergado esta decisión por alguna buena razón. Sea lo que sea que te esté deteniendo, puedes hablarlo conmigo (establecer una zona de confort)." "Aquí tienes una lista de personas. ¿Por qué no eliges tú?" Sue, que por lo general es alegre, se veía consternada.

Paso 2. Evidencia los conflictos y clarifica las opciones. Con paciencia y poniéndote en sus zapatos, muéstrale al Quizá todas las opciones y los obstáculos involucrados en la decisión. Subraya de qué manera y quiénes serán afectados. Escucha las palabras que indican duda, como *probablemente, pienso que, bastante, podría ser,* y cosas por el estilo. Considéralas señales para explorar más a profundidad.

"Sue, gracias pero yo no puedo hacerlo. Tú eres la gerente de ventas. No hay nadie más apropiado que tú para decidir esto. ¿Sucede algo que esté interfiriendo con esta decisión? (evidenciar conflicto). ¡Puedes decírmelo!" "Bueno...", dudó Sue. Marv le dio impulso a la iniciativa. "Si algo te está molestando respecto de esta decisión, quisiera saberlo (mantener la zona de confort). Incluso si es algo que tenga que ver conmigo, está bien que me lo digas. ¿Qué que sucede? (evidenciar el conflicto)." "Bueno, pues quizá Jerry es quien debería ir al viaje. Es él quien tiene el los mejores números este trimestre." "Bien, pues Jerry irá." El corazón de Marv se aceleró pensando en lo sencillo que había resultado aquello. "Mmm… quizás está bien así." "Sue, cuando dices 'quizá' siento que no estás convencida de que Jerry sea la mejor opción. ¿Hay algo en esa elección que crees que no la hace la mejor?" "No es eso. Bueno, sí. A lo que me refiero es… ¿qué opinas de Lori? Ella era tu asistente personal, tú la entrenaste y siempre hablas bien de su trabajo… Bueno, no sé (emerge el conflicto)." Conociendo a Sue, Marv podía imaginar la agonía que este proceso había representado para ella. "¿Eso es todo? ¿Estás preocupada por mi reacción?" "Pues, sí. Es eso (la trama se complica)."

Paso 3. Utiliza un sistema de toma de decisiones. La mejor manera de tomar una decisión consiste en usar un sistema. Hay muchos ya desarrollados, así que no hay necesidad de reinventar la rueda. Si tienes uno que funcione bien, enséñaselo a tu persona Quizá.

Si no, usa el sistema, ya muy probado, del viejo Ben Franklin, que consiste en dibujar una línea a todo lo largo de una papel que divida la hoja por la mitad. En la parte de arriba coloca una de tus opciones y escribe una lista de todos los pros en un lado y de todos los contras en el otro. Repite el proceso en una hoja distinta, por cada una de tus opciones. Algunas personas pueden hacer esto mentalmente; otras necesitarán escribirlo. Para el Quizá es probable que sea mejor escribirlo pues le será más fácil, claro y útil cuando llegue el momento de darle seguimiento a este proceso. Después de crear estas listas hay que compararlas. Las listas facilitan tener una visión global acerca de cuál es la mejor o la menos negativa de las decisiones, pues hacen explícitos los pros y los contras.

Marv dijo: "Entiendo lo difícil es para ti hablar esto conmigo (mantener la zona de confort)". Sue estaba sorprendida. "¿En serio?" "Claro. En el futuro, espero que recuerdes que me importa más la honestidad que estar de acuerdo. Mientras tanto debe tomarse una decisión. Y pronto." Marv condujo a Sue a un escritorio cercano, tomó una hoja de papel y escribió "Lori" en la parte de arriba. Volteó la hoja y escribió "Jerry". "Analicemos tus opciones." Anotó "Hacer feliz a Marv", en el lado de los pros, y luego lo tachó: "Lo cual no sería cierto si es que esa no es la mejor opción." Continuó:

"Y, por supuesto, esto mandaría la productividad de Jerry al caño." Lo anotó en la columna de los contras. "Quiero que escojas a la persona que tú consideres que lo merece más." Durante los siguientes minutos, ambos hicieron una tormenta de ideas anotando los pros y los contras de cada candidato.

Recargándose en el respaldo, Marv dijo: "Pues parece que Jerry es mucho más productivo que Lori, y recompensarlo con este viaje puede inspirar a otros. Pero, Sue, ésta sólo es mi lectura. Quiero que tengamos una relación de trabajo más sólida, construida sobre una base de honestidad, y no hay nada —ninguna decisión tuya— que me satisfaga más que eso. Y la decisión sigue siendo tuya. ¿Quién crees que es mejor?" Sue exhaló aliviada. "Elijo a Jerry." Un peso enorme pareció levantarse de sus hombros y su disposición alegre y cotidiana reapareció.

Sea cual sea el sistema que te funcione, úsalo de manera consistente con el Quizá y se convertirá en un hábito.

Paso 4. Dale seguridad y garantiza un seguimiento. Tras tomar la decisión, ofrécele seguridad al Quizá: no hay decisiones perfectas, y ésta es una buena decisión. Luego, garantiza que se le dé seguimiento a esa decisión. Es necesario que permanezcas en contacto hasta que la decisión sea implementada. Puedes mantener las cosas en movimiento diciendo: "¡Genial! Creo que has tomado una muy buena decisión basada en las mejores razones (dar seguridad). ¿Cuándo se lo dirás a Jerry?" "Tan pronto como terminemos tú y yo de hablar. ¡Uf! ¡Qué alivio!" "Me imagino. Escucha, Sue, pasaré más tarde por tu oficina para darle seguimiento a esto. Quiero saber cuál fue su reacción (garantizar el seguimiento)."

Paso 5. Fortalecer la relación. Estos momentos de sinceridad te dan la oportunidad de fortalecer tu relación con la persona Quizá de manera que en el futuro los conflictos se evidenciarán con más facilidad. Promueve la idea de que hay un mejor futuro para ustedes como resultado de su honestidad.

"Sue, antes de irme quiero preguntarte una última cosa: ¿qué aprendiste de esto?" "Bueno, Marv, algo que aprendí es que puedo hablar contigo. ¡No sabía que podías ser tan comprensivo!" "Gracias. De verdad quiero que sepas que puedes contar conmigo y que escucharé tus preocupaciones. ¿Yo puedo contar con que hablarás conmigo? ¡No sabes cuánto lo apreciaría!"

"Sí. Cuenta con ello —Sue hizo una pausa antes de continuar—. De hecho, hay algo más que quiero hablar contigo. Es algo un poco más personal." Mientras bebían sus refrescos y caminaban por el pasillo, lo que antes parecía una decisión difícil, se había convertido en los cimientos para una incipiente amistad.

Ten la disposición para tomarte un tiempo y escuchar las preocupaciones de tu persona Quizá. Habla con ella a un nivel personal y ayúdala a aprender de los procesos de toma de decisiones cada vez que surja la oportunidad. Si estás dispuesto a invertir con paciencia un poco de tu tiempo el Quizá nunca querrá defraudarte. Te darás cuenta de que un Quizá puede convertirse en una de las personas más confiables para la toma de decisiones.

GRANDES MOMENTOS EN LA HISTORIA DE LA GENTE DIFÍCIL

Batear o no batear

Sally Davis entró a la oficina de Hank. Él miraba por la ventana y parecía inmerso en sus pensamientos, como si llevara horas ahí sentado. Ella esperó un poco. Finalmente le arrojó un guante de béisbol al regazo. Él brincó como si el guante hubiera caído de la nada. "¿Ya tienes la alineación de arranque, capitán?" Él se frotó el ceño y dijo: "Bueno, mmm… todavía no". Sally se sorprendió un poco. "Hank, el juego de *softball* comenzará en una hora. ¿Cuándo se supone que lo tendrás listo?" "Pronto." Sally sacudió la cabeza. "Hank, tú no eres así (proyección positiva). Te conozco y has estado pensando en esto toda la semana. Si no lo has decidido es por algo. Dime. Habla conmigo. Soy Sally Davis, tu cácher. Si el pícher no puede hablar con su cácher, ¿con quién puede hacerlo? (ofrecer un ambiente seguro para la honestidad). Vamos, conferencia en el montículo, sólo tú y yo. Nada sale de este cuarto. ¿Qué sucede?" Hank puso sus manos sobre el escritorio, recargó su barbilla y suspiró. "Tengo un dilema." "¿Cuál es? ¡Vamos! ¡Sácalo!", lo alentó Sally. "No sé qué hacer con Johnson. No sé en qué posición de bateo colocarlo."

Sally se sorprendió: "Hank, en el octavo o noveno bat. Ahí es donde lo colocas. Es un bateador de 0.250 como máximo. ¿Por qué ese es un problema?" "Bueno, tú sabes cuánto quiero ese ascenso y Johnson está en el comité que tomará la decisión. No quiero arriesgarme a ofenderlo. Pero tampoco veo cómo colocarlo en otra posición de bateo. El equipo está contando con que yo tome la decisión correcta y no sé qué hacer."

Sally respiró profundamente para calmarse, con el fin de no reaccionar impulsivamente, y dijo con calma: "Entiendo tu problema. Por un lado, si pones a Johnson en la posición de bateo que se merece, te arriesgas a que lo tome a mal y puedes perder el ascenso. Por otra parte, si lo colocas en cualquier otra posición de bateo estarás defraudando al equipo que te nombró capitán. ¿Estoy en lo correcto?" "Sí, así es. No hay salida." "Quizá", dijo Sally, y caminó hacia el pizarrón."¿Qué haces?" "Echémosle un vistazo a tus opciones." En un lado anotó: "Johnson octavo bat", y en el otro: "Johnson bat anterior". Luego dibujó una línea vertical debajo de cada anotación para crear dos columnas y puso un signo de más y uno de menos en cada una. "Veamos los pros y los contras de que Johnson sea octavo bat (ayudar a decidir)." "Pues es mejor para el equipo. Y no defraudaría a mis compañeros. Supongo que eso es todo." "De acuerdo —dijo Sally—. ¿Qué hay de malo con que Johnson sea octavo bat?" "Pongo en riesgo mi ascenso. Puedo ofenderlo." Hank suspiró. De pronto, dio un brinco y, abriendo mucho los ojos, dijo: "Johnny Blanchard". "¿Eh?", dijo Davis. "Johnny Blanchard bateaba 0.305 e hizo 22 jonrones con los Yankees en 1961 como un *sub*. Ni siquiera lograba estar en la alineación de arranque con esos números porque tenían a Mantle bateando 54 jonrones. Maris bateó 61 ese año."

"Por supuesto", dijo Sally. No era muy fan del béisbol y no tenía idea de lo que tenía que ver esto con la alineación de arranque de ese día contra sus archirrivales, Los Arvy Plastics, pero escuchó y asintió como si entendiera (integrarse). Hank se sumergió en un mundo propio: "Blanchard era cácher, pero también lo eran Elston Howard y Yogi Berra. Howard bateaba 0.340 y ambos batearon más de 20 jonrones. Skowran bateó 27. Como equipo batearon 240 jonrones. ¡Un récord que se mantuvo durante 36 años!"

Ella tenía que clarificar: "Hank, así que los Yankees eran buenos en 1961. ¿Qué tiene que ver eso con la posición de bateo de Johnson?" "Te lo diré. Johnny Blanchard podría haber empezado con cualquier otro equipo de las ligas mayores, pero prefería estar con los Yankees aunque permaneciera en la banca. Nunca se quejó. Cuando finalmente fue intercambiado lloró mientras abrazaba su gorra de los Yankees —Hank miró por la ventana; sus ojos resplandecían—. Nunca olvidaré esa foto en la contra del *Post*. Ahí estaba, en el periódico, ¡llorando aferrado a su gorra! Él era uno de los Yankees. ¡He ahí alguien que sabe jugar en equipo! Gracias, Davis. No tenemos que seguir. El equipo me ha dado su confianza como capitán y voy a hacer mi trabajo. Johnson es parte del equipo y yo contaré con que hará su trabajo. Johnson es octavo bat. Es ahí donde pertenece. Si elige guardarme rencor, qué mal." Y diciendo eso, cogió su guante del perchero, le dio una alegre palmada en el hombro a Sally y dijo: "Gracias, Sal. Me alegra que estés en mi equipo. Ahora, vamos al calentamiento". "Por supuesto", sonrió Sally.

Y como dice la canción: "They love you, yeah, yeah, yeah, yeah" Una dramatización de la vida real de un incidente de ficción

El éxito tomó por sorpresa al grupo musical. Las multitudes se apiñaban en sus conciertos y los reporteros competían para obtener entrevistas. En medio de este clamor público, se abrió un espacio en la televisión que garantizaba llevar a los muchachos a un nivel de reconocimiento más allá de sus más grandes sueños. Sólo había un pequeño problema: un miembro de la banda dudaba sobre todo el asunto y no se decidía a ir o no al programa. Escuchemos: "Decídete ya, John: ¿vas a hacerlo o no?" "Paul... después te digo." "John, trata de entender mi punto de vista. Ed podría invitar a otra banda a tocar en su programa." "Bueno, Paul. La respuesta llegará sola. Deja que llegue." "Escucha, John. Te conozco, me conoces y una cosa que puedo decirte es que podemos arreglar las cosas (establecer una zona de confort). Todo lo que necesitas es amor. Sólo dime la verdad: ¿qué tiene de malo, viejo amigo, tocar en el programa de Ed? (evidenciar el conflicto)." "Paul, me siento preocupado y no sé por qué. Ahora que estoy más viejo me siento muy inseguro. Sé que no es fácil." "John, no hay nada de qué preocuparse. No cargues el mundo sobre tus hombros. Inhala y exhala. Hey, John, sabes que puedes contar conmigo. ¿Cuáles son tus opciones? (clarificar las opciones)." "Bueno, Paul, tú dices que sí, yo digo que no. Tú dices una cosa y yo digo otra. ¿Qué pasa si sólo soy un gran tonto con suerte? Siento que te defraudaré. ¡Estoy muy triste!" "No quieres desilusionarme. ¿Es eso? (recuperación). Esta decisión realmente te está pesando." "Paul, me entiendes muy bien." "Pues entonces trata de verlo desde mi punto de vista. Habrá un programa esta noche. Imagínate en la televisión, en una pantalla en blanco y negro, en CBS. Te amarán (visualizar el futuro)." "Si tan sólo pudiera dejar de vagar mentalmente. Paul, ¿puedes regalarme algunas palabras de sabiduría?" "Sabes que todo estará bien. Deja que suceda (garantizar el seguimiento dando seguridad)." "Supongo que lo lograré con un poco de ayuda de mis amigos. ¿Cómo llegamos al estudio, Paul?" "Déjame llevarte, John (fortalecer la relación)."

BREVE RESUMEN

Cuando alguien se convierte en un Quizá
Tu meta: ayudar a la persona a aprender a pensar con decisión

PLAN DE ACCIÓN

1. Establecer y mantener una zona de confort.
2. Evidenciar los conflictos y clarificar las opciones.
3. Usar un sistema de toma de decisiones.
4. Darle seguridad y garantizar un seguimiento.
5. Fortalecer la relación.

17
LA PERSONA NADA DE NADA

Ray entró a la oficina de Sam y se sentó en el sillón frente a él. Sam ni siquiera volteó. "Mira, Sam, no puedes hacer esto para siempre. Háblame. ¡Lo que sea que te haya molestado, podemos arreglarlo si me das una oportunidad!"

Sam continuó hojeando su bitácora. Ray percibió una pizca de interés en la cara de Sam. Impaciente, Ray gritó: "¡Vamos, Sam! Todo el proyecto está atorado porque tú retienes esas cifras. No puedo seguir pidiéndoles a los demás que esperen. Se me acabaron las excusas y el interés decae".

Con mucha lentitud, Sam empujó su silla para alejarse del escritorio, se levantó y caminó por el cuarto. Ray, creyendo que algo sucedería, se levantó también. Pero Sam pasó cerca del sillón, viró sobre sus talones y se dirigió hasta donde estaba un sacapuntas eléctrico encima de unas repisas. "¡Pues qué mal!", masculló. Ray lo miró fijamente, sacudió la cabeza y pensó: "¿Por qué tiene que actuar de ese modo? ¿Qué hice para merecer eso?"

Sam es la persona que encontrarás en algún momento. ¿Y qué es lo que recibes por tu paciencia y tu perseverancia? Generalmente nada. No hay retroalimentación verbal. No hay retroalimentación no verbal. Nada. Los labios sellados. El Nada de Nada pasa a tu lado como si no existieras.

Cuando miras a través del Lente de la Comprensión, el comportamiento del Nada de Nada empieza a tener sentido. El Nada de Nada es pasivo y puede tener el foco en las personas o en las tareas, dependiendo de su intención frustrada: *hacerlo bien* o *llevarse bien*. Cuando la intención de *llevarse bien* es amenazada o frustrada, las personas tímidas, tranquilas o consideradas tienden a retirarse y a volverse aún más pasivas. El silencio es, después de todo, la respuesta pasiva por excelencia. Algunas personas enfocadas en *llevarse bien* se esconden por miedo a que el barco se mueva y las cosas se revuelvan, se hagan olas y ellas salgan disparadas por la borda. Todos hemos pasado por momentos en los que nos mordemos el labio y callamos: cuando nos convencemos de que decir algo no cambiará nada, cuando tememos herir los sentimientos del otro, cuando nos frenamos antes de decir algo que lamentaremos después. Todos sabemos que si no tenemos algo amable que decir es mejor no decir nada. El Nada de Nada que quiere *llevarse bien* es el mejor ejemplo de esto.

El Nada de Nada que quiere *hacer las cosas bien* busca la perfección, pero eso jamás se logra. Decide que a nadie le importa evitar los errores tanto como a él y que eso no cambiará sin importar lo que se diga. Se frustra y se retira pensando: "¡Bien! Háganlo a su manera. Luego no vengan llorando conmigo cuando las cosas no resulten bien". Inmediatamente después se calla y se cierra. Piensa que ya nada se puede hacer.

Aunque el Nada de Nada *parece* haberse retirado del conflicto, por dentro es una caldera hirviente de burbujeante hostilidad que puede desparramarse. Quizás has estado alrededor de personas que rompen lápices o azotan cajones y puertas. Cuando les preguntan qué sucede, responden: "¡Nada!" Y si alguien más les dice: "¿Está todo bien?", ellos responden: "Todo está *perfectamente bien*". Esta respuesta es una manera pasiva-agresiva que en realidad expresa que la persona se siente *frustrada, insegura, neurótica y emocional*. Mientras el Nada de Nada pasivo-agresivo puede estar furioso sobre algo que no marcha bien, es suficientemente considerado para evitar que su hostilidad dañe a alguien más. Esto explica su abuso hacia objetos inanimados como lápices y puertas. El silencio, por lo tanto, puede ser una forma de agresión.

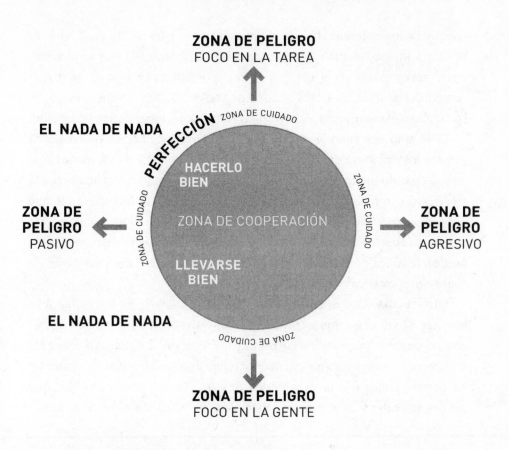

ZONA DE PELIGRO
FOCO EN LA TAREA

EL NADA DE NADA

PERFECCIÓN ZONA DE CUIDADO

HACERLO BIEN

ZONA DE COOPERACIÓN

LLEVARSE BIEN

ZONA DE PELIGRO
PASIVO

ZONA DE CUIDADO

ZONA DE CUIDADO

ZONA DE PELIGRO
AGRESIVO

EL NADA DE NADA

ZONA DE CUIDADO

ZONA DE PELIGRO
FOCO EN LA GENTE

MEJOR AJUSTA TU ACTITUD

Para asegurarte de que lo que hagas no empeore las cosas cuando el Nada de Nada esté en su peor momento, debes desacelerarte. El reto más grande es encontrar el tiempo para hacerlo cuando lo que quieres es *hacer las cosas* y no hay tiempo que perder. Quizá te hayas frustrado cuando las cosas no avanzan y un Nada de Nada es el que las frena. Esa frustración puede convertirse en agresión, lo cual garantiza que no obtendrás nada del otro. La impaciencia con un Nada de Nada que quiere *llevarse bien* y que trata de evitar el conflicto y la desaprobación frustrará tu propósito y arrastrará al Nada de Nada más profundamente hacia la nada.

Esa es una de las equivocaciones más comunes que los padres cometen con sus hijos. El comportamiento Nada de Nada es el mejor truco de los niños. Si los frustrados padres se dirigen a sus hijos mediante una comunicación intensa, ellos se refugiarán en el silencio, lo cual frustrará más a los papás. Esto, a su vez, escalará la intensidad y el niño se retirará más y más hacia el silencio. El niño pone tanta energía en encontrar refugio del bombardeo verbal que deja de poner atención a lo que se le dice. A corto plazo, nada se logra. A largo plazo estas situaciones dañan la relación.

El mismo principio se aplica a las relaciones adultas en el trabajo. Si pierdes los estribos con la gente que es menos asertiva habrá menos respuesta cuando intentes establecer comunicación. Como la impaciencia y la frustración empujan al Nada de Nada hacia la nada, es indispensable que aparentes tener todo el tiempo del mundo. El recurso interno que facilita tener esta apariencia exterior es la *relajación*. Tómate el tiempo para tranquilizarte antes de intentar comunicarte. Para obtener algo del Nada de Nada debes estar *calmado* y *relajado*.

Otro recurso útil es la *intuición*. La mejor manera de desarrollarla es intentar de ver el mundo a través de los ojos del otro. Otra manera de hacerlo es asumir una posición corporal y una expresión facial similares a las de la otra persona y luego intentar percibir cuál es el estado de ánimo y los pensamientos que se desprenden de esto. Te sorprenderá lo bien que puedes entender y comunicarte con el Nada de Nada usando este método.

TU META: PERSUADE AL NADA DE NADA A HABLAR

Sin importar la razón por la que el Nada de Nada no hable contigo, tu meta es *persuadirlo para que lo haga*. Esto no sólo es posible sino que es probable porque si usas esta estrategia nada podrá detenerte.

PLAN DE ACCIÓN

Opción 1. Planea tiempo suficiente. Apariencia expectante. El Nada de Nada hostil empuja al límite tu fecha de entrega. Necesitas esa información, él la tiene, tú la quieres, así que él no te la dará. Protégete y, si es posible, planea con antelación. Lidiar con éxito con el Nada de Nada toma mucho tiempo. Si estás tenso y con prisa, es un mal momento.

Si estás decidido a abrir la comunicación con la gente que está cerrada, tu horario deberá incluir más de unos minutos en tu calendario mensual. Te recomendamos un plan que incluya varios segmentos de 15 minutos de "oportunidades de comunicación" con tu Nada de Nada. De esta forma, si al principio no tienes éxito, puedes intentarlo de nuevo. Una vez que reciba el mensaje de que no te rendirás, se abrirá un poco, aunque sea para ver si dejas de aparecer.

Opción 2. Elabora preguntas abiertas. Las mejores preguntas para el Nada de Nada son las que no pueden ser respondidas con un simple sí o no, o con un gruñido. Elabora preguntas que empiecen con las palabras *quién, qué, dónde, cuándo* y *cómo* pues tienden a abrir temas de discusión, al solicitar información específica sobre lo que el Nada de Nada puede estar pensando. Por ejemplo, "¿Qué estás pensando?", "¿Cómo quieres que prosigamos?" y "¿Hacia dónde nos dirigimos a partir de este punto?", tienen más oportunidad de éxito que "¿Te gusta eso?", "¿Nos darás pronto la información?" o "¿Puedes decirme?"

No es lo que preguntas sino la manera en que lo haces lo que marca la diferencia. Cuando preguntes, asegúrate de que tu comunicación no verbal también pida una respuesta. Debes sonar y verte como si en verdad esperaras una respuesta. Llamamos a esto la *apariencia expectante* y es una habilidad no verbal basada en la idea de que obtienes lo que esperas (incluso cuando te tome más tiempo del que te gustaría).

Intenta lo siguiente cuando nadie te mire: levanta las cejas, abre ligeramente la boca, dobla la cabeza hacia un lado, e inclínate hacia adelante como si hubieras preguntado algo y esperas la respuesta en cualquier momento.

Cuando formulas preguntas abiertas al Nada de Nada, sé más persistente en tu espera de lo que serías con seres humanos normales. Algo que puede ayudarte a pasar el tiempo es imaginar que puedes ver las palabras marchando por su garganta, hasta su boca, y llegando a la punta de la lengua donde —en cualquier momento— saldrán ¡y te darán la respuesta!

(*Cuidado.* No quieres que esto se convierta en una competencia. Si al principio no tienes éxito, revisa qué pasó hasta ese momento, lo cual seguramente no es mucho, y vuelve a preguntar. Por ejemplo: "Hace un instante te pregunté qué sucede y no me respondiste. Me sigo preguntando qué pasa".)

Se acumulará suficiente tensión como para que el Nada de Nada se sienta obligado a responderte. Verás cómo se abre su boca y emite la respuesta típica: "Nada" o "No sé".

Si el Nada de Nada dice: "Nada", puedes decir: "¿Qué más?" Si el Nada de Nada dice: "No sé", puedes contestar: "¡Adivina!" o "¡Inventa algo!" o "Si lo supieras, ¿qué sería?" Dale al Nada de Nada tu mejor cara de expectación. Te sorprenderá lo efectivo que puede ser esto tanto con niños como con adultos. Inténtalo la próxima vez que alguien diga: "No sé". Es impresionante lo rápido que la gente tiene algo que decir, apenas unos segundos después de haber afirmado que no.

Opción 3. Aliviánate. Cuando nada más funciona, un poco de humor utilizado con cuidado puede lograr mucho. Adivinar la causa del silencio con absurdos, exageraciones e imposibilidades puede sacar al otro una sonrisa y romper la armadura del Nada de Nada más intransigente. Si puedes lograr que tu Nada de Nada se ría, le arruinarás el humor.

Tu siguiente línea de ofensiva frente al "no sé" puede ser una exageración. En un seminario de parejas, un participante aseguraba que su esposo dejaba muchos vasos en la tarja de la cocina. Le preguntamos: "¿Qué tan seguido lo hace y qué tantos vasos deja?" A lo que ella contestó: "Demasiados y demasiado seguido". Reímos y le pedimos un número. Y ella respondió: "No lo sé". Estábamos preparados para eso; le pedimos que adivinara y empleamos nuestra apariencia expectante. No pudo resistir nuestra mirada y dijo (de nuevo): "Demasiados y demasiado seguido". Como estábamos convencidos de que lo que hacíamos no funcionaba, intentamos algo distinto. Así que exageramos: "¿Dirías que 30 vasos al día, siete días a la semana, 52 semanas al año?" Y ella dijo: "No, es probable que cuatro vasos, tres veces a la semana". Tuvimos que preguntar: "¿Dónde estaban esos números hace un momento?" Aún no lo sabemos, pero sí sabemos que uno exagera, la gente se vuelve específica.

También puede intentar adivinar. Decir: "Estás enojado porque llegué antes al garrafón de agua y es luna llena, ¿no?" O: "Yo hablaré y tú parpadearás una vez si estás de acuerdo y dos si estás en desacuerdo". Hemos descubierto que con algunos Nada de Nada, mientras más alocadas sean las sugerencias, más pronto hablarán y serán específicos.

Sé cuidadoso con esto, porque el humor es una espada de doble filo. Puede herirlos inadvertidamente a ti y al Nada de Nada, y eso no tiene ninguna gracia. Considérate advertido: si utilizas el humor y el Nada de Nada se ofende, no intentes alivianar lo que se ha vuelto una situación seria. Discúlpate inmediata y sinceramente. Recuérdale que tu intención es establecer un diálogo, no un monólogo. Como muchos tipos de comunicación, el uso del humor no constituye una garantía. Úsalo a criterio y con cuidado.

Opción 4. Adivina. Si el Nada de Nada permanece en silencio y ninguna de las opciones anteriores da resultado, o quieres una alternativa a la opción 3, intenta lo siguiente: ponte en el lugar del Nada de Nada y repasa lo que ha sucedido. ¿Cuál fue la secuencia de eventos y cómo puedes interpretar esta secuencia de manera positiva ante el silencio negativo al que te enfrentas? Cuando se te ocurra algo, díselo al Nada de Nada y observa su reacción. Piensa en distintas posibilidades y barájalas. No te preocupes por atinarle a la correcta. No importará si algunas de ellas no son precisas; dispáralas todas. Siempre antecede tu especulación diciendo: "No sé qué sucede contigo" o "Sólo intento adivinar, pero…" A la gente le molesta que le digas que sabes lo que está pensando, pero le encanta que adivines correctamente. Si puedes atinarle o al menos acercarte a la razón de su silencio, podrás hacer que empiece a hablar. Al menos percibirás un cambio evidente en su postura o expresión.

La junta escolar envió a Becky, una adolescente con muchos problemas, con un terapeuta llamado Gideon. Becky no asistía a la escuela, dormía todo y el día y no quería hablar con nadie —incluido el terapeuta—. Se sentó en la oficina, sacudiendo el pie, mirando fijamente la ventana. No respondía ninguna de las preguntas de Gideon. Y, lo peor de todo, ignoraba su mejor mirada expectante.

El consejero empezó a adivinar las causas de su cambio de comportamiento. Dijo: "No sé qué te sucede, y evidentemente no me lo vas a decir, pero me tienes intrigado. Si yo fuera un adolescente que durmiera todo el día, ¿por qué lo haría? Mmm, ¡creo que estaría evadiendo algo! ¿Pero qué es eso que estaría evadiendo? Quizá algo de la escuela, o quizá algo de la casa. En la escuela, veamos. Quizá no me siento integrado, quizá no tengo amigos verdaderos, quizá creo que todo el asunto es una estupidez. La junta escolar me presiona para que asista, pero quizá ya estoy tan atrasado con todo que no es posible que me ponga al corriente. Quizá no tengo ciertas habilidades de lectura o en matemáticas y eso me avergüenza —Gideon continuó—. ¿Y qué estaría tratando de evadir en casa? Quizá no me siento apreciada. Después de todo, no voy a la escuela y me la paso durmiendo todo el día y mis papás no me dicen nada y, bueno, concluyo que no les importo mucho. Además, fue la junta escolar la que está haciendo de todo esto un problema. Y escuché que además tienes un padrastro nuevo. Me doy perfecta cuenta de por qué te sientes ignorada."

¿Cómo se tomó Becky todo este juego de adivinanzas? En la segunda frase del consejero sobre la escuela, su pie dejó de agitarse. Esa era una buena señal pues fue el primer cambio después de 20 minutos de nada. Mientras Gideon continuaba, Becky le clavó la mirada y los ojos se le llenaron de lágrimas. En pocos minutos, ella no paraba de hablar de todos los temores que escondía en su corazón.

Si notas un cambio de comportamiento mientras adivinas, es un indicador de que vas por el camino correcto. Continúa por la misma ruta y, antes de que lo imagines, el otro estará hablando contigo. Incluso si adivinas mal el otro comenzará a hablar. Es como si sintiera lástima de ti porque no tienes ni idea de lo que está pasando en realidad y decide darte una oportunidad. Al ponerte en los zapatos de la otra persona e intentar ver las cosas desde ahí evidencias el lado humano que tienen en común.

Opción 5. Muestra el futuro. A veces, la única forma de hacer que el Nada de Nada hable es sacarlo del momento y llevarlo al futuro. Ahí verá las consecuencias de su continuo silencio y quizá adquiera la suficiente perspectiva y motivación para abrirse. Las palabras que elijas para hacer esto deben cambiar dependiendo de la relación que tengas con el Nada de Nada.

- Para el Nada de Nada enfocado en *hacer las cosas bien*, debes decir: "De acuerdo, no hables (integración). Imagina todo lo que puede salir mal y cuánto tiempo desperdiciaremos en este proyecto porque tú no pones nada de tu parte".

- Para el Nada de Nada enfocado en *llevarse bien* debes decir: "De acuerdo, no tienes que hablar (integración). Pero a la larga, no veo cómo nuestra relación sobrevivirá si no empiezas a comunicarte".

- Para el Nada de Nada enfocado en *llevarse bien,* deberás decir: "¡De acuerdo, no tienes que decir nada! (integración). Pero el ambiente en este lugar no va a ser nada agradable si cada quien se encierra en su mundito. Eso es matar el espíritu de equipo y creará muchos malos sentimientos y malentendidos.

- Con el Nada de Nada hostil que está tratando de irritarte con su cerrazón, habla sobre las consecuencias negativas, como procesos de reclamaciones, ir directo con el jefe a tratar el asunto, elaborar formularios interminables y cosas por el estilo.

(*Cuidado. No prometas lo que no puedes cumplir.* Las amenazas vacías sientan un precedente en tu contra. Tu meta es abordar un asunto a partir de nada y evitar no hacer nada respecto de algo, para que así el Nada de Nada se sienta incómodo si permanece callado.)

A veces, cuando el Nada de Nada finalmente decide hablar, podrás enfrentarte a un caso de todo o nada. Si recibes un montón de información aparentemente inconexa, en lugar de interrumpir en busca de clarificar, escucha durante algunos momentos y permite que el otro se acostumbre a hablar un poco. No trates de controlarlo. Cuando el Nada de Nada empieza a hablar, tienes que comenzar a escuchar.

GRANDES MOMENTOS EN LA HISTORIA DE LAS PERSONAS DIFÍCILES

El poder de la persistencia

Ray luchó contra el impulso de partir. Intentó relajarse y se dijo que tenía tiempo y que esto valía la pena. Regresó su atención a la verborrea que se desparramaba frente a él y preguntó: "¿Qué está tan mal, Sam? (elaborar preguntas abiertas y quedar a la expectativa)".

Sam lo miró con ojos de acero. Esa mirada pareció suavizarse por un breve instante. Luego respiró hondo y contestó: "No lo sé". Sam regresó a su escritorio y a su bitácora. Ray dijo: "Si lo supieras, ¿qué sería? (preguntar y quedar la expectativa)".

Sam miró hacia otra parte, y después de un momento de silencio dijo: "No veo cómo alguien aquí puede pensar que podemos trabajar con la manera en que somos tratados. Es sólo que…" y se hundió nuevamente en el silencio.

Ray repasó mentalmente los eventos recientes en la compañía y fue entonces cuando entendió el asunto.

"Sam, estoy intentando adivinar, pero hace tres meses, durante la reorganización, dos de nuestros departamentos se redujeron significativamente y los presupuestos también fueron recortados. ¿Eso cómo te afectó?" (adivinar). Ray miró cómo el lenguaje corporal de Sam cambiaba increíblemente; se retorcía en su silla y se notaba cómo la presión se acumulaba en su cuerpo como si se preparara para decir algo. Pero, una vez más, se encerró en el silencio y fijó la vista en su bitácora.

Ray sintió que Sam necesitaba alguna motivación para abrirse y hablar sobre lo que fuera que le estaba provocando ese ensimismamiento. Así Ray habló del futuro: "Si he adivinado, ha sido difícil para ti lidiar con el recorte de presupuesto y de personal. ¡Te sugiero que tomes en cuenta esto! Sin la información que retienes más gente perderá su trabajo. Si no cumples con tu deber, arriesgas el futuro de quienes trabajamos en esta compañía, de muchos a quienes conoces desde hace muchos años. Quizá pienses que tienes una muy buena razón para mantenerte en silencio, pero ¿qué sentido tendrá esa razón en el futuro? (mostrar el futuro). Vamos, Sam. ¿Qué sucede?"

Sam abrió las compuertas de la presa y un torrente de malos sentimientos y aprehensiones se derramó por todo el cuarto. Era obvio que Sam había sufrido en silencio. Ray lo dejó hablar. Cuando todo estaba dicho, Sam liberó la tan ansiada información como un niño tímido. Ray, contento de haber dado un poco de luz a la situación, le agradeció su honestidad y lo dejó solo con sus pensamientos.

La gran pira

Una organización contrató a un conferencista motivacional para que platicara con ocho de sus casos más desesperados. Ninguna de las estrategias para que la audiencia se involucrara estaba funcionando. Para los adolescentes él era sólo una figura de autoridad más. Y cuando él miraba alrededor del cuarto todo lo que veía era ocho hostiles Nada de Nada con ningún interés en escuchar una palabra suya. El conferencista estaba de espaldas a los muchachos, escribiendo en el pizarrón cuando de pronto percibió humo. Volteó para encontrarse con que Eric, el líder, lo miraba sonriendo. Eric había encendido fuego a sus agujetas, que humeaban como si fueran incienso. El adolescente estaba ahí sentado, con las piernas cruzadas, sonriendo.

El conferencista no quiso reaccionar igual que todas las figuras de autoridad frente a las que los chicos se habían rebelado. En cambio, miró al muchacho de frente, le sonrió y le dijo: "Había escuchado que eras candente, chaval, pero hoy estás que echas tiros (alivianarse)". Luego se volteó y continuó escribiendo en el pizarrón, como si nada pasara. Los muchachos rieron y el chico apagó el fuego de sus agujetas. Cuando el conferencista volteó, tenía ocho aliados que estaban dispuestos a participar y aprender.

BREVE RESUMEN

Cuando alguien se convierte en un Nada de Nada
Tu meta: persuadir al Nada de Nada a hablar

PLAN DE ACCIÓN

1. Dedícale tiempo.
2. Elabora preguntas abiertas y mantén una actitud expectante.
3. Aliviánate.
4. Adivina.
5. Muestra el futuro.

18
EL QUEJUMBROSO

"**F**ue terrible", lloriqueó Cynthia.

Joann inhaló profundamente, miró a Cynthia e hizo un esfuerzo por sonreír. "Sí, terrible, lo dijiste".

Joann garabateó en su libreta. Era la quinta vez que Cynthia la interrumpía esta mañana. Y como si eso no fuera suficiente, Joann tenía en su departamento a otros 16 iguales a Cynthia. Había escuchado que el gerente anterior optó por un retiro temprano porque no soportaba más a toda esta gente. Joann pensó, equivocadamente, que su predecesor exageraba. Con gran dolor se dio cuenta de que no. No podía concentrarse más de 10 minutos en un mismo asunto sin que alguien apareciera quejándose de algo. "¿Cómo terminaré todo lo que tengo que hacer?", pensaba.

"Ay, Cynthia, sí que está muy mal todo ese asunto de la caja y el asador." Joann pensó que si estaba de acuerdo con ella, Cynthia dejaría de quejarse. Se equivocaba.

"¡No tienes idea de lo terrible que es! —dijo Cynthia con renovado entusiasmo—. Deja te cuento que…", y empezó la historia desde el principio, con detalles nuevos y amplificando su dolor.

Estas quejas eran una completa pérdida de tiempo. Joann no les encontraba ningún sentido. Y mientras las quejas se deslizaban, entrando y saliendo de su conciencia, ella se quejaba para sus adentros: "¿Por qué tiene que actuar así esta gente? ¿Por qué tiene que sucederme esto a mí?"

Hay tres tipos de quejas que escuchamos a lo largo de nuestra vida: útil, terapéutica y *molesta*.

La *queja útil*. Quien la hace, señala problemas que deben ser atendidos y ofrece soluciones al mismo tiempo. Esto es de gran ayuda para que los negocios, los sistemas y las relaciones crezcan, se desarrollen y mejoren. La mayoría no se quejan con quien consideran que es el causante del problema sino con alguien más. Las pocas personas que hablan del problema y procuran ofrecer una solución son una bendición para sus colegas, sus familias, sus empleados y las compañías con las que trabajan.

Otro tipo de queja es la *terapéutica*. Todos necesitamos ventilarnos de vez en cuando, descargarnos, darle voz a nuestras frustraciones. Un poco de quejumbre ocasional puede diluir algo del estrés de la vida moderna. Contarle a alguien lo que nos estresa es una válvula de escape muy valiosa. Si no existiera, viviríamos saturados de preocupaciones y de energía atascada.

El Quejumbroso se regodea en sus preocupaciones y sus congojas y eso tiene poco o nada que ver con liberar el estrés. El regodeo continúa sin parar. Cynthia era este tipo de Quejumbroso. Nunca ofrecía soluciones y sus quejas no estaban orientadas hacia ningún tipo de cambio.

Al mirar a través del Lente de la Comprensión, este tipo de comportamiento difícil empieza a cobrar sentido. La negatividad aparece dentro del espectro que va de la inutilidad de quejarse hasta la desesperanzada certidumbre de la persona No. Ambos comportamientos surgen a partir de la intención de *hacer las cosas bien*. La persona No alcanza a ver lo que puede y debe ser y luego mira lo que es, y cuando lo compara, se desilusiona. El Quejumbroso, por su parte, se siente desamparado y espera que alguien resuelva las cosas. Quizás esa es la razón por la cual a la menor provocación señala lo que está mal.

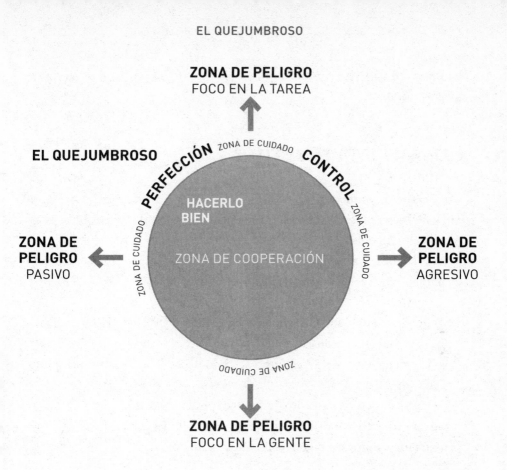

El Quejumbroso tiene una vaga sensación de que las cosas podrían ser distintas pero no tiene idea de cómo cambiarlas. Esto lo sume en el desamparo y le impide lidiar con efectividad con aquello que no les gusta. Esta es la razón por la que acude a ti. En otras palabras, si hay un plan para su vida, ¡él no está incluido! Debido a esta sensación de desamparo, el Quejumbroso es vocalmente asertivo si se compara con el No. Hay tres elementos que contribuyen a darle ese tono particular a sus quejas: el creciente peso del cúmulo de congojas sobre sus hombros; el esfuerzo requerido para hablar de todo lo que está mal cuando no hay nada que pueda hacer al respecto, y el sentimiento de futilidad, ya que es probable que no le ofrecerás ninguna idea útil para solucionar sus penas.

Las expresiones de negatividad son virales y se expanden como la gripa. Antes de que te des cuenta, todos estarán enfermos. Si este comportamiento se vuelve un hábito, la moral y la productividad se hundirán en las arenas movedizas de la inacción. No es por ser negativos, pero si no lidias de inmediato con este comportamiento, la moral y la productividad no se recuperarán jamás.

MEJOR AJUSTA TU ACTITUD

Como Joann, la gente que lidia con el Quejumbroso a veces se convierte en uno. Esto incrementa de manera exponencial la agonía de tratar con él pues se vuelve difícil distinguir quién se queja de qué.

Estos son los cuatro actos desesperados que sólo empeoran la situación. Los llamamos los "no" del Quejumbroso:

1. No te pongas del lado del Quejumbroso. Si lo haces, sólo lo estimulas a que continúe quejándose.
2. No estés en contra del Quejumbroso. Si lo haces, sólo lo estimulas a que repita sus problemas.
3. No trates de resolver sus problemas. No podrás hacerlo.
4. Nunca preguntes por qué se queja contigo. Él interpreta esto como una invitación a empezar de nuevo, desde el principio.

Hay tres actitudes que probablemente te ayudarán a lidiar con esta persona difícil. Las llamamos los "sí" del Quejumbroso:

1. Ten *paciencia* con los estándares irreales y la aparente interminable negatividad.
2. No sientas *compasión* por el Quejumbroso cuya vida parece estar fuera de control.
3. *Comprométete* con un proceso largo, el cual le permitirá enfocarse en las soluciones.

La estrategia que estás por aprender para lidiar con el Quejumbroso también es aplicable a la negativa persona No.

TU META: FORMA UNA ALIANZA PARA LA RESOLUCIÓN DE PROBLEMAS

Si debes de tratar con en Quejumbroso, tu meta es hacer equipo con él y *formar una alianza para la resolución de problemas* (y si eso no funciona, ¡entonces tu meta es alejarlo!) La diferencia entre quien resuelve los problemas y el Quejumbroso es la manera en que enfocan la situación: quien resuelve las cosas se enfoca en los detalles específicos del problema y en la manera de encontrar soluciones; el Quejumbroso mira el problema, se siente desvalido, generaliza y empeora las cosas.

Lo mejor que puedes hacer con un Quejumbroso, por el bien de todos, es trabajar con él para disminuir su sentimiento de desamparo y ayudarlo a identificar la solución. Si lo haces de manera consistente, esta estrategia eventualmente curará al Quejumbroso de una vez y para siempre. Cuando el sentimiento de desamparo disminuye, también decrecen las quejas.

PLAN DE ACCIÓN

Paso 1. Escucha los puntos centrales. ¡Lo sabemos! Lo último que quieres hacer cuando tienes un Quejumbroso junto ¡es escucharlo! Sin embargo, eso es justamente lo que debes hacer. Escucha con lápiz y papel en mano y anota los puntos centrales de sus quejas. Hacemos esta recomendación por varias razones. Primero, porque el Quejumbroso adora esto pues le demuestra que estás escuchando. Incluso inferirá que aceptas el paquete de congojas que te envía. Segundo, porque estas anotaciones te ayudarán a recuperar y a clarificar, lo cual es el siguiente paso de esta estrategia. Finalmente, si escribes los puntos centrales de sus quejas no tendrás que escucharlas más de una vez, ¡pues identificarás de inmediato si las está reciclando!

Paso 2. Interrumpe y sé específico. Toma el control de la conversación interrumpiendo con tacto. Formula preguntas clarificadoras para obtener detalles específicos, porque las generalizaciones rara vez son resolubles. Pero prepárate para recibir una avalancha de generalizaciones.

Cuando preguntes: "¿Qué pasa?", el Quejumbroso responderá: "Todo". Si dices: "¿Pero qué es exactamente lo que está mal?" Repetirá: "Todo". Pregunta cuándo dirá: "Todo el tiempo". Pregunta con quién sucede y afirmará: "Con todos". Y, por supuesto, la respuesta a la pregunta: "¿Qué has intentado para resolver este problema?", será: "Todo".

Prepárate porque después de las primeras tres generalizaciones te frustrará no llegar a nada y querrás ofrecer una solución de golpe. No lo hagas. Tu meta en este momento es aguantar.

Generalizar es un comportamiento humano muy normal. Sabemos que funciona. Si te toca detenerte en tres semáforos seguidos, dirás: "Todos los semáforos están en rojo el día de hoy". Si te encuentras con dos o tres personas de mal humor dirás: "¡Todo el mundo está hoy de malas!" Lo mismo le pasa al Quejumbroso y a las personas No, pero a gran escala. Cuando le haces preguntas a la gente negativa, asúmelo como una especie de excavación arqueológica. Enterrada debajo de todas esas generalizaciones se encuentra algo de verdad. Si escarbas, incluso preguntando cosas que ya preguntaste antes, encontrarás algo concreto.

Habrá momentos en que el Quejumbroso sencillamente no podrá concretar, pues ha puesto todos sus problemas en el mismo costal sin examinarlos con detalle. En este caso, puedes asignarle (si él es tu subalterno) o sugerirle (si no lo es) que vaya a buscar más información y te la traiga a una hora específica. Esto le da algo que hacer, en lugar de abandonarlo a su suerte.

Paso 3. Enfócate en las soluciones. Una vez que has buscado detalles específicos sobre las quejas del Quejumbroso, él se enfrentará de golpe y de frente con esos detalles. Aunque tú sepas qué hay que hacer a continuación, no se lo digas. Pregúntale: "¿Qué es lo que quieres?" Para algunos Quejumbrosos, esa sencilla pregunta tiene el potencial de mover su mente hacia una dirección jamás explorada y pensarán en una solución práctica. Te preguntarás por qué no pensaron antes en esa opción. La respuesta es que no podían hacerlo. Los seres humanos tenemos una limitada capacidad de atención y si está puesta en las generalizaciones en lugar de en los detalles concretos la solución no llegará. Pero una vez que la atención se enfoca en los elementos específicos de un problema, es posible resolverlo.

La respuesta del Quejumbroso puede ser muy simple: "No sé". En cuyo caso usarás la típica respuesta: "De acuerdo. Adivina, inventa algo, ¿qué podría ser?" Y pon tu cara de expectativa.

Otra respuesta puede ser ofrecerte una lista poco realista de deseos. Por ejemplo, si el Quejumbroso dice: "Estoy haciendo el trabajo de tres. Quisiera que contrataran más personal", puedes decir: "Sí, estás trabajando duro pero ambos sabemos que Ebenezer no contratará a tres personas más. Así que la pregunta permanece: ¿qué quieres hacer?"

Cuando las respuestas del Quejumbroso son imprácticas, absurdas o poco probables, ofrécele una dosis de realidad. Dile las cosas como son y pregunta de nuevo: "Con base en los hechos, ¿qué quieres hacer?" Si el Quejumbroso responde algo razonable, pregúntale cuál es el siguiente paso para encontrar la solución.

Paso 4. Muéstrale el futuro. Cuando la gente se siente desamparada es útil darle algo que hacer. Si resolver el problema que ellos han ventilado contigo se convierte en tu responsabilidad, debes mantener al Quejumbroso informado acerca de tus progresos.

Si las quejas son en torno de alguien, ofrécele concretar una reunión con esa persona. Pídele que rastreé los detalles y los anote en un papel. Con los empleados, los compañeros de trabajo y los familiares, agenda una reunión para platicar sobre el tema con la información que han reunido.

Puedes decir: "Obviamente sabes más de este asunto que yo. Te recomiendo que le sigas el rastro a este problema durante las siguientes dos semanas. Luego ven conmigo con tres posibles soluciones y recomendaciones en una fecha perentoria. En ese momento decidiremos cuál es el siguiente paso".

Paso 5. Pinta tu raya. Si recuperar lo dicho, clarificar y pedir información no produce el resultado deseado y tu Quejumbroso se niega a pensar en soluciones, se vuelve necesario que pintes tu raya. La manera en que establezcas este límite varía de acuerdo con la relación que tengas con el Quejumbroso:

- Si eres el jefe del Quejumbroso, toma el control y pon un límite firme a las quejas, porque la negatividad, quizá más que cualquier otro comportamiento discutido en este libro, puede socavar y destruir la moral y el espíritu de equipo. Puedes decir: "Si no quieres hablar de la solución, es tu decisión Pero no quiero escuchar una queja más. Y no quiero que distraigas a los demás con tus quejas todo el tiempo. Si esto sigue, me veré forzado a…" y establece una consecuencia negativa si el Quejumbroso continúa desmoralizando a los demás.

- Con un colega o amigo, pintar la raya debe llevarse a cabo con consideración: "Mary, me importa mucho nuestra amistad pero no le veo sentido al hecho de que te quejes si no hay nada que hacer. Si quieres platicar sobre las soluciones más que sobre los problemas, mi puerta está abierta".

No permitas que te jale hacia su dinámica con su "Pero…" y su "Es que no entiendes que…" y cosas por el estilo. Ponle un *hasta aquí* a tu Quejumbroso repitiéndole: "Como dije, si cambias de opinión y se te ocurre alguna solución, házmelo saber". Si no capta el mensaje, añade un poco de comunicación no verbal poniendo una mano sobre su hombro y guiándolo hacia la puerta, o dando la media vuelta y alejándote.

GRANDES MOMENTOS EN LA HISTORIA DE LA GENTE DIFÍCIL

El Libro de los Problemas

Conocimos a Katherine en uno de nuestros seminarios y nos dijo que había heredado a 17 Quejumbrosos crónicos. El gerente anterior había optado por un retiro temprano debido a una enfermedad y a un gran cansancio (se enfermó y se cansó de lidiar con esa gente). Katherine estaba resuelta a que no le sucediera lo mismo. Creó el Libro de los Problemas y le dio instrucciones a su equipo: si alguien tiene problemas no tiene permitido quejarse y debe usar el Libro de los Problemas.

Las instrucciones eran simples y estaban impresas y visibles cerca del libro:

1. Escribe tu nombre y la fecha.

2. Describe con detalle el problema (obtener datos concretos).

3. Sugiere posibles soluciones al problema (si no había sugerencias, Katherine no leería la queja; no importaba si las sugerencias eran extravagantes siempre y cuando fueran tres) (redirigir el enfoque hacia las soluciones).

4. La cuarta columna era para que Katherine anotara sus iniciales, lo cual indicaría que había leído la queja y las sugerencias.

5. La última columna era para dar seguimiento al asunto. Katherine se volvió la campeona de las soluciones en medio de la burocracia y mantuvo informados a todos sobre lo que se hacía para resolver el problema (mostrar el futuro).

Después de un tiempo, los Quejumbrosos notaron que sus quejas eran tomadas en cuenta, y sus sugerencias, implementadas. Su sentimiento de desamparo desapareció poco a poco y adquirieron iniciativa para hacer frente a las situaciones antes de acudir al Libro de los Problemas. Katherine nos dijo orgullosa: "Se transformó en una herencia de 17 individuos con iniciativa para resolver las cosas".

El gran tapiz de mejoras

Joe era gerente en una oficina de gobierno. No tenía un Quejumbroso específico; tenía muchos Quejumbrosos muy negativos que tomaban turnos para, en diferentes momentos, quejarse con generalizaciones que desmoralizaban a todos. Las generalizaciones que circulaba por la oficina eran del siguiente tipo: "Así es el gobierno", "Las cosas nunca cambian" y "De todas maneras a nadie le importan nuestras recomendaciones".

Joe decidió que desmentir esas generalizaciones era la solución. Tomó una hoja de papel, la pegó en la pared y la tituló: "Mejoras". Durante las siguientes semanas, cada vez que implementaba una sugerencia, la anotaba en ese papel. En tres semanas, la página estaba llena de evidencias del cambio, así que dejó esa hoja pegada a la pared y pegó una nueva a su lado. Continuó enlistando las mejoras en el momento en que sucedían. Las dos páginas se convirtieron en cuatro, y luego en ocho, hasta que las paredes quedaron literalmente tapizadas con los cambios.

El mayor cambio, sin embargo, no estaba escrito sobre los muros. La actitud de todos en la oficina se modificó. La gente vio que no estaba desamparada y que había mejoras, ¡incluso en el gobierno! En lugar de enfocarse en el vaso medio vacío, todos empezaron a hacerlo en el vaso medio lleno. El desamparo que había permeado su trabajo le abrió paso a las innovaciones y al buen ánimo.

BREVE RESUMEN

Cuando alguien se vuelve un Quejumbroso
Tu meta: formar una alianza para la resolución de problemas

PLAN DE ACCIÓN

1. Escucha los puntos centrales.
2. Interrumpe y obtén detalles concretos.
3. Cambia el foco hacia las soluciones.
4. Muestra el futuro.
5. Pinta tu raya.

19
LA PERSONA NO

Desde que era niño, Rick adoraba jugar hockey. Y aunque ya no jugaba en hielo, se las arregló para organizar un equipo de hockey de piso en el gimnasio local. El grupo incluía algunos inmigrantes rusos. El primer día tuvo un desencuentro con uno de ellos, un tipo llamado Vladimir. Rick muy pronto se dio cuenta de que Vladimir era el No oficial del equipo. Siempre les señalaba sus errores a los demás y jamás comentaba algo positivo.

"¿Qué? ¡Tú, Pata-rrrota! ¿No sabes correrrr? ¿Qué idioma tengo que hablarrr para que me comprrrendas?" Cada juego degeneraba en una discusión desencadenada por los comentarios de Vladimir. "Lástima —pensó Rock—. Podría haber sido divertido."

El No es un individuo enfocado en *hacer las cosas* y motivado por la intención de *hacer las cosas bien*. Quiere evitar los errores a toda costa. La perfección es el estándar por el que se guía para decidir qué, dónde, cuándo, con quién y, lo más importante, cómo se deberían hacer las cosas. Cuando las carencias, las debilidades y las fallas de otros se interponen para alcanzar la perfección, nada da el ancho y las equivocaciones nublan el horizonte, el No se llena de desesperanza. Se considera el único con la capacidad de ver lo que falló, de lo que falla o de lo que fallará. El No encuentra lo negativo en todo y en todos.

Algunas personas No invierten energía considerable en refunfuñar en voz alta, mientras que otras se hunden en una apatía pasiva y sin esperanza. A través de palabras, pensamientos y acciones ocasionales, el No tiene la increíble habilidad de extinguir la esperanza de los demás y asfixiar cualquier chispa de creatividad. Casi como si quisiera proteger a los demás de la desilusión, les impide elevar sus expectativas. "Todo lo que sube —dice—

tiene que bajar." Y todo lo que baja, se podría inferir, no vuelve a levantarse jamás.

Como dijimos en el capítulo anterior, la negatividad posee un efecto aplastante. Socava la motivación, anquilosa el desarrollo y conduce a la depresión y a la desesperanza. Mientras que la raíz de la queja es el sentimiento de desamparo, la raíz del comportamiento del No es la desesperanza. E igual que las quejas, este comportamiento es contagioso. Si lo dejas suceder, antes de que te des cuenta impregnará a todos a su alrededor.

El No hace esto sin la intención de pretender que todos sean miserables. Realmente cree que no hay esperanza. Tiene la certeza y la arrogancia de un Sabelotodo, pero seducido por el lado oscuro de la fuerza. Las personas extremadamente negativas construyen su vida alrededor de las desilusiones pasadas. Las dificultades se quedan atrás, pero la amargura persiste. Las personas negativas desarrollan nociones profundas a las que se aferran con fuerza y permean su percepción del color de la desesperanza.

MEJOR AJUSTA TU ACTITUD

La clave para lidiar con la persona No es la compasión y no el desdén. También necesitas perspectiva y paciencia para el largo camino que tienes por delante.

Quizá nunca conozcas, ni necesitas conocer, las penas y las tribulaciones que el No ha enfrentado en su vida, ni los obstáculos que ha sobrepasado o las circunstancias a las que ha sobrevivido. Es suficiente tener en cuenta que cuando una persona se amarga es porque le precede una historia negativa.

Usa las técnicas de disociación de la capítulo 9, "Cómo cambiar tu actitud", para recobrar *tu perspectiva*. Compara tus problemas con los del No, con algo mucho más molesto (puedes pensar en algo a menos que también tú estés amargado). O pregúntate: "En cien años, ¿qué relevancia tendrá su negatividad?"

Aunque a veces parezca que a pesar de tus mejores esfuerzos para influir en el comportamiento de tu persona No nada cambia, sé paciente con el proceso. Algunos cambios de comportamiento van a paso de tortuga, pero al final recompensan la paciencia. Hay pocos resultados en la vida tan satisfactorios como cuando una persona negativa adquiere el valor para deshacerse del miedo y entregarse a la vida. Este nuevo esquema modificará tu respuesta frente a la negatividad.

TU META: TRANSITAR HACIA LA RESOLUCIÓN DE PROBLEMAS

Tu meta al lidiar con una persona No es *transitar del hallazgo del error hacia la solución del problema*, del estancamiento a la innovación, del deterioro a la mejoría. Quizá no logres frenar por completo la inundación de negatividad, pero puedes tener éxito en regresar el caudal a su cauce.

PLAN DE ACCIÓN

Opción 1. Usa la estrategia del Quejumbroso. Tu primera opción para lidiar con la gente negativa es usar la estrategia del Quejumbroso: lograr que esa persona sea específica. El No, al igual que el Quejumbroso, navega a la deriva en un océano de generalizaciones. Mientras que las generalizaciones del Quejumbroso lo hacen sentirse desamparado, las del No lo hacen sentirse desesperanzado. ¿Cómo funciona esto? El asunto con las generalizaciones es que una vez que las haces ya sólo notas lo que coincide con estas nociones y dejas fuera todo lo que sea muestra de lo contrario. Cuando el No ha perdido la esperanza percibe como negativo todo lo que embona con sus generalizaciones y las refuerza: esto le da la certeza de estar en lo correcto. Es por eso que el lema de una persona con negatividad crónica es: "No soy negativa, sólo realista".

No pierdas el tiempo tratando de convencer al No de que las cosas no son tan malas o señalando lo que podría ser peor. En cambio, escúchalo, recupera lo que dice, clarifica y busca detalles específicos, pide soluciones y establece un eventual futuro basado en la acción, como aprendiste a hacerlo con el Quejumbroso en el capítulo anterior.

Opción 2. Usa al No como recurso. El No puede servirte para un par de cosas muy valiosas en tu vida: puede ser tu entrenador personal de carácter y puede funcionar como un sistema de alerta para eventuales problemas futuros.

Si quieres hacer músculo, levanta pesas. La adversidad fortalece el carácter. Así que si quieres fortalecer el carácter, rodéate de personas No y mantente positivo. Más que tratar de convertir a las personas negativas en positivas, lo cual inevitablemente te convertirá a ti en una negativa, mantén tu actitud positiva. Imagina que estás en un entrenamiento para los grandes retos de tu vida. Imagina que tu persona No está en una misión para ayudarte a templar el carácter. Después de todo, el mundo está lleno de retos. La fuerza interior será tu recompensa por aceptar el desafío, y el carácter es un recurso esencial para alcanzar una vida feliz.

Si quieres divertirte, la próxima vez que tu No te sobrecargue de negatividad coloca gentilmente tu mano sobre su hombro, míralo a los ojos y dile: "Gracias por el maravilloso trabajo que estás haciendo". Lo confundirás y se detendrá. Y probablemente te sentirás mejor por molestarlo un poco.

El No puede servir de manera similar a un detector de humo: te dará una señal temprana de potenciales problemas. Conocemos una empresa que tiene entre sus ejecutivos a un No. El resto de los ejecutivos pasa a través de él todas las nuevas ideas y los planes de acción y le piden su opinión crítica antes de continuar. "Tengo esta idea, pero estoy seguro de que tiene errores graves, Sam. ¿Puedes encontrarlos?" Esta es una buena estrategia porque si preguntas, escuchas y cavas suficientemente profundo, encontrarás algo de verdad en las preocupaciones negativas del No. Esta noción puede conducirte a ti y a otros a aplicar acciones preventivas. A menudo el No es el primero en darse cuenta de los problemas que otros han pasado por alto. Aunque es verdad que el No generaliza, también es cierto que lo que subestimas puede perjudicarte mucho más que el comportamiento negativo del No.

Todos generalizamos en algún momento de nuestra vida y toda la comunicación (incluyendo esta frase) de alguna forma es una generalización. El No hace generalizaciones sobre los problemas. Detecta detalles que sugieren que algo saldrá mal y se expanden, a partir de ese detalle, a todas las cosas: "Todo está mal. Nada está bien y nunca funcionará". Ese es el punto que debes recuperar y clarificar para obtener detalles específicos. Mientras más precisamente se defina el problema, será más probable que se encuentren soluciones adecuadas.

Una asistente a nuestros seminarios nos contó una historia sobre su esposo, Bob, al que ella describía como la clásica persona negativa. Los cachorros *scouts* planeaban un viaje a la ciudad de Washington y los dos adultos encargados de organizarlo empezaron a ponerse nerviosos, pensando en todo lo que podía salir mal. Decidieron reunirse con Bob, asumiendo que si algo podía salir mal, él lo identificaría y señalaría con anticipación cualquier problema. Y así fue. Empezó con grandes generalizaciones, pero retomando lo que decía y clarificando en busca de detalles concretos, identificaron varios problemas potenciales y tomaron medidas para prevenirlos antes de iniciar el viaje.

Opción 3. Gana algo de tiempo. El No tiende a operar en una realidad distinta a la de los demás. Cualquier esfuerzo por apresurarlo lo hará más lento. Si lo presionas, será un lastre que hará que todo el grupo se detenga por completo, o se convertirá en la arena que eventualmente dañe la maquinaria. Sentirás la tentación de marginarlo, excluirlo o cerrarle la puerta en las narices, pero es más sabio darle tiempo para pensar y abrirle la puerta para que vuelva cuando esté listo.

Muéstrale que la puerta se mantendrá abierta con frases como: "Si cambias de opinión, házmelo saber", "Cuando encuentres una solución, avísame" o "Piénsalo un poco y repórtate conmigo si tienes alguna idea acerca de cómo prevenir o resolver este problema". El mundo moderno nos presiona para hacer más en menos tiempo, pero a veces es la paciencia la que gana la carrera —no por ser más veloz, sino por identificar una vía clara y sin obstáculos para ir hacia adelante—. Si puedes ganar algo de tiempo, tu disposición para detenerte en la línea de salida te dará grandes recompensas.

Opción 4. Busca la respuesta polarizada. ¿Qué obtienes cuando le dices a un niño de dos años que se vaya a dormir? ¡Una respuesta polarizada! "¡No quiero ir a la cama!" Mientras más insistas, más se negará a hacerlo Puedes usar esta polarización a tu favor diciéndole al niño: "No puedes ir a la cama ¡y tendrás que permanecer despierto toda la noche!" El pequeño responderá: "Pero estoy cansado".

Los adolescentes también siguen este patrón. Odian todo lo que les digas y quieren definirse como individuos distintos a ti. Diles que sus ideas son malas y se tirarán de cabeza para demostrar que no es así. Si lo sientes antagónico es porque lo es. Pero también es predecible y puedes lidiar con esto usando la polarización como un recurso.

Lo peor que puedes hacer con el No es tratar de convencerlo de que las cosas no son tan malas. Esto lo empujara a polarizar con más afán su negatividad. Mientras más se polarice, más insistentes se volverá sobre lo terrible que es el panorama. Tratar de convencer al No de ser positivo es como tratar de salir de arenas movedizas: mientras más luchas, más te hundes. Pero cuando te aproximas a su negatividad y la acentúas un poco más su único camino para contrarrestar tu negatividad es ir hacia lo positivo.

Una vez observamos cómo un brillante terapeuta usaba esta respuesta polar con un paciente deprimido, quien estaba haciendo su mejor esfuerzo por convencer al terapeuta de que no había esperanza. Cuando todos los demás esfuerzos fallaron, el terapeuta le dijo a su paciente que estaba de acuerdo: "Sí. Tú ganas. De las miles de personas infelices con las que he trabajado, tú no tienes esperanza ni valor alguno como ser humano. ¡Y no hay posibilidad de mejora!"

El paciente se sorprendió, consideró la cuestión por un instante, y contestó: "Bueno, vamos, no estoy tan mal".

Conocemos a un jefe de departamento que se quejaba con su asistente sobre la ineficiencia e incompetencia de los empleados de la compañía. Su asistente, con cara de absoluta sinceridad, sugirió: "Es cierto. Saquemos a todos de las oficinas, fusilémoslos y quememos el edificio". El jefe rio y admitió: "¡Bueno, la cosa no es para tanto!"

Hay dos maneras de aplicar esta respuesta polarizada al lidiar con un No. Lo primero es evidenciar lo negativo antes que él lo haga. "Esta es mi idea y estos son los problemas que yo veo." Cuando el No ve que tu planteamiento es realista (notando lo que está mal) señalará lo que está bien.

Una segunda manera de usar esta respuesta polarizada es manifestar tu acuerdo con que ya no hay nada que hacer y dar un paso más allá. Tira la toalla e insiste en que nadie será capaz de encontrar la solución al problema. "Es cierto, no hay forma. Ni siquiera tú podrías encontrar la solución". Que no te sorprenda que el No vaya en la dirección opuesta, diciéndote qué sí puede hacer.

Opción 5. Reconoce su buena intención.

Si lo que quieres es señalar la buena intención de un comportamiento negativo, el No se lo puede llegar a creer. Su perfeccionismo analítico puede expresarse de maneras útiles. Consulta el capítulo 8, "Obtén lo que proyectas y esperas"). La siguientes son algunas intenciones positivas que puedes proyectar sobre el No:

- "Aprecio que tengas tan altos estándares de calidad."
- "Gracias por estar dispuesto a decir las cosas como son y señalar los posibles problemas para que podamos encontrar las soluciones."
- "Gracias por mostrarnos las carencias que debemos atender."

Recuerda que cuando proyectas una intención positiva en el otro necesitas un grado de autenticidad para que sea verosímil, y mucha paciencia, porque necesitarás perseverar por un largo tiempo. Considera cada proyección positiva como un impulso para el No en la dirección correcta. Incluso las personas negativas prefieren considerarse como individuos constructivos y no destructivos. Es poco probable que rechacen tu proyección positiva y, por el contrario, querrán ajustarse a ella. Quizá, incluso, internalicen tus proyecciones, las hagan propias y tengan comportamientos más constructivos.

Cuando el No dice que algo no funcionará y funciona, evita la tentación de decir: "Te lo dije". Incorpora al No en la celebración y la victoria. Incluso si lo único que representó fue un lastre para todo el equipo, como si hubiera participado en el esfuerzo que los llevó al éxito. Lo anterior puede tener un efecto notable no sólo en el No sino también en la percepción que los demás tienen de él.

Conocemos a un líder que utilizó esta estrategia. Después de que el grupo fue reconocido con cuatro diferentes premios, el No los llamó a todos y les dijo: "¿Saben? Me ha conmovido todo este reconocimiento del trabajo que ha hecho nuestro equipo. Ya no estoy seguro de muchas cosas que antes consideraba ciertas. Y he estado pensando que ustedes tenían razón. Quizás esto prueba que algunas cosas sí funcionan: que la desilusión no es inevitable; que la gente puede sobreponerse y enfrentar los retos. Todavía tengo mis dudas, pero quiero pensar que se puede".

¡Hey, hasta los mayores cambios empiezan con pasos pequeños!

GRANDES MOMENTOS EN LA HISTORIA DE LA GENTE DIFÍCIL

La tregua entre Estados Unidos y Rusia en el hockey

En su primer partido con el nuevo equipo, Rick trató de no reaccionar ante la negatividad de Val, pero antes de que se diera cuenta, ya estaban discutiendo. Cuando terminó el juego, Rick se sintió mal: acababa de conocer por primera vez a un ruso y ya estaban en guerra. Como la paz inicia entre los individuos, y ya que él era el coautor de un libro sobre cómo sacar lo mejor de la gente en sus peores momentos, decidió hacer un esfuerzo y procurar una coexistencia pacífica. Durante el siguiente partido Rock le sugirió a Vladimir que jugaran en el mismo equipo.

Para su sorpresa, ambos tenían habilidades complementarias y muy buena química. De alguna forma Vladimir era un perfeccionista del hockey, igual que Rick. A ninguno le importaba tanto ganar como tener un buen partido. Ahora Rick comprendía la frustración de Vladimir: la mitad de los jugadores sólo quería ganar sin importar cómo y la otra mitad no tenía idea de lo que hacía. Ese era el origen de la negatividad de Vladimir. Era irónico que quien Rick pensó que era la persona más negativa del equipo resultó ser la más divertida. Jugaban increíble juntos. El problema era hacer que los demás quisieran jugar en su equipo, pues nadie quería lidiar con la crítica negativo de Vladimir.

Un día Rick le dijo: "Creo que es genial lo mucho que te preocupa que los demás aprendan a jugar bien". La confundida respuesta de Vlad fue: "¿Qué quierrres decirrr?" Rick le explicó: "Bueno, es obvio que te importa mucho que juguemos mejor pues dedicas mucho tiempo a decirle a todos lo que están haciendo mal. ¿Por qué te molestarías si no quisieras que aprendieran? (proyectar una intención positiva)". Él dijo: "Crrreo que sí".

Para que la proyección positiva sea efectiva, debe ser consistente Así que cada vez que jugaban hockey y Vlad criticaba a alguien, Rick se acercaba y le decía: "Gracias por ayudarlo", "Bien. Ahora ya sabrá que hacer" o "Muy pronto todos dominaremos ese disco".

Después de un par de semanas de persistir en las proyecciones positivas durante dos horas, dos veces a la semana, una noche que estaban en los vestidores Rick decidió poner a prueba los resultados. Dijo: "Vlady, a ti te importa mucho el aprendizaje de los demás, ¿no es así?" Él contestó: "Sí, es verrrdad. ¿Y?" Una vez que el No ha aceptado la proyección positiva de su intención, está listo para algo de retroalimentación, así que Rick dijo: "¿Has notado que nadie mejora su juego?"

Hubo un momento de silencio y, tras reflexionar un poco, Vlad dijo, preocupado: "Sí, bueno, ¿podrrría serrr quizá que todos son tarrados?" Rick reprimió una carcajada y dijo: "No creo que sean tarados; pero en cuanto a la comunicación, creo que lo que estás haciendo no funciona. Intenta algo diferente. Ya les hemos dicho lo que hacen mal. ¿Por qué no, durante dos semanas, les decimos únicamente cómo hacerlo bien y vemos si hay cambios?"

Como era de esperarse, Vladimir no tenía esperanzas de que la idea funcionara, pero estaba dispuesto a intentarlo. Y sucedió algo curioso. Notó que cuando le indicaba a alguien cómo hacer algo correctamente, lo hacía. Cuando le decía que estaba haciendo mal las cosas, el error se repetía. El comportamiento de Vlad se transformó poco a poco y fue enfocándose en lo positivo y en lo constructivo. Cuando el juego de los demás mejoró, Vladimir, el ex No, se convirtió en un apreciado miembro del equipo.

El frasco de la negatividad

Un gerente fue contratado para administrar una oficina con una crónica moral baja. El gerente implementó una política brillante para lidiar con las quejas y la negatividad. Si un empleado pronunciaba una palabra o un pensamiento negativos o se quejaba sin hacer una sugerencia, tenía que poner una moneda en el "frasco de la negatividad", el cual no era otra cosa que un tarro de pepinillos con restos de la etiqueta y el aroma. Todo el dinero del frasco se usaría para "¡Gracias a Dios es Viernes!", la fiesta que la compañía ofrecería una vez al mes.

Sucedieron dos cosas notables. Primero, el frasco se llenó rápidamente y la gente se dio cuenta de lo negativa que era. Esta perspectiva sorprendió profundamente a los empleados pues se evidenció que habían desarrollado una mirada colectiva de "fijarse en el negrito del arroz". Segundo, la fiesta mensual era una oportunidad excelente para levantar la moral y todos la disfrutaron. Como resultado, los empleados empezaron a exagerar su negatividad como una excusa para poner más dinero en el frasco y tener mejores fiestas. A medida que la nube de negatividad se dispersaba, el ambiente de trabajo mejoró de manera significativa. La fiesta se cambió de viernes a lunes: "¡Gracias a Dios es Lunes!" El gerente convenció a la compañía de pagar el evento para reconocer la creciente productividad. ¡Ah! Y el frasco de pepinillos le cedió el lugar en la repisa a uno de galletas que conmemoraba la situación con la frase impresa: "No hay mal que por bien no venga".

BREVE RESUMEN

Cuando alguien se convierte en una persona No
Tu meta: transitar hacia la resolución de problemas

PLAN DE ACCIÓN

1. Utiliza la estrategia del Quejumbroso.
2. Usa al No como un recurso.
3. Gana tiempo.
4. Busca la respuesta polarizada.
5. Reconoce su buena intención.

20
EL JUEZ

Fábula: *Olivia Búho y Robin Petirrojo.*
"Hola, tía Olivia", cantó Robin.
"Uh-uh. Mira quién está ahí —contestó Olivia Búho—. Mi sobrina favorita, Robin Petirrojo."

Robin se paró en una rama perpendicular a la tía Olivia para que ella pudiera verla con sus grandes ojos amarillos sin tener que girar la cabeza. Aunque Robin conocía a la tía Olivia de toda la vida todavía sentía desconcierto cuando ella la miraba directamente, con ambos ojos al mismo tiempo. Era casi… humana, y erizaba las plumas del cuello de Robin. Olivia Búho tenía una mirada penetrante que te atravesaba.

"Tía, escuché que fuiste a una fiesta con la parvada. ¿Qué tal estuvo?"
"La comida, terrible. Las nueces estaban tan duras que todos tuvieron problemas tratando de abrirlas. Excepto, claro, esa vieja pajarraca Tara Tucán. ¿Qué tal ese pico? ¡Y deberías haber visto sus colores! ¡Yo, jamás! Quizás eso es lo que se usa hoy en día en la selva, pero nunca saldrá viva de este bosque vestida así." "Pero, tía, ¿no hubo algo que sí te gustara de la fiesta?", preguntó Robin. "¿Cómo puede gustarte una fiesta con comida como esa? Todos saben que no debes servir gusanos en una fiesta de parvada. No permanecen frescos. Y todas esas semillas, semillas, semillas. Ni un solo ratoncito. Yo soy un ave carnívora. Creo que fueron tacaños, tacaños, tacaños —antes de que Robin pudiera decir algo, la tía Olivia continuó—: ¿te acuerdas de Daisy y Dahlia Pata, tus primas lejanas? Estaban en la fiesta. Ellas son aves anfibio, y sí, yo sé que tienen que flotar, ¿pero por qué tienen el trasero así de grande? No lo entiendo, uh-uh. No entiendo cómo se dejaron engordar de esa manera."

Robin se removía inquieta en su rama. No le gustaba escuchar a la tía Olivia sobajar a nadie de su familia extensa. Pero Olivia no se dio cuenta y continuó sus comentarios.

De pronto, Olivia Búho clavó la mirada en algo a la distancia. Robin no veía nada, pero Olivia dijo: "No mires ahora y no digas nada pero aquí viene Betty Azulejo".

A lo lejos se escuchó el característico y fuerte chirrido del Betty: "¡Hola, Olivia Búho! ¡Hola, Robin Petirrojo!" "Hola Betty", contestaron ambas mientras Betty pasaba. "¡Te ves muy bien!", le dijo Olivia. Betty se alejó y Olivia miró a Robin diciendo: "¡Vaya basura!"

Pero Robin apenas escuchó a su tía pues una parvada de 20 cuervos pasaba graznando encima de sus cabezas. Hicieron círculos varias veces y luego se alejaron ruidosamente hacia el horizonte. La tía Olivia Búho refunfuñó: "¡Puf! Lo que necesitábamos: una pandilla de cuervos buscando problemas. ¡Adiós bosque! Una bola de pandilleros aviares, eso es lo que son. Haciendo ese escándalo. ¿Piensan que nuestro parche auricular está de adorno? Míralos. Son cuervos comunes y se creen tan rudos volando por ahí en sus chaquetas de pluma negra". La inquietud de Robin iba en aumento. No quería que su tía supiera que el líder de esa parvada era su novio. ¡Se moriría si Olivia dirigía a él su ojo crítico! "Bueno, tía —dijo nerviosamente—. Fue lindo visitarte ¡pero debo irme!" "De acuerdo, Robin, pero espera. Deja que arregle las plumas de tu cola. Eres el símbolo de la primavera y tienes una reputación que mantener. No deberías andar por ahí toda desaliñada como siempre lo haces."

Robin Petirrojo se alejó intentando imaginar lo que diría tu tía de ella cuando no estaba presente.

El Juez establece un estándar que nadie puede alcanzar y juzga sin piedad. Es crítico frente al error, quisquilloso hasta la perfección y asume que siempre tiene la razón. El Juez te declara CULPABLE y te sentencia de por vida a la cárcel de su desaprobación.

Con base en nuestro Lente de la Comprensión, podemos concluir que el comportamiento del Juez se origina a partir de su intención positiva de *hacer las cosas bien.* Hay dos maneras en que esa intención puede conducir a un comportamiento difícil:

- Intención amenazada: equivocarse
- Intención proyectada: identificar lo que está mal en el otro

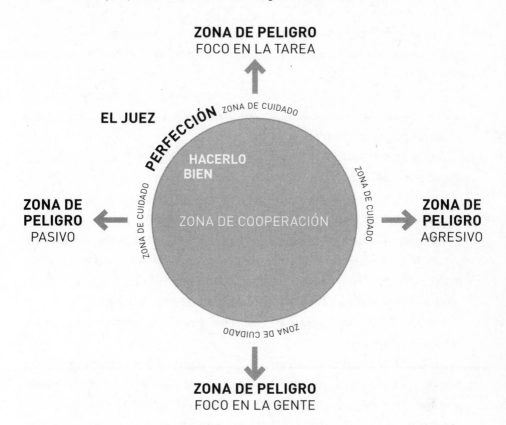

ZONA DE PELIGRO
FOCO EN LA TAREA

EL JUEZ

PERFECCIÓN ZONA DE CUIDADO

HACERLO BIEN

ZONA DE CUIDADO

ZONA DE COOPERACIÓN

ZONA DE CUIDADO

ZONA DE PELIGRO
PASIVO

ZONA DE PELIGRO
AGRESIVO

ZONA DE CUIDADO

ZONA DE PELIGRO
FOCO EN LA GENTE

El comportamiento del Juez empieza cuando alguien que quiere *hacer bien las cosas* pasa al estrado en la sala del juicio. El Juez hace la observación de que alguien o algo están fuera de lugar o han fallado conforme a sus altos estándares y determina lo que es apropiado. ¡Algo está mal! La buena intención del Juez le busca "tres pies al gato" y su necesidad de perfección se manifiesta en crítica y condescendencia.

El Juez encuentra un error en todo y en todos. Su necesidad interna de criticar crece y se intensifica. El Juez es visto por los demás como un perfeccionista insatisfecho, un cínico sin arreglo o un eterno quisquilloso.

EL RANGO DE COMPORTAMIENTO CRÍTICO: CULPABLE O INOCENTE

En la corte del Juez eres inocente o culpable. Las escalas de gris obstaculizan su juicio, pero hay muchas maneras de enfrentar el proceso y, por lo tanto, diversos tipos de Juez.

El Juez de Demandas Pequeñas se queja con todos de los errores de todos. Este Juez presenta evidencia, enjuicia y luego chismea y genera rumores a partir de ese juicio.

El Juez Quisquilloso es un obsesivo del orden y limpia después de limpiar y se obsesiona con los detalles irrelevantes. Este Juez prefiere orden en la corte. Al tratar de detener el caos, cubre las alfombras y los muebles con plástico, y sella el cuarto para que no haya mácula humana.

El Juez Inclemente te aplastará si estás en desacuerdo. Se aferra a un punto de vista estrecho e impone reglas y deja caer sonoramente el mallete para imponer silencio en la sala e impedir que argumentes tu caso. En la corte suprema del Juez Inclemente el dictamen es incontestable.

El Juez Cínico sólo quiere romper algo y cree que la motivación de los demás es el egoísmo.

Al Juez de Libertad Condicional le gusta vigilarte y dominarte. Este Juez te dirá lo que debes hacer y lo que no debes hacer, así como lo que puede resultar mal antes de que suceda. Te advierte de todo lo terrible que te espera si actúas sin su aprobación, y nada, por más que te esfuerces, está bien hecho.

Estos comportamientos problemáticos dañan tanto al Juez como a quienes lidian con él. El Juez está en constante agonía porque el mundo se niega a cumplir con sus estándares. Y los que se someten a juicio se vuelven cínicos y apáticos, pues sienten que no sirve de nada esforzarse: sin importar cuánto empeño pongan, nunca será suficiente.

MEJOR AJUSTA TU ACTITUD

Si te pones a la defensiva, te condenas, y el que calla, otorga. No puedes ser juez y parte. Si tu prioridad es defenderte y no quieres ser acusado de desacato, despréndete de la necesidad de corregir al Juez cuando tenga una opinión equivocada sobre ti. En lugar de eso, corrígete. La clave para lidiar con el Juez es contrarrestar su veredicto negativo, haya sido explícito o no. Lo lograrás diciéndote los corolarios positivos de sus juicios negativos:

- Si el Juez dice o insinúa: "Eres un mal amigo", te dices: "Soy un buen amigo, y es por eso que sigo en el teléfono".
- Si el Juez dice o insinúa: "Metiste la pata de la peor manera", te dices: "Sé que hice lo mejor que pude".
- Si el Juez dice o insinúa: "Te esperé durante media hora y tuve que dejar el paquete en el piso. Es tu culpa que lo haya olvidado ahí", te dices: "No fui yo. Fue él quien olvidó el paquete".

Hacer esto te ayudará a mantener la perspectiva. Date ánimos para mantenerte lúcido en presencia de las críticas.

Tu apariencia debe indicar que no tienes nada que defender y que sí tienes un punto. Pero sé cuidadoso y no intentes dar saltos lógicos. Es fundamental que te acerques pasito a pasito. Algún comentario irónico y gracioso puede ser útil pues indica que los cargos no son imputables a tu persona. Evita usar el sarcasmo. Cuando presentes tu caso, debes armarlo de tal forma que diga: "Un análisis cuidadoso de la evidencia es todo cuanto se requiere de ti. Estoy seguro de que cuando consideres lo que tengo que decir, llegarás a la conclusión correcta". Sé desapasionado al menos mientras expones tus argumentos. Un acercamiento tranquilo, metódico y consistente es la mejor manera de pasar tu día en el juzgado.

(*No cuestiones el veredicto de la corte*. Si lo haces, el Juez te multará por desacato. Si le dices que se equivoca, ¡estás en desacato! Reconoce que lo que tiene que decir el Juez sólo refleja su opinión de las cosas. No estás ahí para contradecir al Juez sino para ofrecer nueva evidencia para que se reinterpreten los hechos).

TU META: LA DESESTIMACIÓN DEL JUICIO

Cuando el Juez que *quiere hacer las cosas bien* se pone de pie, si la acusación se refiere de alguna forma a que no cumpliste a la perfección con una instrucción de la corte, prepara tu defensa pero sin ponerte a la defensiva. Tu meta al lidiar con el Juez es que desestime el juicio.

PLAN DE ACCIÓN

Opción 1. Reconoce el juicio y avanza. Esta opción funciona muy bien con el Juez de Demandas Pequeñas. A veces es mejor reconocer el juicio y continuar, más que tomarse el tiempo y gastar la energía en tratar de que el Juez cambie de opinión. Si eliges esta opción, agradece al Juez su buena intención y continúa tu camino:

- "Gracias por ser honesto conmigo acerca de cómo te sientes."
- "Gracias por señalarme ese punto."
- "Gracias por tu considerada sugerencia."

Si el juicio es sobre alguien de tu familia:

- "Gracias por querer que los problemas en su vida se resuelvan."
- "Gracias por contarme lo que piensas."
- "Gracias por tus apreciaciones."

Luego cambia de tema y avanza. Al desviarte del juicio con tus proyecciones positivas sobre la intención del Juez él tendrá que desestimar sus juicios y sus conclusiones al no encontrar oposición.

Opción 2. Regrese al remitente. Esta opción funciona bien con el Juez Quisquilloso. Si estás cansado de escuchar cómo critica a personas que aprecias, puedes regresarle sus juicios, pidiéndole que los asuma. Parecería obvio que el criticado no quiere someterse a las leyes del Juez, pero esto no es obvio para él porque recurre a un código penal interno de autoría propia que cree que todos conocen. La mejor manera de hacerle saber al Juez que nadie tiene ese código es recuperar lo dicho con amabilidad y preguntarle por los preceptos en los que se basa para juzgar.

Primero retoma los juicios para que el Juez sepa a qué te refieres exactamente. Usa todas las palabras y las frases que puedas tal cual él las haya usado y así no quedará duda: "Cuando dices que la gente que se ve así no debería salir a la calle, me da curiosidad saber cómo llegaste a esa conclusión. ¿En qué te basas?" O: "Cuando dices que lo correcto es mantener la boca cerrada y no responder, ¿cómo lo sabes? Es apropiado, ¿según quién?"

Si la respuesta es una generalización como "todo mundo lo sabe", pídele detalles concretos. Si el Juez dice: "todos", pregunta: "¿Quién específicamente?" Si la respuesta es: "Siempre", pregunta: "¿Cuándo exactamente?" Si el Juez dice: "¡Es de sentido común!", pregunta: "¿El sentido común de quién?" Si el Juez dice: "De cualquier persona razonable", pregunta: "¿Específicamente quién consideraría esto de sentido común?" Continúa formulando preguntas. Sabrás que estás de regreso en la corte cuando el Juez exclame: "¡Yo lo pienso así!"

Opción 3. Apela la sentencia. Imagina que debes lidiar con el Juez Inclemente. Se hace un comentario negativo sobre ti o sobre alguien de tu familia a quien quieres y que está teniendo problemas con el Juez debido a todas sus críticas. Los juicios son comparaciones como "Eres demasiado poco", "No eres suficiente" o "Ni siquiera te acercas". En este caso, puedes apelar la decisión del Juez o puedes apelar a una corte superior (¡la corte de tus propias opiniones!).

Apelar en la corte del Juez Inclemente aplica sólo si posees detalles específicos de evidencia nueva que no se ha examinado. Por ejemplo, si el Juez dice: "Tu hija ni siquiera hace el esfuerzo de bajar de peso", pero tú sabes lo que ella hace para adelgazar, puedes introducir esa información como evidencia nueva. Exígele al Juez una explicación acerca de por qué no está al tanto de la información que presentas. La información pondrá en evidencia la imprecisión de las generalizaciones del Juez: "Me doy cuenta de que esto te importa (proyección positiva). Supongo que no sabías que lleva tres semanas sin comer azúcar ni carbohidratos simples (introducción de nueva información). Hemos estado hablando con frecuencia y está muy frustrada por lo difícil que es hacer una dieta. Sin embargo, persevera, y estoy orgullosa de ella pues comprendo el gran esfuerzo que está haciendo".

Si tienes una sentencia alternativa que ofrecer, hazlo y desviarás al Juez de su crítica a acciones constructivas. Si tu información es sólida y eres un testigo confiable, esto será suficiente para influir en las ideas del Juez. Él reducirá la condena, o al menos aminorará, por el momento, la dureza de su crítica.

Si atestiguas un juicio público sobre otra persona y quieres ayudarla a salir de esa horrible situación, haz pública tu apelación. Dí algo bueno sobre la persona juzgada y pídele que hable sobre sus progresos y sus éxitos. Al quien es juzgado por su apariencia dile: "Te ves muy bien. ¿Qué te hiciste? Sea lo que sea no dejes de hacerlo". A quien es juzgado por sus resultados, dile: "Me he dado cuenta del increíble trabajo que has hecho últimamente. ¿Qué cambiaste?"

Si el juicio es dirigido a ti, apela a la corte superior de tu opinión. Este es el enfoque que recomendamos en el capítulo anterior. Déjate influir por tu propia actitud contrarrestando el juicio con nueva información y ejemplos. Si el Juez te critica por la forma en que luces, anímate diciéndote: "Hago un enorme esfuerzo por lidiar con esto y estoy progresando". Si el Juez dice: "¡Es tu culpa!", piensa: "Estoy haciendo mi mejor esfuerzo. Estas acusaciones no tienen que ver conmigo sino con él". Quizá no puedas decírselo al Juez porque él no puede lidiar con la verdad. Pero *tú* sí. ¡Así que no dejes de decírtelo! Esto te mantendrá libre de cualquier caracterización negativa del Juez. Mantente firme en tu opinión de los hechos y enfocado en la presencia de tu Juez a pesar de su actitud crítica. Esto a la larga necesariamente influirá en la opinión de tu Juez y te mantendrá en control de tu destino.

Opción 4. Busca la respuesta polarizada. Un típico error con el Juez es tratar de hacerlo cambiar de opinión. A menos que hayas ganado la apelación, pierdes el tiempo. Sin embargo, puedes utilizar las críticas del Juez intencionalmente para sacarlo de su papel de fiscal de aquello que considera ofensivo ¡y hacer que abogue por esa misma causa!

Para tu fortuna, el Juez, al igual que la persona No, tienen una fuerte respuesta polarizada. Aunque es irónico y paradójico, el hecho es que quien juzga a los demás odia ser juzgado. Sácalo de su papel de fiscal y di lo mismo que él, pero polarizándolo y en forma de pregunta. Toma en cuenta los siguientes ejemplos

Ejemplo 1

Juez: "Jeff no se aplica en la universidad. No hace nada y sólo se divierte como si no le importara. Es una desgracia para la familia".

Tú: "¿Crees que Jeff está intentando intencionalmente desgraciar a la familia? ¿Crees que es estúpido?"

Juez: "No. No digo eso".

Ejemplo 2

Juez: "A Loretta no le importa cómo la ven los demás. Siempre está hecha un desastre y es vergonzoso".

Tú: "¿Crees que no sabe cómo se ve? ¿Crees que le gusta verse así? ¿No crees que odia verse de esa manera?"

Juez: "Bueno, no. ¡Por supuesto que debe odiarlo!"

En ambos casos el Juez se va al lado opuesto de la pregunta y afirma algo contrario a su juicio original. Esa es la belleza de la respuesta polarizada. No tienes que convencer a la gente. Puedes hacer que se convenza sola.

Después de esto puedes apoyar su nueva postura. Tú: "Me alivia que sepas eso".

Esta actitud tiene el potencial de regresar al Juez a la Zona de Cooperación. Con frecuencia el Juez lamentará no poder hacer nada para cambiar las cosas. Y este es el mejor momento para una sugerencia:

Juez: "Ojalá me escuchara".

Tú: "Me he dado cuenta de que lo que funciona mejor en este tipo de situaciones es dar ánimo. Cuando la gente se siente mal, no cambia. Cuando siente que tiene éxito, acumula éxito".

Opción 5. Dale una probada de grandeza. A veces tienes que pintar la raya con más énfasis y decirle al Juez la verdad sobre cómo su comportamiento es contraproducente y lo que crees que funcionaría mejor. Empieza por apreciar su intención positiva y la preocupación que tiene respecto de la calidad y de *hacer las cosas bien*. Luego muéstrale cómo el modo que ha elegido para lograrlo se contrapone a su propósito debido a la manera en que la gente reacciona ante él. Ofrece rápidamente una opción alternativa que quizá podría funcionar mejor. Sé honesto. Todo se resume en la importancia de la honestidad al igual que con el resto de los comportamientos problemáticos (consulta la sección "Di tu verdad" en el capítulo 7, "Habla para ser comprendido"). Tu meta es dar al Juez una probadita de grandeza:

- Establece tu intención positiva.
- Sé específico sobre el comportamiento problemático.
- Muéstrale por qué su comportamiento es contraproducente.
- Sugiere nuevos comportamientos y opciones.
- Fortalece el cambio de comportamiento.

De estas acciones, hay dos que son especialmente importantes para el Juez:

1. Establece tu intención positiva. Apreciar la atención que el Juez pone en lo que está bien y lo que está mal es la clave para tener acceso a su voluntad de cambiar. Puedes decirle que aprecias:

- "... su afán por que ella haga lo correcto".
- "... que le importe la apariencia de él".
- "... que se preocupe por los resultados de este asunto".
- "... que quiera que mi vida se resuelva".
- "... que desee que me involucre en una relación gratificante".

2. Sé específico sobre el comportamiento problemático. Muéstrale al Juez los beneficios de cambio, evidenciando las consecuencias contraproducentes de su comportamiento. Es probable que el Juez se esté fijando en un detalle y pasando por alto una visión más amplia de las cosas. Dale un ejemplo claro sobre cómo afecta su comportamiento:

- "Cuando hiciste esto, sucedió lo siguiente."

- "Estás perdiendo a los que amas porque cuando criticas a otros, éstos sienten que quizá dirás cosas a sus espaldas. Por eso quieren mantenerse alejados."
- "Como ella trata de ser amable, no te dice nada cuando la criticas. Pero sé que interioriza lo que le dices y la hace sentir mal. Eso disminuye su autoestima aún más y hace que sea menos probable que tome esas buenas decisiones que para ti son tan obvias."

GRANDES MOMENTOS EN LA HISTORIA DE LA GENTE DIFÍCIL

Olivia Búho y Robin Petirrojo

Las aves migratorias habían empacado sus nidos y se despedían de las aves no migratorias. Robin Petirrojo se había preparado para este momento durante más de un mes. No era la migración lo que le preocupaba. Lo había hecho muchas veces antes y lo podría hacer con los ojos cerrados. Pero hoy, al despedirse de la tía Olivia Búho, planeaba hablar con ella sobre sus críticas.

Robin aterrizó en una rama cercana y chirrió: "¡Saludos, tía Olivia!" Olivia Búho la miró fijamente en silencio. Sus grandes ojos amarillos enfocados en Robin no parpadearon una sola vez. Intimidada, Robin quiso arrepentirse. Olivia Búho habló: "Bueno, me alegra que alguien haya tenido la decencia de venir a decir adiós. Dahlia y Daisy Pato ya se fueron. Por supuesto, con lo rechonchas que están, probablemente necesitarán volar un día extra. ¿Has visto a tu hermano Ray Petirrojo? Yo, no. Quizá se estrelló contra un cristal y se desmayó como le pasó la última vez. Se quedó ahí inconsciente sobre el pasto. Se lo habría podido comer un gato. Pero le sirve de lección por andar volando por todos lados como un loco. ¡Quién sabe! Quizás el impacto es lo que lo hizo olvidar sus modales. Escuché que los gansos también ya se fueron y no he sabido de Gaby ni de Gertie Ganso. ¡Siendo gansos canadienses hubiera esperado que fueran un poco más educadas que los locales!"

Robin Petirrojo sabía que no podía ser una gallina. Debía hablar con la tía Olivia pues no soportaba más sus críticas constantes, no obstante que la quería mucho y sabía que tenía buena intención. Robin no quería convertirse en una de esas aves que migraban lejos de la vida de la tía Olivia. Inhaló profundamente.

Olivia le dirigió una mirada más penetrante. "¿Qué te inquieta tanto? ¿Tienes prisa? Si necesitas irte, vete." Robin la miró fijamente: "No. No tengo prisa. Es sólo que te quiero y tengo algo que es importante para mi decir y para ti escuchar. Pero es difícil". "Bueno, uh-uh. Yo también te amo, Robin. ¿Qué puede ser tan difícil? ¡Sólo dilo!" "Como quieras. Tía, sé lo mucho que te preocupas por los demás. Y como eres nocturna y carnívora tienes una vista excepcional y puedes ver detalles que a otros se nos escapan —Robin hizo una pausa mientras Olivia la miraba en silencio con esos gigantescos ojos amarillos, y continuó—. Pero las cosas que dices son rudas. Tienes tanta sabiduría que ofrecer pero algunas de las cosas que dices suenan muy duras. Así que quiero preguntarte: ¿realmente crees que a Dahlia Pato no le importa cómo se ve? ¿Realmente crees que ella quiere verse desastrosa?" "No, claro que no." "Me alivia escuchar eso." "Sólo quisiera que me hiciera caso. No tiene que estar así de gorda." "¿Has podido influir en ella aunque sea un poco, tía?" "Al parecer, no. Pero te juro que parece que se prepara para convertirse en el pato a la pequinés de un restaurante chino."

Robin continuó: "Creo que en situaciones como ésta funciona mejor dar ánimo que criticar. Si sólo le dices lo que hace mal, la haces sentir mal. Y cuando se siente así se va derecho al parque a graznarle a los humanos para que le den más pan. Y ella no es así. ¿De verdad crees que todas las aves migratorias olvidaron despedirse? ¿Es posible que algunas de no quisieran hacerlo? Cuando hablas mal de unos pájaros, los que escuchan se preocupan de que hablarás mal de ellos también. Dejan de venir para evitar tus críticas. Y si dejan de venir, pierdes la oportunidad de ayudarlos".

Olivia parpadeó y cambió su posición en la rama. Robin pensó: "Increíble: está incómoda. ¡No sabía que era capaz de sentirse incómoda! Robin sabía que no había vuelta atrás: "Tía, conozco un secreto: una forma en la que le agradarás a todos y querrán escucharte. ¿Quieres conocerlo?" Olivia parpadeó de nuevo y dijo: "Por favor dime. ¿Qué es?" "Todo lo que tienes que hacer es decir cosas amables sobre los demás cuando alguien venga. En lugar de señalar lo que está mal, ¡pregunta cómo puedes ayudarlo! Tienes mucho que ofrecer, pero debes hacerlo de manera que te escuchen

—permanecieron en silencio durante lo que pareció una eternidad hasta que Robin agregó—. Bueno, tía Olivia, ahora sí tengo que que irme. ¡Te amo! Que tengas un buen invierno —luego giró y dijo—: "¿Me ayudas a acomodar las plumas de mi cola? Siempre ando por ahí toda desaliñada." Olivia Búho parpadeó. "Estás bien, Robin Petirrojo. Te ves muy bien como estás."

Permanecieron en silencio unos momentos más y luego Olivia dijo: "Gracias, Robin". Robin voló hacia sur a pasar el invierno, con más ganas que nunca de regresar la siguiente primavera.

La moraleja de esta historia es que se consigue más con miel que con hiel.

BREVE RESUMEN

Cuando alguien se convierte en Juez
Tu meta: desestima el juicio

PLAN DE ACCION

1. Reconoce el juicio y avanza.
2. Devuelve al remitente.
3. Apela la sentencia.
4. Busca la respuesta polarizada
5. Ofrece una probada de grandeza.

21
EL ENTROMETIDO

Sally Ardilla llegó a la rama en donde se encontraría con el nuevo chico-ardilla de su vida. Esperaba estar suficientemente lejos de casa para que su madre, Suzie, no se enterara.

Pero una voz exigente llegó desde un árbol cercano: "Sally, ¿dónde te escondes? Muéstrate". Y así, sin más, descubrió que su madre estaba parada en la misma rama que ella. "¿Y qué tal está ese chichimoco? Demandó Suzie. "Supe que te encontrarás con uno."

Sally estaba pasmada y permaneció en silencio. Las noticias viajaban veloces y se deformaban en el camino. "¿Quién te dijo que me vería con alguien?", preguntó. Alguien debió verla, pensó, porque no había hablado de esto con nadie, en especial con su mamá. No quería tener que lidiar con el interminable interrogatorio al que sabía que estaba a punto de someterse. Era una tortura.

"Me contó un pajarito —contestó su madre—. ¿Por qué sales con un chichimoco? ¿Quieres vivir en un agujero en la tierra? Los chichimocos no son nada más que acaparadores compulsivos, si es que me pides mi opinión. Nunca logran nada."

Sally no quería decirle nada pero no pudo evitar enfrentarla: "¡Vamos, mamá! No es un chichimoco. ¡Es una increíble ardilla roja y apenas lo estoy conociendo!" "¿Ardilla roja? ¿De qué familia proviene? ¿Cuáles son sus planes para el futuro? ¿Sabías que Samy Ardilla, siempre tan elegante, pasa todas las semanas a buscarte? Sus ojos son tan brillantes y su cola tan esponjosa… Le dije que comerías bellotas con él mañana, en el gran roble." "¿Le dijiste qué?", chilló Sally. "Me escuchaste. Parece un buen proveedor. ¡No como otro de esos con los que sales todo el tiempo!" "Pero mañana tengo una cita con Rojo", se lamentó Sally y se pegó un coletazo en la cabeza por haber cometido el error de revelar su nombre. "¿Rojo? ¿En qué árbol vive? Yo le aviso que no podrás llegar." "¡Mamá! No lo harás."

Suzie ni se inmutó. "¿Rojo? ¿Qué tipo de ardilla se pone su color de nombre? ¿A qué se dedica este 'Rojo'? ¿Tiene planes?" Sally estaba tan fuera de balance por la arremetida de preguntas que tartamudeó débilmente: "No sé qué planes tenga. Apenas lo estoy conociendo". "No me digas que es otro de los que dejaron la escuela a medias, que es un simple acaparador. Cualquiera puede hacer eso. Ya sabes lo que dicen. Hasta una ardilla ciega encuentra nueces." "No. De hecho, sí terminó la escuela. De hecho, es una ardilla voladora. Puede planear en el aire, es lindo y es chistoso. Por lo que sé, quizá se dedicará al mundo del entretenimiento. Le toman fotos todos los días. ¡Es una de las ardillas con más descargas en internet! ¡Llegará a ser alguien en la vida!"

Suzie, disgustada, crispó su cola y presionó: "¡No me digas que es una ardilla-voladora-punto-com! ¿Y dónde quedarás tú cuando se estrelle y se queme? ¿Cómo sabemos que no está tratando de escurrirse en tu nido sólo por una temporada? Después de todo, ¿por qué comprar el comedero si puedes obtener gratis las semillas?"

La cara de Sally se llenó de horror al ver aparecer, entre las ramas detrás de su madre, a Rojo. Se cubrió la cara con la cola esperando que él no la viera, pero un salto, un brinco y una pirueta después él estaba a su lado.

"Hola, Sally. Hola, señora —miró a Suzie y le dijo—: ¿cómo están?" Sally no se había descubierto la cara. Por detrás de tu cola, murmuró: "Hola, Rojo".

Suzie lo miró de arriba abajo: "Así que tú eres Rojo. Yo soy la madre de Sally". Con una graciosa inclinación, y pronunciando con propiedad Rojo, dijo: "Es un placer conocerla, doña Ardilla". "Supe que tú y mi hija están saliendo —dijo Suzie; Sally continuaba escondida detrás de su cola. La situación iba de mal en peor—. Rojo, ¿cuáles son tus intenciones hacia mi hija? ¿Te vas a casar con ella?" La boca de Rojo se abrió poco a poco, pero antes de que respondiera escucharon una voz que llamaba con urgencia: "¡Mamá, mamá! —era Sarah, la hermana de Sally, quien brincoteó, saltó, se tropezó, se recuperó con habilidad y se unió a los demás en la rama en la que estaban—. Mamá, los chichimocos invadieron nuestra nido".

Sin decir una palabra, Suzie corrió como rayo y desapareció.

"¿Necesitan mi ayuda?", preguntó Rojo.

Sarah Ardilla les guiñó el ojo y sacudió alegremente la cola. Se dieron cuenta de que ella los estaba ayudando.

"Gracias, Sarah —dijo su hermana—. Te debo una."

"Sí, me debes una. Pero ahora es mejor que se vayan antes de que ella regrese."

Las dos ardillas se alejaron precipitadamente. Sally se preguntaba: "¿Por qué mi mamá tiene que hacer eso? ¡Lo último que necesito es que interfiera así en mi vida!"

El Entrometido cree que sabe lo que te conviene Así intenta manejar tu vida a través de preguntas y consejos que nadie le pidió. El comportamiento del Entrometido empieza cuando la intención de *hacer las cosas* se combina con la intención de *hacer las cosas bien*.

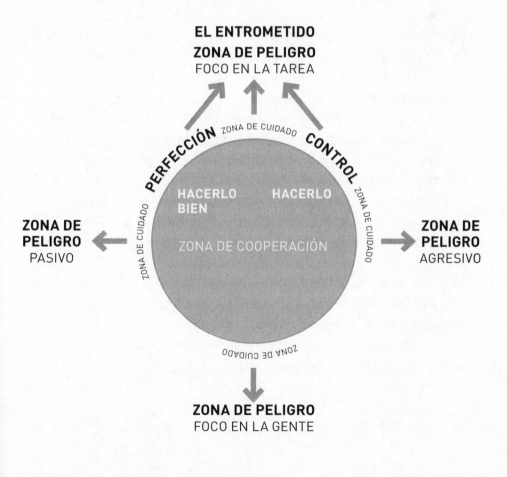

EL ENTROMETIDO
ZONA DE PELIGRO
FOCO EN LA TAREA

PERFECCIÓN ZONA DE CUIDADO CONTROL

ZONA DE CUIDADO

HACERLO BIEN   HACERLO

ZONA DE COOPERACIÓN

ZONA DE CUIDADO

ZONA DE PELIGRO
PASIVO

ZONA DE PELIGRO
AGRESIVO

ZONA DE CUIDADO

ZONA DE PELIGRO
FOCO EN LA GENTE

Cuando la intención de *hacer las cosas bien* se combina con la de *hacer las cosas* y se proyecta sobre el otro el Entrometido se siente obligado a intervenir. Pretende que los demás cambien lo que están haciendo y lo hace señalando lo que debe evitarse y redirigiendo a todos hacia lo que se necesita. No tiene confianza en la habilidad de los demás, los critica y les dice qué hacer, para asegurar de ese modo el resultado. "¿Cuándo te casarás?", quiere saber y te somete a un interrogatorio. Empuja en lugar de persuadir y sus intentos por influir en los demás son tomados como una interferencia inoportuna.

EL RANGO DE DIFICULTAD: DE METICHE A MANIPULADOR

Hay un rango de dificultad entre los Entrometidos. Está el básico Metiche Entrometido que mirará por encima de tu hombro para echar un vistazo a lo que sucede en tu vida. Esto incluye husmear en lo que no le incumbe para enterarse de lo que está pasando.

El Entrometido Controlador es quien mira por encima de tu hombro para asegurarse de que estás haciendo lo que él quiere que hagas. No hagas esto, haz esto otro. Fíjate en eso. No toques. Haz lo que se te pide o serás considerado un perdedor.

El Entrometido Intrusivo quiere hacer las cosas por ti, por tu propio bien, aún en contra de tu deseo expreso. Después de todo, este Entrometido sabe lo que te conviene y es evidente que no te responsabilizarás como se debe.

El Entrometido Manipulador interfiere en alguna cuestión clave de tu vida para afectar algún otro aspecto. Tú, por supuesto, eres el último en enterarte. Cuando te enteras, el daño está hecho y tienes que lidiar con él.

Cómo te vistes, con quién estás, cómo hablas, qué haces: el Entrometido no te quitará los ojos de encima.

MEJOR AJUSTA TU ACTITUD

De todos los comportamientos problemáticos, el Entrometido es el más desconcertante. Las buenas intenciones del Entrometido, sin importar qué tan mal las implemente, son evidentes. Su deseo de *hacer las cosas bien* es algo que no puede resistir. No lo convencerás de que está mal porque su esquema es correcto.

- A tu manera, acércate al Entrometido con cuidado y con gran sentido de la responsabilidad. Esto unifica sus dos intenciones: *hacer las cosas* y *hacer las cosas bien*. Inicia el diálogo con base en el compromiso, la fuerza y la determinación, a sabiendas que él se siente obligado a hacer lo que considera correcto y responsable. Si logras tomarlo con humor, estás de gane. Oculta tu divertimento pero considéralo un plus, pues te ayudará a no tomar muy en serio su comportamiento sin importar qué tan invasivo o personal se vuelva.
- En términos de tu apariencia, muéstrate relajado y reflexivo frente a las preguntas invasivas y hostiles. Sólo porque te pregunta algo, no significa que debas responder. Puedes hacer las preguntas tú e indagar para hallar aquello que está detrás de lo que ha dicho. Si te pregunta por tu peso o por tu dieta, muestra curiosidad por su aspecto y su alimentación. Si te pregunta por tu vida amorosa, indaga sobre sus relaciones. Si te pregunta sobre tus finanzas, tú hazlo sobre las suyas. Habla con seguridad para que envíes una señal clara de que eres responsable y permaneces alerta para tomar las mejores decisiones. Tu respuesta no verbal debe transmitir que eres responsable y que lo que quieres es lo correcto.
- No respondas lo que no te pregunta de manera específica. Si no te pregunta, no digas. Sencillamente reconoce la naturaleza humana en lugar de soltar la sopa. Y si hace preguntas específicas, recuerda que no tienes que responderlas. En cambio, puedes enfocarte en el contenido de sus preguntas, en sus intenciones y en el patrón de su relación contigo.
- No te ofrezcas como voluntario ni reveles nada con lo que no quieras que se involucre. Una vez que el gato está fuera del saco es difícil volver a meterlo. (Aunque el hecho de que el gato esté en el saco para

empezar es algo que jamás hemos comprendido.) Date cuenta de que el Entrometido quizá no sepa cuándo detenerse y puede llegar demasiado lejos.

- No te involucres con él a menos que sepas que tiene algo que ofrecer. Si tiene algo que ofrecer, déjale saber con tanta especificidad y precisión como sea posible, más que dejar el asunto abierto a interpretaciones. Muéstrate responsable en relación con su ofrecimiento o contribución para mantener de ese modo una barrera apropiada entre ustedes.

TU META: PERSEVERAR Y PROTEGER LA BARRERA

Cuando lidias con un Entrometido que quiere invadir y luego administrar tu vida, debes enviar una señal inequívoca de que hay una barrera entre ustedes que no debe ser cruzada. Él debe comprender que aunque aprecias su interés y su preocupación, tienes las cosas bajo control y una visión clara de los detalles. Lo más que puede hacer por ti es darte su apoyo, y lo mejor que tú puedes darle son límites bien definidos, que no sea capaz de cruzar.

PLAN DE ACCIÓN

Opción 1. Aprecia su intención. El comportamiento del Entrometido a menudo es adoptado como una solución a la soledad. Con frecuencia el Entrometido es mayor que tú y tiene mucho tiempo libre. A eso se añade la sensación de sentirse rechazado e inútil que viene con la edad. ¿El resultado? Gente que trata de tener alguna responsabilidad aplicando lo que cree que ha aprendido en su vida y dirigiéndose al blanco de su conveniencia, que es, básicamente, quien sea que esté cerca.

Cuando el Entrometido ocupa su mente en los asuntos de otro puede sentir que está acompañado, incluso si está solo. Cuando te ve no puede evitar ofrecerte lo que ha pensado que te beneficia.

El Entrometido busca compensar la culpa que siente por sus propios errores. No se da cuenta de lo que hace hasta que es demasiado tarde para él, ¡pero no para ayudarte a ti!

Es inútil decirle al Entrometido que lo que hace está mal, ya sea verbalmente o no, pues hacerlo desatará una ola de justificaciones y argumentos defensivos que pueden dañar la relación. Obviamente, es mejor evitar esto.

Aunque odies lo que hace, no hay razón para hacerlo. Aprecia su interés y su preocupación. Así te acercas al lugar en el que se encuentra. Con un poco de suerte aliviarás la tensión que se deriva de su comportamiento al recibir sus comentarios como un regalo más que como una interferencia o una imposición. Es difícil equivocarse cuando agradeces al Entrometido su intención.

Si es posible, agradécele también sus acciones, con base en tu comprensión de sus buenas intenciones. Agradécele sus visitas, sus regalos, sus consejos, el tiempo que te dedica y su interés. Permítele que te considere como alguien que respeta su deseo de *hacer las cosas* y *hacerlas bien,* y permanecerá abierto a tu influencia.

Opción 2. Dale un lugar en el que pueda entrometerse. A veces la gente se entromete porque no tiene nada más que hacer. Con mucho tiempo libre, ideará maneras para contribuir de manera significativa en la vida de los demás y hará de eso su afición. Ofrecerá sus consejos, mantendrá un ojo en las cosas, procurará evitar problemas, se asegurará de que nada salga mal.

Si está decidido a entrometerse, contextualiza su comportamiento y dale al Entrometido un lugar para entrometerse a gusto. Pídele su consejo sobre algún asunto de poca importancia. Esto ayudará a desviar su atención de algo que te importe más y en lo que quieras que no se meta. Elige un área en la que su intrusión sea irrelevante e incluso constructiva. Pídele su ayuda. Permítele que te auxilie con algo, incluso con algo que tú podrías resolver fácilmente. Eso le dará un sentimiento de responsabilidad y apropiación, y saciará su necesidad de estar involucrado en tu vida. Si el Entrometido se mete en la preparación de tu boda, ponlo a cargo de algo, incluso si sólo es elaborar las tarjetas con nombres para asignar los lugares en las mesas. Agradece que tienes a alguien dispuesto a ayudar y ¡sácale provecho!

Opción 3. Entrométete con el Entrometido. Hay muchas formas de entrometerse con el Entrometido, como tomar el control, dar respuestas prefabricadas o crear una distracción.

- Toma el control. Puedes dejar de ser la víctima tomando el control de la intromisión. Fascínate con esto y trata de averiguar todo lo que puedas de la fuente original: ¡el Entrometido, por supuesto! Descubre sus intereses y la manera en que define las palabras que usa. ¡Descubre preguntando! Formula suficientes preguntas y podrás mostrarle que sabe menos del tema de lo que creía. Si ese es el caso, dará un paso atrás y no estorbará más. Permite que su comportamiento sea tu señal para que la próxima vez que quiera meterse en tu vida privada tú le preguntes sobre eso que quiere saber y pongas a prueba sus respuestas.

Entrometido: "¿Estás saliendo con alguien?"
Tú: "¿Por qué te interesa eso?"
Entrometido: "Pues quiero saber con qué tipo de personas estás".
Tú: "¿Con qué tipo de personas te gustaría que saliera?"

Entrometido: "No deberías vestirte así. Te hace ver gordo".
Tú: "¿Me hace ver gordo a los ojos de quién?"
Entrometido: "De la gente".
Tú: "¿Por qué te importa tanto la manera en que la gente ve la gordura?"

Entrometido: "Toda esa mantequilla te va a subir el colesterol".
Tú: "¿Cuánto me subirá el colesterol con esta mantequilla?"
Entrometido: "Me refiero a que te subirá en general".
Tú: "¿Cuánta mantequilla en general me subirá el colesterol?"

- Da respuestas prefabricadas. Si el Entrometido se mete en tus asuntos de manera predecible, puedes anticipar lo que dirá y tener respuestas prefabricadas que lo saquen de cauce. Por ejemplo:

Entrometido: "Querida, ¿cuándo te casarás?"
Tú: "Tía Ellen, me casaré tan pronto como encuentre a alguien que me quiera tanto como te quiere el tío Harry".

Esa respuesta es particularmente efectiva porque tiene dos posibles reacciones. Si la Tía Ellen es infeliz con el tío Harry, no continuará apresurándote a algo de lo que puedas arrepentirte. Si es feliz con el tío Harry, querrá que esperes hasta encontrar a la persona adecuada.

- *Crea una distracción.* Puedes usar algo de *junk o'logic* para crear una distracción. Este recurso crea una conexión artificial entre lo que dice el Entrometido y lo que tú respondes. (Puedes leer más sobre esto en el capítulo 13, "El Autodenominado Sabelotodo".)

> Entrometido: "Ese abrigo no lo mantendrá caliente. ¿Por qué no le compras un abrigo decente para el invierno?"
>
> Tu: "Gracias por mencionar el invierno. ¡Estaba en el pueblo el otro día y vi un escaparate muy lindo con una escena que te habría encantado!" (continúa hablando ¡por lo menos durante un minuto!)

> Entrometido: "Si engordas, no le gustarás a nadie y terminarás solo y miserable como el hermano de tu papá. ¿Eso es lo que quieres?"
>
> Tú: "Me alegro que lo menciones. ¿Has hablado con él últimamente? La última vez que hablamos, él…"

Una vez que empieces a hablar, no te detengas al menos durante 30 segundos o un minuto. Eso es suficiente para distraerlo y hacer que olvide su intromisión. También emplea distractores visuales.

> Entrometido: "No puedo creer que hayas gastado tu dinero en ese coche. ¡En qué estabas pensando?"
>
> Tú: "Estaba pensando… ¡Mira! ¡Voltea para allá!"

Apunta hacia algún lado y habla de lo que hay por allá. ¡Mira su confusión! En el teléfono, exclama: "¡Ay, Dios! ¡Increíble!", y habla de cualquier otra cosa. Este comportamiento repentino y extraño se llama *patrón disruptivo*. Si lo empleas con regularidad en presencia de un comportamiento que quieres desalentar, a tu Entrometido le será más difícil meterse en lo que no le importa.

Una mujer nos dijo que su madre le exigía a su novio: "¿Cuándo te casarás con mi hija?" Su hermana intervino con una distracción: "¿Cuándo me pasarás las papas?", y rápidamente cambió de tema y así pasaron el resto de la comida sin ninguna nueva intromisión.

Opción 4. Negocia un límite. Agenda una reunión informal para platicar con tu Entrometido sobre el papel que está jugando en tu vida. Acuerden juntos un lugar y una fecha donde puedan hablar, de preferencia uno neutral en el que ambos se sientan relajados y lejos de sus responsabilidades cotidianas. Puede ser un restaurante o un parque. Esta conversación planeada, en un lugar casual, facilitará enfocarse en el problema.

"Aprecio mucho todos tus esfuerzos por cuidarme a lo largo de tantos años. Tengo un problema que quiero platicar contigo. ¿Podríamos hacer una cita para hablar sobre el papel que tienes en mi vida? Tengo algunas ideas que creo que aliviarán la tensión y a mejorar las cosas para ambos. También quisiera escuchar tus ideas."

• Prepárate. Conócete. Debes estar consciente de tus limitaciones o terminarás estableciendo acuerdos con los que no puedes vivir. Si eres determinante lograrás que el Entrometido esté de acuerdo con tus términos al punto de marginarlo. Si tienes prisa por terminar la conversación, tu ansiedad será contraproducente. No es una situación en la que las cosas deban resultar de una manera específica. Si las cosas no funcionan, tú sigues teniendo el control. Si el Entrometido continúa interfiriendo en tu vida, conservas la opción de retirarte. No estás atrapado. Hay otras posibilidades y saber esto te permitirá aguantar las dificultades del proceso.

Examina el problema y determina cuáles son tus preocupaciones. ¿Es tiempo? ¿El Entrometido pasa demasiado tiempo cerca de ti y de tu familia? ¿El problema tiene que ver con consejos no solicitados? ¿Sientes que te trata como niño? ¿El Entrometido interfiere en tu vida haciendo cosas con las que estás en franco desacuerdo? En cualquier caso debes saber qué es concretamente lo que te molesta. ¿Cuál es tu interés? ¿Cómo te gustaría que cambiaran las cosas? Aclara estas cosas en tu cabeza antes de comunicarte, para que puedas hacerlo de manera puntual.

Entérate de las necesidades y los intereses de tu Entrometido. Si él no quiere que salgas lastimado, esa es información valiosa. Si el Entrometido considera que puedes mejorar, entender por qué esto le importa tanto te será muy útil. Si el mensaje que te da es que serías más feliz si hicieras lo que él dice, esto también te será útil. Y mientras más sepas, más podrás hacer al respecto. La información es poder y, como en cualquier negociación, hace toda la diferencia en el resultado.

• **Compórtate sabiamente.** El día de la conversación sé gentil. Si te sientes frustrado o atorado, tómate un momento para recomponerte, regresa fresco y empieza de nuevo. Mantén la conversación enfocada en los comportamientos y los intereses específicos (consulta el capítulo 7) en lugar de hacerlo en la persona. Busca una solución que le dé razones a tu Entrometido para sentirse bien cuando te dé lo que quieres.

Si puedes identificar la motivación de tu Entrometido y luego mostrarle cómo ayudarte para conseguir lo que quieres, lo ayudarás a obtener lo que él quiere: cerrarás el trato y redefinirás los límites de la relación. Estos son algunos puntos que debes mantener en mente:

1. **Abre con una frase positiva.** Aunque sólo es una introducción, establece una base positiva para conversar sobre algo potencialmente difícil: "Sé que te importamos, que tu intención es buena…" Proyecta una intención positiva. "Aprecio que…"

- "… te importe mi relación."
- "… quieras mi felicidad."
- "… te interese mi higiene personal."
- "… te importe cómo me veo."
- "… te importe cómo me visto."
- "… quieras que tengamos una boda muy linda y que recibamos los mejores regalos."

2. **Describe el problema.** Aquí debes establecer tu posición. Si el Entrometido demanda mucho de tu tiempo, sé honesto. Si el Entrometido hace cosas en contra de tu voluntad, como consentir en exceso a tus hijos o hablar con personas importantes en tu vida sin tu permiso, sé honesto. Siempre antepón a tus palabras una frase honesta: "Sé que tu intención es buena cuando…" o "Sé que tratas de ayudar cuando…"

3. Habla de los efectos. Dile a tu Entrometido lo que es más difícil para ti. Es la parte más complicada del proceso y es indispensable que lo hagas con amabilidad. El resultado de esto depende de que le hagas comprender a tu Entrometido, de manera precisa, el problema que tienes con su comportamiento. Asegúrate de que tu descripción te incluya para que el Entrometido perciba el efecto que tiene en ti y no se limite a la opinión que tienes de él.

"Me siento tan enojado y frustrado que apenas puedo hablar contigo. Realmente me molesta que te adelantes y hagas cosas que te pedí que no hicieras. El resultado es que me da miedo confiar en ti y me genera ansiedad que pases tiempo con los niños. Me siento muy mal con este asunto, así que todo está empeorando para mí. Y aunque tu intención es buena no me gusta la forma en la que actúas."

"Me siento subestimada, avergonzada, desilusionada y sin ánimo. Quiero protegerme de estos sentimientos y por eso te ignoro. No tiene que ser así. Esto es algo que puede cambiar este mismo instante. No estoy casada, estoy gorda y estoy haciendo algo al respecto."

También puedes hablar de lo que pasaría si el comportamiento continuará. Mucha gente se motiva a cambiar por miedo a las consecuencias negativas. Esto puede ser la pieza clave para que el Entrometido comprenda la situación.

4. Permite que el Entrometido responda. Escucha la posición de tu Entrometido. Permítele que se explique, se defienda y se justifique tanto como quiera. Muestra completa comprensión. Mientras lo escuchas, busca información que te dé opciones. Cuando al Entrometido le das la oportunidad de explicar su comportamiento te sorprenderá descubrir que las razones detrás de sus acciones son incluso mejores que las que tú habías imaginado.

5. Describe el límite deseado. Si has escuchado bien, es probable que pienses en una forma en la que las cosas funcionarán para ambos. Incluso si expones las posibilidades, tienes que decirle a tu Entrometido lo que quieres. Si pides más de lo que esperas recibir, tienes espacio para retroceder un poco y dejar que tu Entrometido sienta que obtuvo algo. Si quieres, pídele una solución antes de dar la tuya. Pero debes poner varias opciones sobre la mesa para establecer los límites en algún lado.

Expresa lo que quieres que suceda. ¿Qué te funciona? ¿Qué no te funciona? ¿Hay temas en los que la participación del Entrometido es bienvenida?

Establece cuáles son esos temas. ¿Hay alguna otra manera en la que el En- trometido pueda mostrar interés? Indica cuál. Sé tan específico como pue- das y comunícate con calma y de manera responsable para que des un buen ejemplo de cómo quieres responda.

"Puedes ayudarme y esta es la manera como funcionará. Si ves algo de ropa que me queda, estoy interesado en escuchar dónde puedo conseguirla. Si sabes de alguien que podría ser una buena pareja para mí, estoy dis- puesto a considerarlo, pero sólo si me dices a mí primero y no a él. Puedes mostrar interés en mi vida pero esta es la manera en la que puedes hacerlo."
6. Establece una señal. Una vez que has acordado los límites de la relación es buena idea terminar la conversación asegurándote de que todo quedó claro. Esto puede no ser así pues el Entrometido funciona en automático y es inconsciente al menos en parte. Volverá a hacerlo. Les ayudará a ambos fijar un sistema de señales para evitar el conflicto. La señal puede ser algo pequeño, como que levantes tu índice y lo muevas lentamente de un lado a otro. O si el problema ocurre por teléfono, pueden ser útiles una frase o una palabra. Una vez definido el límite, tu relación mejorará con el tiempo.
7. Refuerza el límite. Atrapa a tu ex Entrometido haciendo bien las cosas y muéstrale tu aprecio. Comprométete con esto y pon atención para reforzar el comportamiento que deseas.

GRANDES MOMENTOS EN LA HISTORIA DE LA GENTE DIFÍCIL

La vida y los amores de Sally Ardilla

Sally Ardilla se sentó con Rojo en una rama para comer tranquilamente algunas nueces. Sabía que era cuestión de tiempo antes de que su mamá apareciera. Y así pasó: un salto y un brinco y una pirueta después, su madre estaba a su lado, mirándolos con sospecha.

"Hola, señora", dijo Rojo con cortesía. "Hola, mamá", dijo Sally.

Sally le dijo a Rojo: "Te veo después". Rojo entendió la indirecta y tan pronto como brincó, saltó y se alejó, Suzie inició el interrogatorio.

"¡Así que continúas viendo a ese Rojo! —dijo con intensidad—.¿Cuáles son tus planes? ¿Hacia dónde va esta relación?"

Esta vez, Sally estaba preparada. Rio entre dientes y recordó que no estaba obligada a responder las preguntas de su mamá. "Gracias por querer lo mejor para mí. Aprecio lo dispuesta que estás a usar el tiempo que no usas para recolectar nueces en asegurarte que estoy bien." Suzie erizó su cola y dijo: "Eso no responde a mi pregunta".

Sally había dedicado mucho tiempo preparándose para esto. Habló con calma y firmeza. "Mamá, de verdad aprecio que quieras que tenga una buena relación. Pero tenemos un problema." "¿De verdad? —dijo su madre—. ¿Cuál es el problema?" "Sé que tu intención es buena, pero cuando me sigues por todas partes y te entrometes en mi relación ¡me vuelves loca! Me dan ganas de alejarme de ti. A veces incluso he pensado cometer una locura sólo para molestarte, como salir con una ardilla que de verdad no sea buena para mí. No quieres eso, ¿o sí?" "¡Claro que no! Pero…"

Sally estaba decidida a no permitir que su madre controlara la conversación. "Sin peros, mamá. Me he dado cuenta de que si conozco a varias ardillas podré definir mejor lo que quiero de una relación. Es asunto mío, no tuyo. Si te digo algo sobre mi relación será cuando esté lista para hacerlo. Ahora, si tú quieres, hay algo que puedes hacer por mí. Si quieres decirme cuál es la ardilla que tú crees que me puede interesar, la tomaré en cuenta. Pero no necesito una celestina, y si insistes en tratar de serlo —haciendo citas sin mi consentimiento o metiéndote en mis asuntos— te ignoraré y me alejaré en la dirección opuesta, ¿entiendes?"

Suzie quedó perpleja: "Pero sólo intento hacer lo que es mejor para ti", se defendió.

"Eso lo entiendo y aprecio tu intención. Te estoy explicando cómo hacerlo para que funcione. No me persigas ni te entrometas cuando estoy con alguien. Puedes preguntarme sobre el tema cuando estemos en privado. Puedo elegir contestarte o no. Si crees que hay alguien a quien yo deba conocer, puedes decírmelo. Pero si sigo tu sugerencia o no es completamente mi decisión. ¿De acuerdo?"

Suzie miró la rama debajo de ella y dijo: "¿Sabes? Yo también fui joven. Y mi mamá hacía lo mismo conmigo. No puedo creer que estoy repitiendo lo que solía odiar". "Entonces estarás de acuerdo con estas condiciones para que puedas involucrarte en mi vida amorosa." "Sí. De acuerdo. Te prometo que haré mi mejor esfuerzo por cambiar. Pero lo hago de manera automática… ¿Y si lo olvido?" Sally sonrió. "Entonces establezcamos una señal. Si barro mi cola de lado a lado, muy rápido, así… —dijo Sally moviendo la cola— significa que lo estás haciendo." "De acuerdo," dijo su mamá. "Hay un tema en el que realmente quisiera tu consejo." "Ay, Sally, nada me daría más felicidad. ¿Qué es?", preguntó Suzie, emocionada por tener la oportunidad de ayudar a su hija. "¿Cómo le haces para alcanzar las semillas en los comederos de pájaros? ¡Te he visto hacerlo y eres buenísima!" "Sí, lo soy. Vamos. No es difícil. Te mostraré."

Y con un brinco, un salto y un rebote, Suzie y Sally se marcharon contentas.

La moraleja de esta historia es que cuando te aloques por Rojo, da un salto y pon límites.

BREVE RESUMEN

Cuando alguien se vuelve un Entrometido
Tu meta: Preservar y proteger tus límites

PLAN DE ACCIÓN

1. Aprecia su intención.
2. Dale un lugar en el que pueda entrometerse.
3. Entrométete con el Entrometido.
4. Negocia los límites; planea una reunión, prepárate y compórtate sabiamente.
   a) Abre con una frase positiva.
   b) Describe el problema.
   c) Habla de los efectos.
   d) Permite que el Entrometido responda.
   e) Describe los límites que deseas.
   f) Establece una señal.
   g) Refuerza el límite.

22
EL MÁRTIR

E l invierno estaba en el aire. La hibernación empezaría al día siguiente. Pero hoy Papá Oso sólo pensaba en la última cena de la temporada. Al sentarse en su gran silla se le hizo agua la boca pensando en su comida favorita: potaje de avena.

Mamá Oso trajo su tazón primero para que la avena pudiera enfriarse un poco. Luego sirvió el tazón de Bebé Oso para que cuando se sentaran mamá y papá la avena del pequeño estuviera tibia. A Papá Oso le gustaba su comida hirviendo, así que su tazón era el último en servirse.

Al percibir el aroma del potaje, Papá Oso se distrajo con las gracias de su cachorro, que se mecía contento en su sillita. Lo reprendió suavemente. "Siéntate bien o romperás la silla." Luego se dirigió a Mamá Oso: "Esa silla está a punto de romperse. Abuelo Oso no sabe hacer muebles. Debería limitarse a recolectar miel y dejar la carpintería a los castores".

Mamá Oso asintió y recordó: "Hablando de tu papá, ayer pasó por aquí. Quiere que vayas a ayudarlo con algunos proyectos de último minuto".

Papá Oso se sorprendió: "¿Ayudarlo con algunos proyectos? La temporada de recolección terminó. ¡Mañana es el primer día de hibernación!"

El teléfono sonó. Mamá Oso se levantó de la mesa y alcanzó la bocina para contestarlo. Papá Oso y Bebé Oso escucharon mientras decía, con el volumen de voz muy alto: "¿Abuelo Oso? ¡Sí, sí! ¡Yo le digo!". Papá Oso exclamó: "¡Dile que ya estoy hibernando!"

Mamá Oso trató de suavizar las cosas antes de que se le fueran de las garras. "Bueno, estoy segura de que hay una buena razón… Mañana empieza la hibernación y…" "¿Hibernará sin pasar a ver a sus papás —podían escuchar la voz deprimida de Abuelo Oso desde la bocina—. De acuerdo. Si no tiene un par de minutos para ayudarme o para comer con nosotros, dile que comprendo. Yo no estoy listo para hibernar pues me pasé todo el tiempo haciendo la sillita de Bebé Oso y esas camas gigantes para ti y para mi niño. Pero si está tan ocupado…"

Papá Oso puso los ojos en blanco, rechinó los dientes y con un exasperado susurro le dijo a Mamá Oso: "¡Yo no le pedí que hiciera los muebles! Además mi cama es demasiado dura y la tuya demasiado blanda". "¡La mía está bien!", rio Bebé Oso mientras brincoteaba en su silla.

Papá Oso le dijo: "¡Eso es porque yo la hice! Y ya deja de brincar. ¡Esa silla que hizo Abuelo Oso se va a desarmar!"

Mamá Oso no quería estar en medio del conflicto y le hizo un gesto a Papá Oso para que atendiera el teléfono. "Es tu papá", dijo.

Papá Oso se levantó de la mesa de mala gana, a sabiendas de que su avena recién hecha pronto estaría fría y seca. Molesto, tomó la bocina y dijo: "Hola, papá. Escucha, estamos a punto de sentarnos a comer…" "¡Hola, osote! —dijo Abuelo Oso como si no hubiera escuchado una palabra—. ¿Listo para una buena hibernación en esa nueva cama que te hice? Debe ser bueno poder hibernar en tu propia casa. Es por eso que trabajé todos estos años haciendo trucos en el circo, viajando de pueblo en pueblo, para que mis cachorros pudieran tener una vida mejor que la mía. Ahora, si no es mucho pedir, ¿puedes venir ahora mismo? Tu mamá preparó un platillo especial para ti: pescado fresco." "¡Ay, papá! —dijo Papá Oso—, sabes que no me gusta el pescado." Abuelo Oso dijo: "Le romperías el corazón a tu madre si te escucha hablar de esa manera después de que se ha tomado tantas molestias para prepararlo. Mira, tu mamá quiere hablar contigo".

La voz de la Abuela Oso era dulce como la miel: "Hola, mi osito de peluche favorito. Fui a pescar todo el día y atrapé un par de salmones y todo está listo en espera de que llegues". Papá Oso se quejó: "¡Ay, mamá!" "¡No te quejes así! La última vez que te vi no eras nada más que piel y huesos. Sin mencionar que pasé todo el día pescando, y eso que me acabo de ir a arreglar el pelaje. Pero, por supuesto, si eres tan importante para pasar un poco de tiempo con nosotros, o nuestra comida no es suficientemente buena para ti, lo comprendo. No te sientas obligado sólo porque no te hemos visto en meses y no hemos visto a Bebé Oso durante toda la temporada. ¡Seguramente ya ni siquiera se acuerda de nosotros!" Papá Oso suspiró: "De acuerdo, mamá. Ahí estaremos en un rato —colgó el teléfono y miró su potaje—. Grrrr. Adoro la avena. Odio el pescado. ¡Tenía tantas ganas de un último plato de avena caliente antes de la hibernación!"

Mamá Oso intentó calmarlo. "No te preocupes, el potaje estará aquí cuando regresemos." Papá Oso se quejó: "Bueno, eso es fácil para ti. A ti te gusta la avena fría. A mí me gusta muy caliente. Y no es lo mismo comerla recalentada. Además, no hemos arreglado la cerradura de la puerta. Planea-ba hacerlo después de comer".

"No te preocupes —contestó Mamá Oso—. El bosque es seguro. ¡Y so-mos osos! ¡Nadie entrará a nuestra casa sin invitación!"

Los tres osos dejaron la casa y se alejaron por el sendero, mientras Papá Oso refunfuñaba a cada paso.

El Mártir es un dador necesitado; da regalos los quieras o no. Cada uno viene con una obligación.

El comportamiento del Mártir empieza con la intención de *llevarse bien* combinada con la de *recibir aprecio*.

ZONA DE PELIGRO
FOCO EN LA TAREA

ZONA DE CUIDADO

ZONA DE PELIGRO
PASIVO

ZONA DE CUIDADO

ZONA DE COOPERACIÓN

**LLEVARSE BIEN
OBTENER APRECIO**

ZONA DE CUIDADO

ZONA DE PELIGRO
AGRESIVO

APROBACIÓN

ATENCIÓN

ZONA DE CUIDADO

ZONA DE PELIGRO
FOCO EN LA GENTE
EL MÁRTIR

Cuando la intención de *obtener aprecio* se frustra y la intención de *llevarse bien* es proyectada en alguien más, el Mártir se afana por ser importante en tu vida y sentirse amado y se convierte en un dador necesitado. Esto sucede cuando hay competencia por el afecto o si el Mártir se siente ignorado. Sus buenas intenciones se intensifican y se transforman en una necesidad de *aprobación* y *atención*.

El Mártir no pide lo que quiere cuando necesita aprobación ni tampoco encuentra la forma de llamar la atención.

EL RANGO DE DIFICULTAD: MEDIO A REGAÑADIENTES

Hay muchas formas en que el Mártir molesta y presiona a los demás.

El Mártir Medio pone por delante la obligación inherente a todas las relaciones familiares y construye a partir de ahí. Este tipo de Mártir hace lo que tiene que hacer, y mucho más, sin necesidad de pedírselo y sin hacer preguntas. Detecta una necesidad y la satisface. Piensa: "Te estoy haciendo un favor". De este modo, gracias a sus esfuerzos, se gana el favor de las personas y se vuelve necesario para los demás.

El Mártir Regañadientes tiene un patrón similar, con una excepción. Él hace todo refunfuñando entre dientes: "Sí, claro, por qué no. Lo haré. Como si yo no tuviera mis propios asuntos que resolver". Se queja en voz alta y aunque hace lo que se le pide con el tiempo se siente con el derecho de ser correspondido. El Mártir Regañadientes dice: "Te estoy haciendo un favor. Estás en deuda conmigo".

El comportamiento del Mártir Abatido es resultado de haber intentado muchas cosas por mucho tiempo o puede surgir espontáneamente después de un muy mal día. O quizá este tipo de Mártir ha pasado por algo en la vida en que todo le parece particularmente injusto. El Mártir Abatido grita: "¡¿Y yo qué?!" Y se deja caer al piso en un charco de autocompasión.

Como la gente se fastidia de la ayuda no solicitada y de los ataques de autocompasión y culpa, el Mártir termina haciendo más y recibiendo menos. Además, lastima sus propios intereses de dos maneras específicas. Primero, los regalos y los servicios no solicitados son despreciados y los demás no sienten pena por quienes parecen capaces de sentir suficiente pena por sí mismos. Segundo, los regalos del Mártir se dan por sentados y, de nuevo, son menospreciados. La gente piensa: "¡Si quiere hacerlo, que lo haga!" Esto encadena al Mártir a un círculo vicioso de prueba y error del que no hay escape. Mientras más lo intenta, más falla. Mientras más falla, más lo intenta. Mientras más da, es menos apreciado. Mientras menos aprecio recibe, más da. Y nadie le da de regreso porque su comportamiento fastidioso y necesitado es poco atractivo. Los intentos del Mártir para señalar las obligaciones e invocar la culpa son resultado de que nadie quiera darle nada, nunca.

MEJOR AJUSTA TU ACTITUD

El Mártir detectará tus vulnerabilidades, así que ¡blíndalas! Recuerda que lo que impulsa al Mártir no es, como él dice, que nadie lo aprecia. Detrás de todos sus quejidos se esconde la necesidad de relevancia. Mantén algo de distancia emocional y no te enganches con la culpa.

Tu apariencia es importante. La necesidad de validación del Mártir es tan intensa que *debes* apreciarlo para ganar su confianza e influir en su comportamiento. Acércate a él como si merecieran tu agradecimiento por algo. Si no puedes pensar en nada que agradecer, hazlo al menos porque el impacto que tiene en tu vida es limitado. Aprécialo por todo lo que *no hace*. O aprécialo por lo que trata de hacer. O aprécialo por lo que quiere hacer. De cualquier manera, sé genuino, considerado y afectuoso. Al mismo tiempo empatiza con lo poco apreciado que se siente.

Ten cuidado con algunos aspectos cuando lidies con un Mártir:

- No lo llames "mártir". Hacerlo es garantía de conflicto. El Mártir quiere empatía y gratitud, no etiquetas.
- No te defiendas. No tiene sentido defenderte ya que el problema es del Mártir y no tuyo. Si el Mártir te responsabiliza por su sentimiento de insignificancia, agradécele su honestidad sin involucrarte en un diálogo sobre lo que es y no es verdad sobre ti. Cualquier defensa sonará a excusa y, en ese caso, es mejor que te retires.

- No trates de componer las cosas. No existe tal problema excepto en la mente del Mártir y cualquier intento por solucionarlo sólo confirma y fortalece su noción de que, de hecho, existe.
- No le permitas que cargue con todo. Si ves que el Mártir carga con todo tipo de cosas de las que se quejará después, involúcrate e insiste en que sólo cargue con lo que le corresponde, y nada más. Explícale que si carga con más sólo podrá culparse a sí mismo. Al hacerle saber eso en el momento oportuno, estableces una referencia para cuando el Viaje de Culpa inicie de nuevo.

TU META: CORTA LAS ATADURAS, MANTÉN LA CONEXIÓN

El Mártir se afana por ser importante en tu vida y se convierte en un dador necesitado. Siempre hay ataduras y sentirás cómo las jala para hacerte sentir culpa. Pero ésta es una forma poco saludable de buscar aprobación y reconocimiento. Al lidiar con el Mártir tu meta es cortar las ataduras manteniendo la conexión positiva.

PLAN DE ACCIÓN

Opción 1. Busca la oportunidad de dar. Al manejar la necesidad de relevancia del Mártir de manera preventiva evitarás otro episodio del tipo: "¡Pobre de mí!" Puede o no ayudar a cancelar la telenovela en curso, pero te dará algo de alivio. Incluso puede modificar las bases de la relación. Es algo que ha pasado antes.

Danny nos contó lo siguiente:

Todo comenzó hace cinco años cuando me mudé a vivir solo. Mi papá solía llamar a mi hermana siempre que mi mamá lo molestaba. Decía: "Nada le parece. Todo está mal. Nunca está contenta, sin importar lo mucho que yo me esfuerce. Creo que no vamos a durar mucho". Pero cuando le preguntaban por qué continuaba con ella, la respuesta siempre era la misma: sentía que le debía algo.

Es fácil entender por qué se sentía así, pues ella no dejaba de mencionarle todo lo que había hecho por él. "¿Y por qué había hecho tanto por él?", le pregunté y respondió que ¡porque se sentía en deuda! Mi papá no dejaba de decir todo lo que había hecho por mi mamá y por mi hermana. "¿Y por qué lo hiciste?", le pregunté. Dijo que ¡se sentía en deuda con ellas! ¡Y mi hermana insistía sobre lo mucho que ella había hecho por él! Le pregunté por qué lo hacía y me contestó que ¡sentía que se lo debía!

Ahí estaba toda esa gente a la que yo quería, haciendo cosas maravillosas por el otro, pero sin apreciarse realmente, pues todos se sentían menospreciados. ¡Y todos actuaban con culpa! Así decidí dar un poco de aprecio a cada uno y hacer de eso mi tarea. ¿Y por qué lo hice mi tarea? Porque los amo y es un placer para mí mostrarles afecto. ¡Y merecen mucho afecto! Mi aprecio quizá no significaba mucho para ellos, pero al menos recibirían algo. Y quizá algún día seguirían mi ejemplo. ¡Nunca se sabe! Mientras tanto, yo disfruto la compañía de todos y quizá algún día ellos disfrutarán la mía.

Hazle saber al Mártir que no das por sentado lo que te da y será menos propenso a pensar que te has olvidado de él. Puedes hacerlo de las siguientes maneras:

- Dile lo que amas. Cuando haga o diga cosas que no te gustan, dile que aprecias su intención positiva. Confiésale lo que podría hacer que tú apreciarías mucho más. Redirigiéndolo hacia un área en la que tu esfuerzo será apreciado, aprenderá a jugar un papel en tu vida que te importe de verdad.
- Ponte de su lado. Si alguna vez haces algo que le molesta y te culpa por algo que dijiste o hiciste que lastimó sus sentimientos, no hay explicación posible que lo haga cambiar de opinión. Pero si pides perdón y reconoces su punto de vista, olvidará la herida y elegirá el amor.

Harry nos dijo:
Mi mamá, Sybil, se enteró por mi cuñada que yo no le había dicho algo importante sobre mi hija. Sybil estaba furiosa y me dejó de hablar. Cuando la llamaba me gritaba en el teléfono: "¡No te importo!", y colgaba. Si iba a su casa, no abría la puerta y me gritaba desde dentro:

"¡Vete! ¡No te importo!" Esta situación era muy difícil para mí porque yo no le había contado las cosas para protegerla; no quería preocuparla. Pero las cosas no resultaron bien. Un día le envié un gran ramo de flores con una nota que decía: "Entiendo tu punto. Fui desconsiderado. Te quiero. Por favor, perdóname". ¿El resultado? Me llamó y me dio las gracias por las magníficas flores y me dijo que también me amaba.

- Habla con el niño interior. De la misma manera que un niño se irá a los extremos para obtener aprobación, el Mártir se desbocará para ganar tu amor y tu aprecio. Cuando consideres que se porta de manera infantil, habla con su niño interno. Usa las mismas expresiones faciales y el tono de voz que usarías con un niño y dale al Mártir la atención que necesita. Cuando un Mártir diga con patetismo: "Pobre de mí", alíviale la carga diciéndole: "Oh, ¡pobre bebé! Necesitas un apapachito bonito, ¿verdad?" Esta comunicación juguetona y cariñosa puede ser todo lo que necesites para aliviar el alma del Mártir. Muchos entrevistados han descrito los valiosos resultados de esta estrategia.

Opción 2. Interrumpe el Viaje de Culpa. El Mártir te visita. El teléfono suena y mientras te disculpas para contestar, el Mártir dice: "Sí, está bien. Toma la llamada. Aunque estaré aquí poco tiempo, no te preocupes por mí. Estoy seguro de que, sea quien sea, es más importante que lo que yo te estaba diciendo". Esa es la invitación para el Viaje de Culpa, ¡un recorrido por la tierra de la fantasía del Si Tan Sólo, Si Hubieras y Yo Quisiera! La culpa es tu boleto a ese tren. Pero no tienes que abordarlo. Si comprendes la dinámica de la culpa, puedes evitarla.

- Desmantélala. Cuando comprendes la naturaleza de la culpa puedes desmantelarla y ver exactamente cómo funciona un Viaje de Culpa.
  ¿Qué es la culpa? Es lo que sientes cuando haces algo que violenta tus valores. Si valoras a tu familia pero el trabajo te impide estar con ella, te sientes culpable. Si valoras la gentileza pero le gritas a tu hijo, te sientes culpable. Si ves a alguien sufriendo y no haces nada para ayudarlo, y valoras la solidaridad, te sientes culpable. Incluso si lo que haces o dejas de hacer es tu mejor opción, pero violenta tus valores, te sientes culpable.

La culpa no es algo malo. Quien no la siente jamás puede terminar como un criminal. Cuando no debilita, motiva. La culpa nos ayuda a moderar nuestro mal comportamiento, induce a la introspección e incluso contribuye al pensamiento creativo. Puedes resolver el sentimiento de culpa haciendo o dejando de hacer algo. La culpa tiene el poder de hacernos reconsiderar nuestras acciones, cambiar nuestro comportamiento y restaurar los valores de nuestra vida.

¿Qué tiene que ver la culpa con la obligación? Cuando hicimos algo mal, ¡buscamos repararlo! Quienes crecen haciendo críticas constantes o siendo acusados injustamente, sienten haber hecho mal las cosas incluso cuando no es así. Esta gente puede llegar a hacer algo malo intencionalmente como un acto de rebeldía y vive temerosa de que la descubran. Está lista para ir al Viaje de Culpa. Quienes creen que no hacer nada es lo peor, se sentirán culpables cada vez que traten de relajarse. Este tipo de culpa es un pase gratis al Viaje de Culpa. Todo lo que tienes que hacer es mostrar tu pase y podrás viajar. El Mártir creará un vínculo entre tu sentido de culpa y obligación y lo que él quiere. En efecto, el Mártir dice: "Si fueras más responsable, harías lo que digo", "Si fueras más agradecido, harías lo que quiero" o "Si fueras más eficiente, harías lo que pido". El Mártir también usa los corolarios negativos: "Si no fueras tan irresponsable, harías lo que digo" o "Si no fueras tan malagradecido, harías lo que quiero". Reconoce el patrón y no lo internalices en absoluto.

- **Dale la vuelta.** Cuando el Mártir dice algo de manera directa para hacerte sentir culpable, dale la vuelta y hazlo sentirse así a él por haber dicho lo que dijo. Darle la vuelta a la culpa requiere que la identifiques. Si el Mártir te acusa de no preocuparte por algo, dile que él no se preocupa por tu preocupación. Si te dice que no lo aprecias, dile que él no está apreciando tu aprecio. Al negarte a aceptar sus argumentos y poner su comportamiento en tela de juicio, le das vuelta a la culpa y la depositas en el lugar que le corresponde. Al hacerlo, te liberas de la obligación de hacer o no lo que tú quieras.

Mártir: "No aprecias todo lo que hago por ti".

Tú: "Aprecio todo lo que has hecho por mí. ¡Pero no creo que tú aprecies mi aprecio!"

Mártir: "Eso no es verdad".

Tú: "Bueno, pues tampoco es verdad para mí".

Mártir: "Si realmente me amaras, me ayudarías con esto".

Tú: "Si realmente me amaras, comprenderías que no puedo hacerlo".

Mártir: "¡Pero te amo de verdad!"

Tú: "Yo también te amo de verdad".

- Dale tijeretazo. Otra manera de que el Mártir querrá llevarte a un Viaje de Culpa es motivándote a hacer lo que quieres, pero con la condición de que te sientas mal por hacerlo. El Mártir intentará atar la culpa a tu determinación. La culpa se convierte en obligación. Al construir un sentido de obligación a lo largo del tiempo puede invocarlo en el futuro cuando necesite algo de ti. La obligación, aún cuando es manufacturada de esta manera, puede ser el tipo de acceso que el Mártir necesita para mantenerte donde quiere respecto de aspectos más importantes de la relación. La mejor protección para este comportamiento es cortar al cordón que ata tus decisiones a la culpa. Primero, hazlo dentro de ti. Luego, agradece el apoyo, si acaso fue eso lo que el Mártir te ofreció. Esto desconecta su acceso y te libera para que te nuevas sin cadenas, obligaciones o ataduras.

Mártir: "Adelante. No te preocupes por mí".

Tú: "De acuerdo, Genial. ¡Gracias!"

Mártir: "Déjame que yo pague. Ya veré de dónde saco el dinero".

Tú: "¡Ya que insistes!"

A veces el Mártir le asigna un valor a tus decisiones y hace una comparación negativa con el valor que él tiene en tu vida:

- "Te importa más él que yo."
- "Te importa más tu bienestar que el mío."
- "Consideras eso más importante que yo."

La mejor respuesta es dar el tijeretazo y desconectar lo que quieres hacer de las razones que el Mártir le asigna a tu decisión. Puedes hacerlo diciéndole que el afecto y el aprecio son las razones por las que haces las cosas. Dale crédito a su valor; aprecia su comprensión.

Mártir: "Adelante. Obviamente te importa más ese perro que yo".
Tú: "De hecho, estoy cuidando al perro porque lo prometí, igual que tú lo harías en mi lugar. Así que gracias por entender".

Mártir: "Adelante, si tu esposo y tus hijos son más importantes que tu propia madre…"
Tú: "De hecho, estoy cuidando a mi familia, de la misma manera que tú nos cuidaste a nosotros. Así que gracias por entender por qué sé que alcanzas a apreciarlo".

Mártir: "No tienes que venir a visitarme si tienes cosas más importantes que hacer".
Tú: "Es cierto. Sería un desperdicio de dinero realizar un viaje hasta allá en este momento. Aprecio mucho que te preocupes por nosotros de ese modo".

• Arráncalo de raíz. ¿Qué te mantiene atado al Mártir? ¿Por qué te sientes culpable con él y cómo usa esto el Mártir a su favor? Para mantenerte alejado de esta dinámica tienes que liberarte de las culpas que no te corresponden y actuar a partir de las que sí.
Si alguien te ofrece retroalimentación de una forma honesta y sin malicia que te haga sentir bien, entonces en esta situación no hay un Mártir involucrado y el Viaje de Culpa sólo es tuyo. Identifica el valor socavado y repáralo, y la culpa se evaporará. Si te sientes obligado por algo que alguien hizo por ti ponte a mano y listo. Elabora un inventario de lo que tú has hecho para devolver al Mártir lo que él ha hecho por ti y ve cuál es el balance. Si le debes al Mártir y no le has pagado, planea cómo hacerlo. Identifica cómo estás pagando la deuda y concédete algo de reconocimiento por ello. Cuando el Mártir jale las cuerdas de la obligación, no habrá nada atado a ellas.

Opción 3. Borrón y cuenta nueva. ¡A veces la gente está enojada porque ella misma se da cuerda!

Los problemas emocionales, los pensamientos irracionales y los comportamientos difíciles a menudo son resultado de asumir de manera personal los eventos externos. Lo mejor que puedes hacer para ayudar al otro a sentirse valioso es valorarlo.

- **Responde a la exageración de lo terrible.** ¿Alguna vez te ha sucedido algo malo y lo repasaste una y otra vez en la privacidad de tu mente para que ningún detalle terrible se escapara? Todos hacemos esto alguna vez. Para el Mártir es un hábito. Un vaso de vino derramado en una magnífica comida familiar, y el Mártir dice: "Se arruinó toda la velada". Si no hay suficiente comida o algún detalle no fue planeado bien, el Mártir dice: "¡Esta reunión es un desastre!" Pero, ¿en realidad todo se arruinó? ¿O fue el hecho de creerlo así lo que arruinó las cosas para el Mártir? ¿Fue la reunión un desastre o lo fue la respuesta del Mártir? Cuando la gente exagera los detalles negativos puedes responder exagerando la exageración y pidiendo un ejemplo contrario.

  Mártir: "¡Nada podría ser peor!"
  Tú: "¿Nada? ¿Puedes imaginar un par de cosas que lo serían?"

- **Actualiza las preferencias.** La vida es cambio y eso no puede controlarse. Las preferencias funcionan mejor que las demandas rígidas cuando se trata de lidiar con las personas de manera saludable. La gente con preferencias tiene algo de control sobre sus sentimientos y sus pensamientos. La gente con demandas rígidas trata de controlar a personas y eventos y cuando esas demandas no son satisfechas se siente desgraciada. Podría salir de su miseria si convirtiera sus demandas en preferencias. De este modo, en lugar de enfocarse en cómo "deberían" ser los resultados, lo haría en cómo "preferiría" que fueran. El Mártir puede ser incapaz de realizar este cambio, pero tú puedes ofrecerle esta actualización:

  Mártir: "Tendrías que haber sido más considerado respecto de lo que te solicité".

Tú: "¿Habrías preferido que fuera más considerado respecto de lo que me solicitaste?"

Mártir: "Yo habría hecho cualquier cosa por ti si me lo hubieras pedido".
Tú: "¿Habrías preferido hacer lo que yo te pidiera?"

Cuando este patrón se repite una y otra vez puede llegar a influir en el comportamiento del Mártir de lo que "debería-tendría-habría" que hacerse.

Opción 4. Di no a las solicitudes no razonables. Negarse con claridad es una habilidad importante, en especial para la gente que evade el conflicto con la intención de *llevarse bien*. Decir que no te hace más auténtico y le permite a los demás saber cómo te sientes. Cuando accedes a ayudar o a recibir ayuda sabrán que eres sincero y que no hay resentimientos escondidos ni encontrados.

Decir que no no te vuelve egoísta, pues en este caso no te estarías enfocando en tu interés personal ni en la exclusión de otros. Al decir que no lo que dices es menos importante que cómo lo dices. Dilo con calma y con sencillez, como si fuera lo más normal del mundo. Repítelo si tienes que hacerlo. Si lo adornas con excusas, el Mártir se molestará y facilitarás que rechace tu negativa. Si te pones agresivo al decir que no el Mártir se molestará mucho y recordará sólo lo que sintió cuando te negaste, más que enfocarse en el resto de la plática.

Para agregar poder a tu negativa sacude la cabeza al mismo tiempo. Esto le da congruencia al mensaje. Un mensaje mezclado —decir que no mientras te muestras confuso o poco decidido— le restará fuerza a tu argumento. Para dejar muy claro tu no, puedes iniciar suavizando las cosas con palabras como "Gracias por preguntar, pero no", "Lo siento pero voy a tener que decir que no" o "Desafortunadamente la respuesta es no". También puedes aligerar las cosas si terminas diciendo "Gracias por preguntar", "Gracias por pensar en mí" o "Quizá en otra ocasión".

Si no te sientes cómodo diciendo que no, practícalo a solas en un elevador. En cada piso pretende que alguien te está pidiendo que salgas antes de llegar al piso al que vas. "No, no es éste", "No, no ahora" y "No, es muy pronto". Cuando sea momento de bajarte, di: "¡Aquí es!" y siente lo genial que es decir sí cuando es el momento correcto.

Opción 5. Dale una probada de grandeza. A veces debes plantear límites más claros y decirle a tu persona problemática la verdad acerca de cómo su comportamiento es contraproducente y lo que crees que funcionaría mejor. Sé honesto. El resumen es el mismo que para cualquiera de los comportamientos problemáticos: planea, escribe, practica y elige lugar y fecha. (Consulta la sección "Di la verdad" en el capítulo 7, y "Habla para ser comprendido" para más detalles.) Tu meta al ser honesto es dar al Mártir una probada de grandeza.

- Establece tu intención positiva.
- Sé específico sobre el comportamiento problemático.
- Muéstrale lo contraproducente de su comportamiento.
- Sugiere nuevos comportamientos.
- Refuerza el cambio de comportamiento.

Hay dos aspectos de la honestidad que son especialmente importantes cuando lidias con el Mártir:

1. Proyecta una intención positiva. Dile, "Gracias por…"

- "… hacerte cargo."
- "… dedicarle tanto trabajo."
- "… hacer una cena tan rica."

2. Sé específico. Recuerda usar un lenguaje como éste: "Estoy seguro de que puedes apreciar…", antes de mostrarle la naturaleza contraproducente de su comportamiento.

GRANDES MOMENTOS EN LA HISTORIA DE LA GENTE DIFÍCIL

Los tres osos

Una semana antes del día de hibernación Papá Oso anunció a Mamá Oso y a Bebé Oso (¡quien ya no era un bebé!) que visitarían a Abuelo Oso y Abuela Oso. Mamá Oso miró a su esposo con curiosidad y él dijo: "No quiero responder ninguna llamada de último minuto, como la del año pasado, que me arruine mi último potaje antes de la hibernación".

Papá Oso tecleó la clave secreta en el sistema de alarma instalado, revisó dos veces la cerradura y emprendieron el camino. Poco después llegaron a la guarida paterna.

"¡Hola, papá!" llamó. "¡Hola, hijo! ¿A qué debo esta agradable sorpresa?" "Me sentí mal con la despedida antes de la hibernación del año pasado. Fue apresurada y de último minuto. Pensé venir antes para ver si necesitas ayuda con algún proyecto. Podemos tener una linda tarde y desearnos un buen descanso invernal." "Vaya, eso es muy amable de tu parte", dijo Abuelo Oso.

La Abuela Osa salió de la cueva. Después de los abrazos, Mamá Oso le dio a la abuela un tarro de miel recién recolectada: "Es sólo un pequeño regalo de parte de todos, como muestra de agradecimiento". "¡Qué lindo!", dijo Abuela Oso, recibiendo orgullosa el frasco.

Abuelo Oso le dio unas palmadas a Papá Oso en la espalda y le dijo: "¿Y qué haremos, pequeño? ¿Construimos un mueble?" "¡Ah, no, no! —contestó con rapidez Papá Oso—. Ya nos hiciste muchos muebles, y lo apreciamos, ¡pero creo que usarás mejor tu tiempo si juegas con tu nieto!"

Así que Abuelo Oso le mostró a Bebé Oso algunos de sus famosos trucos de circo. Mientras tanto, Papá Oso decidió lidiar con el asunto de la cena con su mamá, antes de que se convirtiera en un problema. "¿Mamá, podemos hablar de la comida?" Pero antes deque pudiera continuar, Mamá Oso dijo: "No me digas que no te comerás el salmón. Nunca aprecias la buena comida que preparo para ti". Papá Oso gruñó lo cual paró en seco a la abuela. Luego se suavizó y dijo: "No creo que aprecies lo mucho que yo te aprecio".

Los ojos de Abuela Oso se abrieron enormes. Estaba claramente confundida con la postura relajada y el tono cariñoso de Papá Oso. Él continuó: "Te quiero, mamá. Sé que pones mucho esfuerzo en preparar el salmón.

Lo haces con tanto cariño y a todos les gusta. No me molesta que lo sirvas. Es sólo que a mí no me gusta. No tiene que ver con quién lo prepare, y esa es la razón por la que no voy a comerlo. De todas maneras puedo disfrutar ver a todos saborear tu maravilloso salmón mientras yo degusto tus otros magníficos platillos —tras una pausa, Papá Oso añadió—: de hecho, hay un aspecto que quisiera consultarte y aprovechar tu experiencia culinaria". Abuela Oso estaba sintiendo el cariño que le daban. "Claro mi cachorrito, ¿cuál es?" "Adoro la avena. Si pudieras encontrar la manera de recalentarla sin que pierda su delicioso sabor sería genial." "¿Encontrar la manera? Eso no será necesario. Durante la noche en que todos estén comiendo salmón probarás un tazón de avena caliente con la receta de mamá."

Y sin más, se abrazaron.

La moraleja de esta historia es que un no firme, un fuerte abrazo y un tarro de miel garantizan una feliz hibernación.

BREVE RESUMEN

Cuando alguien se convierte en Mártir
Tu meta: corta las ataduras, mantén la conexión

PLAN DE ACCIÓN

1. Busca la oportunidad de dar.
2. Interrumpe el Viaje de Culpa.
   a) Desmantélalo.
   b) Voltéalo.
   c) Dale tijeretazo.
   d) Arráncalo de raíz.
3. Haz borrón y cuenta nueva.
   a) Responde a la exageración de lo terrible.
   b) Contrarresta la frustración.
   c) Actualiza las preferencias.
4. Di no a las peticiones poco razonables.
5. Ofrece una probada de grandeza.

23
¿Y SI LA GENTE NO TE SOPORTA?
CORRESPONDENCIA CON LA GENTE DIFÍCIL

1. ¿Y SI *TÚ* ERES EL TANQUE?

Rick[2]:

Tienes agallas y disparas con fuerza. Admiro eso. Desde tu seminario he llegado a la conclusión de que soy una persona difícil A quienes yo consideraba difíciles, son así por tener que lidiar conmigo. Pierdo la paciencia cuando pienso que la gente desperdicia el tiempo. Pero tengo mucho que hacer y cuando tengo una meta a la vista la gente me entorpece el camino y me frena. ¿Qué puedo hacer? No escatimes palabras. Sé honesto. Puedo aguantarlo. Tengo mucho callo.

Joe Sherman

Querido Sherm:

Para empezar, admite que aplastar a la gente requiere mucho tiempo y es la manera menos efectiva para lograr que las cosas se hagan. Deja de perder el tiempo. Considera lo siguiente: ¿las cosas se hacen cuando te portas así? ¿Qué cosas sí se logran? ¿A qué costo? ¿La gente a tu alrededor te tiene miedo? ¿Es eso lo que quieres? ¿Eres un verdadero líder e inspiras y motivas a los demás? ¿O eres sólo un dictador? ¿Por qué no haces las cosas sin dejar un reguero de cadáveres a tu paso?

Entendemos que eres un hombre con una misión. Has construido algo que quieres preservar. No quieres que nada de detenga. Temes que sucederá. Si ser un líder, en lugar de un dictador, te parece una buena meta, usa la estrategia de ajuste de actitud del capítulo 9. Si de verdad quieres *hacer las cosas* estudia las biografías y las autobiografías de quienes han obtenido resultados y utilízalas de ejemplo para buscar tu é xito. Úsalas de modelo, cambia tu historia y acostúmbrate a hacerlo así.

2. ¿Y SI *TÚ* ERES EL FRANCOTIRADOR?

Queridos Frick y Frak:

Hay quienes crecen con ustedes: otros fallan. Algunos practican lo que predican; otros sólo predican. Algunos pastores alimentan su rebaño; algunos lo trasquilan. No es que trate de decir que son unos perdedores o unos mentirosos, pero, bueno… deben ser hermanos gemelos. Nadie puede ser tan estúpido.

Señora Tine

Estimada señora Tine:

¿Detectamos en sus palabras un dejo de sarcasmo? No, no. Fue toda una sinfonía y estaba tocando nuestra canción. ¡Perro malo! Ve a la esquina. De hecho, tal como un Francotirador, ya tiene menos amigos que un reloj despertador. Cada vez que dispara, la gente seguramente piensa que ya tomó su primera cerveza. El hecho es que tiene un problema para expresarse: su cerebro. Pero hacerla sentir mal no ayudará a que cambie. Entonces, ¿cómo cambiará?

Si hay cualquier grado de rencor contra alguien a quien esté acechando, quizá querrá ahorrarse muchas molestias: hable con su víctima y solucione el asunto de una vez por todas. Le recomendamos que admita ser un Francotirador, que se responsabilices de las reacciones que ha tenido frente a la situación que originó el problema y que describa la razón por la que está enojada y se pregunte qué es lo que quiere.

Es posible que no tenga ningún resentimiento contra nadie en particular. Ser un Francotirador puede ser resultado de un momento de impaciencia con alguien que se tomó demasiado tiempo para algo o producto de la irritación acumulada con la gente de ideas evidentemente inferiores. Ya sea la impaciencia con quien la hace perder el tiempo o la irritación acumulada, al final del día lo único que quiere es vengarse.

En cualquier caso, su comportamiento de Francotirador está evitando que cumpla otro propósito mucho más importante. Quizás usted sea gerente y quiera las opiniones de sus empleados, pero no las está obteniendo porque temen volverse su blanco. Si ve esto con claridad, podrá generar un cambio.

Si es el tipo de Francotirador que sólo actúa por diversión y no pretende nada con sus groseras y graciosas (para usted) afirmaciones y crees: "Hey, si no puedes reírte de ti mismo, ríete de los demás", recuerda que el significado de la comunicación es la respuesta que obtiene de ella. Dicho de otra manera, cabeza hueca, si está tratando de ser amigable, y los demás no lo están entendiendo así, debería intentar algo distinto. Pregúnteles qué prefieren y hágalo. Deles permiso de recordarle si por casualidad "lo olvida".

3. ¿Y SI *TÚ* ERES EL SABELOTODO?

Señores:

Cuando asistí a su seminario estaba seguro de que no tenían nada valioso que decirme. Después de todo, tengo varios títulos de estudios en negocios y poseo mi propia mediana empresa que funciona con bastante eficiencia. Pero debo admitir que unas pocas de sus ideas me parecen remotamente razonables aunque dudo si la mayoría de las personas son suficientemente inteligentes para emplearlas con éxito. En su opinión, ¿qué parte del programa, si es que hay alguna, sería más valiosa para mí?

Cordialmente, S.O.Y. Pomposo

Apreciable señor Pomposo:

Como sabrá, aquellos que valoran el conocimiento pueden obtenerlo sólo si mantienen su mente abierta. No hay duda de que ha pasado usted un tiempo considerable aprendiendo lo que sabe. Quizá también ha considerado que mientras más sabe, parece saber menos y hay más por conocer.

Cada persona tiene el potencial de incrementar su caudal de conocimiento porque todos poseemos una perspectiva única. En las discusiones, recuerde esto: en lugar de desestimar a los demás descubra lo que quieren decir en realidad. Alguien puede sugerir algo completamente absurdo que nunca funcionará, pero el criterio que hace que esa persona sugiera esa cosa puede valer su peso en oro.

En cuanto a su actitud, señor, le recomendamos que alimente su curiosidad y busque la fascinación que puede encontrar en las diferencias de percepción y comportamiento de las personas. En la era de la información, cuando una enciclopedia entera puede consultarse en segundos con una tecla, la sabiduría es más valiosa que el conocimiento. La sabiduría no viene con la edad, pues de un bebé puede provenir gran sabiduría. La sabiduría es producto de una mente inquisitiva que está conectada al corazón.

4. ¿Y SI *TÚ* ERES EL AUTODENOMINADO SABELOTODO?

Queridos amigos:

Hey, ¿qué onda? Caché varios chistes en su clase. Ya quiero usarlos con los chavos en la oficina. Pero tengo que decirles que hay una manera más fácil de lidiar con alguien difícil. Sólo míralo a los ojos cuando se ponga pesado y dile: "¡Suena a que tienes un rollo personal!" ¿Me captan?

Ya en serio, ¡la única bronca con esta gente es su actitud conmigo! Nunca me canso de platicar y ¡tengo público! ¡Hasta cuando me equivoco tengo buenas razones para adivinar mal! Pero ya nadie me respeta. ¿Alguna sugerencia?

Adiós, carita de arroz.

El Mero Mero

Querido Mero Mero:

Pensamos al menos en dos cosas que aún no sabes:

1) No hay nada malo en admitir una equivocación, a menos que trates de esconder tu error. Tan pronto como te das cuenta de que tu información es inadecuada, o de que tu idea fue pobremente presentada, será suficiente que lo admitas para recuperar la estima de tus colegas.

2) Si la exageración es un ligero problema para ti, sería fructífero que lidies con la casusa: puede ser el deseo frustrado de ser apreciado. Quizá quieras intentar algunas cosas para incrementar tu autoestima porque tenerla baja a menudo es la raíz del comportamiento del Autodenominado Sabelotodo. Acude a un consejero. Sométete a una dieta alta en fibra de información y temas relevantes para tu trabajo y tus relaciones personales. Lee libros, escucha audios y ve videos que te ayuden a lidiar con tus problemas de autoestima.

3) Lo más importante: deja de intentar impresionar a la gente por un tiempo. Los demás pueden pensar que eres un tonto o puedes eliminar sus dudas abriendo la boca. Ensaya distintas maneras de sentirte cómodo con el silencio y espera antes de hablar hasta que de verdad tengas algo que contribuya a la discusión. Recuerda que la mejor manera de ganar afecto para ti es mostrar afecto genuino por los demás.

5. ¿Y SI *TÚ* ERES LA GRANADA?

Para los dos idiotas que presentaron el programa sobre la gente difícil:

Ustedes dos realmente me [exabrupto suprimido]. Me senté a ver todo el programa sólo para escucharlos fanfarronear y escupir su filosofía. No dejaba de preguntarme: "¿Quién se creen que son?" Pero la gota que derramó el vaso fue lo que dijeron sobre las Granadas que se odian a sí mismas. ¿Y qué si es así? Eso es asunto mío, ¿no? ¿Y qué si no soy perfecto como ustedes? Tengo mucho estrés con el cual lidiar en mi vida, como tres escuincles mal portados, un jefe arrogante, un equipo de trabajo de malagradecidos y una esposa a la que no le gusta mi actitud. ¿Y qué si no le gusta? Ese es mi asunto. Pero espero que cambie de opinión. Ni siquiera sé por qué me tomé la molestia de escribir esta carta. ¿Qué les puede importar? Ya tengo suficientes cosas con las cuales lidiar en mi [exabrupto suprimido] vida. Olvídenlo.

Nile Jales

Querido Nile Jales:

¡Uf! ¿Usas alambre de púas como hilo dental? Por lo que dices, tienes un temperamento regular: siempre gruñón. Si vas por ahí con la misma hostilidad que hay en tu carta sólo es cuestión de tiempo antes de que se te pare el corazón. Te sugerimos algunas cosas para cambiar tu actitud.

Debes determinar lo que te motivará a hacer el cambio, ya sea una recompensa interna, como tener una vida más feliz, o una externa, como ser un mejor ejemplo para tus hijos o elevar tus probabilidades para obtener una jubilación saludable. La claridad del motivo actuará como un sistema de riego que no permitirá que el fuego se salga de control

El siguiente paso es encontrar cuál es tu clavija y descubrir qué la jala. ¿Cómo sabes cuándo estallar? Podrías responderme: "No lo sé". Pero inténtalo. Examina algunas instancias en las que has explotado. Analiza diversas situaciones y encuentra el denominador común de lo que te hizo estallar. Entonces decide qué quieres hacer la siguiente vez que alguien jale la clavija. ¿Cómo quieres responder? Ensaya esto en tu mente hasta que lo sientas natural y verosímil.

Si eres una Granada ocasional, procura expresar antes tus sentimientos, en pequeñas dosis, más que esperar el punto de ebullición. Dedícale tiempo durante las próximas semanas a desarrollar la capacidad de expresarte apropiadamente cuando salta la primera chispa.

6. ¿Y SI *TÚ* ERES LA PERSONA SÍ?

Queridos doctores:

Hola. Mi nombre es Clara y supongo que no me recuerdan. Realmente me gustó mucho su seminario. Creo que fueron muy considerados. Les dije a todos mis amigos lo lindas personas que son ustedes. Si hay algo en lo que yo pueda ayudarlos, sólo díganme y haré mi mejor esfuerzo para hacer tanto como pueda dadas las circunstancias.

Estoy segura de que están muy ocupados y de que no han tenido tiempo de contestarme. Está bien. Lo entiendo. Quizá quieran pasar tiempo con sus familias, y eso está bien. No me molesta. Estoy feliz de haber tenido la oportunidad de conocerlos un poco. Y, por cierto, ¿esta carta está bien? ¿No es mucho parloteo? Mejor me detengo porque sé lo ocupados que deben estar.

Afectuosamente, Clara Quesí

Querida Clara:

Gracias por tu carta tan considerada. Es un placer saber de ti. Debes ser una linda persona, así que aquí hay algunos consejos para ti.

Tu reto es decir lo que piensas independientemente de lo que otros opinen. Y no es tan difícil hacerlo como crees. Empieza por darte cuenta de que en tu afán por complacer a los demás a menudo no lo haces. Si haces una oferta que no puedes cumplir o una promesa que no puedes satisfacer, el malestar de aquellos a quienes desilusionas es inevitable. Quizá no lo creíste cuando te lo dijimos, pero todos prefieren que seas honesta y directa y que cumplas tus compromisos.

¿Alguna vez le has dicho a un vendedor que regresarías cuando sabías de antemano que no lo harías? El vendedor, cuyos sentimientos no querías herir, se entusiasma falsamente y desperdicia tiempo valioso. Lo más amable en ese caso es decir la verdad: que no tienes la intención de adquirir el producto o servicio. La gente que te ama quiere que seas feliz también, pero no puede contribuir a tu felicidad a menos que seas honesta respecto de lo que quieres y puedes hacer. Y si siempre te pones al final, reprimiendo tu pensamientos y tus sentimientos, no le das oportunidad a los demás de que te conozcan de verdad y el resultado jamás será una intimidad verdadera.

Te recomendamos que mantengas tus compromisos desarrollando tu habilidad para administrar tu tiempo y tus recursos. Aprende a establecer metas y a generar un plan de acción: a darle prioridad a ciertas actividades para maximizar el tiempo; a delegar para no hacerlo todo tú; a estar consciente de tus tiempos para que puedas realizar estimaciones más realistas para que las interrupciones o las crisis inesperadas no afecten tus planes.

Practica tu asertividad en los pequeños detalles. Si tu comida no está bien preparada en un restaurante, devuélvela. Si alguien te quita tu lugar en la fila, dile que tú llegaste primero. Aprovecha todas las oportunidades para ser asertiva. En las reuniones de negocios ponte como meta ser la primera, o una de las primeras, en hablar.

Como tu fortaleza es una genuina preocupación por la gente, puedes ayudar mejor si te acercar a donde ella está. Y piensa en ti. Tú también cuentas.

7. ¿Y SI *TÚ* ERES LA PERSONA QUIZÁ?

Queridos Rick y Rick, doctor Brinkman y doctor Kirschner, señores:

No estoy segura de que esta sea la cuestión, pero cuando ustedes preguntaron cuánta gente procrastinaba en el grupo, ¿de verdad querían que levantáramos la mano? Porque no estaba segura de ello y antes de que pudiera decidirme ustedes ya habían cambiado de tema. No levanté mi mano pero creo que procrastino. Bueno, al menos a veces. Bueno, no es que no pueda decidirme. O sí. De cualquier forma, sólo quería decirles que al menos hay una persona más en el grupo que deja las cosas para después y que no levantó la mano. A menos que alguien haya levantado la mano que realmente no procrastine. ¿Eso sucede?

Saludos, Zoila Duda

Querida Zoila:

Nadie que realmente procrastina levantó la mano. Y todas esas personas que sí lo hicieron, bromeaban.

Tenemos muchos… no, no tantos, consejos para ti. Recuerda estas simples reglas: *1)* No hay tal cosa como una decisión perfecta. Cada decisión tiene un costo inherente que no puedes predecir. *2)* Toda decisión no tomada eventualmente se tomará sola. *3)* Cuando dudes, decide en ese momento. El 80 por ciento de las decisiones que enfrentas pueden hacerse en el instante en que te das cuenta de ellas y más información no servirá de nada. Sólo 15 por ciento de las decisiones se beneficiarán con más información y sólo 5 por ciento son decisiones que ni siquiera tendrías que tomar.

Si estás preocupada porque tus decisiones lastimarán a los demás, sé honesta con ellos. Expresar tus preocupaciones y ser sensible con los sentimientos de los demás es una habilidad maravillosa siempre y cuando no te estanque en un comportamiento contraproducente.

Te recomendamos que te fijes en las decisiones que tomas bien. Por ejemplo, decidiste escribirnos y darle seguimiento a una preocupación. Decidiste levantarte por la mañana y comer cuando tenías hambre o dormir cuando tenías sueño. Decides cómo vestirte y qué leer. Hay todo un rango de elecciones que se presentan día a día.

Fíjate en tus éxitos y recuerda que puedes lograrlos. Encuentra un sistema de toma de decisiones con el que puedas trabajar. A partir de ahí sé consistente y te darás cuenta de que decidirte poco a poco se vuelve más sencillo.

8. ¿Y SI *TÚ* ERES LA PERSONA NADA DE NADA?

Queridos ¿?
No sé. Nada viene a mi mente.

Saludos, Tato Blanco

Querido Tato:
Tiendes a ser una persona callada y el conflicto tiende a empujarte hacia la nada. Reprimir tus sentimientos y retirarte de un conflicto sólo lo perpetúan y crea una distancia entre tú y los demás. Esta distancia tiende a aislarte, lo cual es lo opuesto a la intimidad.

Expresar tus emociones de manera responsable en lugar de guardarlas es mejor para tu salud y tu felicidad. No tienes que ser la víctima silenciosa de conversaciones fútiles si estás dispuesto a hablar y a mover a los demás en otras direcciones. Cuando sientas algo que te genera conflicto, pero no quieres hablar con quienes están involucrados, habla con alguien más. A veces sólo necesitas sacar las cosas para entender cómo resolver un problema.

Si te has convertido en un Nada de Nada para evitar las explosiones emocionales y como una manera de hacerte de una coraza protectora, usa la estrategia de la Granada que comentamos en este libro. Será mucho más efectivo y habrá mucho menos desgaste para ambas partes. Hay altas probabilidades de que de que si te comunicas más con las personas emocionales de tu vida evitarás sus estallidos, ya que el silencio es una de las formas más efectivas de jalar la clavija de la Granada.

Si estás en un grupo de personas, procura hablar. Intenta, alguna vez, incluso dominar la conversación. Puede sentirse extraño al principio, pero te acostumbrarás. Di la verdad sobre lo que sientes más a menudo a la gente que te importa. Dile lo que te molesta de manera que no sea acusatoria: "Cuando tú (describe lo que hace con lo que se te dificulta lidiar), yo siento (describe el efecto que tiene su comportamiento en ti). En el fututo me gustaría que (pide lo que quieres)". Por ejemplo: "Cuando levantas así la voz, siento que me gritas más que hablarme. En el futuro, apreciaría que me hablaras con un tono más conversacional". De esta manera puedes expresarte responsablemente, darle oportunidad al otro de que te conozca y fortalecer la relación.

9. ¿Y SI *TÚ* ERES LA PERSONA NO?

Señores:

El propósito de esta carta es doble. Primero, estoy en desacuerdo en cuanto a sus aseveraciones sobre la negatividad. La negatividad puede ser positiva si previene que la gente haga tonterías que pueden propiciar errores costosos. En segundo lugar, deseo cuestionar la premisa de que la gente puede establecer metas realistas y lograrlas. En mi vida, la gran mayoría de las personas que he conocido no ha alcanzado sus metas, mientras que muy pocos, casi siempre a través de los privilegios, lo hacen.

No tiene sentido que contesten esta carta pues no cambiaré de parecer. A diferencia de otras personas que ven sus programas, no le veo el caso a la psicología popular y a las fórmulas simples para el éxito. Lo que me ha enseñado a mantener un bajo perfil han sido las experiencias amargas y no me convencerán de levantar la cabeza sólo para recibir un tiro.

Neil Ointento

Querido Neil:

En la vida de todas las personas siempre caerá un poco de lluvia. Todos hemos tenido momentos difíciles. Todos hemos sido desilusionados y hemos experimentado cosas que hubiéramos preferido evitar. La negatividad es una parte esencial de la experiencia humana. No queremos sonar desalentadores, pero cuando tu disposición es negativa, tu percepción de las cosas y de las personas es imprecisa.

Si realmente quieres conocer a quienes te rodean, carga contigo una grabadora y déjala encendida. Hacerlo cambiará tu nivel de negatividad de manera significativa. Luego, fíjate cuántas veces pudiste ser negativo y no lo hiciste debido a la grabadora. Cuando escuches la grabación, toma en cuenta que eres el doble de negativo de lo que se escucha en la cinta.

¿Qué quieres que signifique tu vida? Cuando miras lo que has hecho en relación con lo que te fue dado, ¿cuál es el gran logro de tu vida? "Dediqué mi vida a robar a los demás su energía y su motivación." Ese no es un legado para sentirse orgulloso. ¡Es una mortaja! Mira a tu alrededor: los aviones, las televisiones, los automóviles, todos los inventos y los logros de la humanidad. Todas esas bendiciones son fruto de quienes han estado dispuestos a creer que las cosas son posibles y muchas veces trabajaron contra todo pronóstico. Eligieron ser parte de la solución en lugar de ser parte del problema. A veces, al enfrentar obstáculos y peligros, incluso unos que ni tú puedes imaginar, las personas encuentran en su interior la voluntad de ganar. Tú puedes hacer lo mismo, pero sólo si lo decides.

Te sugerimos que realices un *ejercicio de cambio de historia* con los momentos amargos de tu vida. Haz una lista de las peores y más dolorosas desilusiones. Pregúntate qué sabes ahora que te habría ayudado a que tu vida fuera diferente. Usa tus recursos y regresa a esos recuerdos de una manera más poderosa. Usa las lecciones aprendidas y deshazte de la desilusión. Todo pasa y, si lo permites, puedes hacer que suceda antes de que tu vida termine. Te recomendamos que leas y releas el capítulo 9, "Cómo cambiar tu actitud". Ejercita las habilidades que ahí se proponen hasta que las domines. Quizá quieras buscar ayuda profesional: un consejero o un terapeuta que te ayude a desescombrar tu pasado y a ponerte al día. La vida es muy corta para pasarla sintiéndote mal con tu pasado. Tienes el resto de la vida para recuperar el tiempo perdido.

En tus relaciones, cuídate de criticar. La retroalimentación ayuda a los demás a mejorar su rendimiento y eso es algo positivo. La crítica negativa casi nunca ayuda y generalmente destruye lo que toca. Cuando la gente ofrece sugerencias o comparte ideas y logros contigo, esfuérzate por valorarlo y hablar sobre eso antes de dar retroalimentación sobre cómo mejorarlo. Reúne información para ampliar tu entendimiento, especialmente tu criterio. Puede ser que tengas un asunto importante y que señalar las posibles faltas u omisiones sea un paso esencial del proceso. Pero lanzar generalizaciones negativas tiende a arruinar las cosas, así que haz un esfuerzo por ser específico y mantener la perspectiva.

Que los demás se enteren de tu intención de ser constructivo. Si te conocen de hace varios años les tomará un tiempo creer que de verdad has cambiado.

Todo lo mejor (y nada de lo peor).

10. ¿Y SI *TÚ* ERES EL QUEJUMBROSO?

Queridos Kirschner y Brinkman:

¡Oh, no! Este programa es muy complicado. Hay mucho que aprender y todo sucede demasiado rápido como para retenerlo. No sólo eso, sino que si todos aprendiera esto no funcionaría. E incluso, si funcionara, no sería muy disfrutable porque todos sabrían lo que estás haciendo. Además, hay otros libros, grabaciones y seminarios que declaran que pueden decirte cómo lidiar con la gente difícil, pero no todos están de acuerdo con lo que ustedes proponen. Y luego está el problema de distorsionar lo que ustedes nos han dicho y eso sería terrible. No tienen idea de la situación tan difícil que han creado con su programa.

Saludos, Sol Oquejas

Estimada Sol:

Al igual que la persona No, te enfocas en lo que está mal en lugar de hacerlo en lo que podrías hacer al respecto. Quizás encuentres falla también en ti. Tienes cuatro opciones si quieres que tu futuro sea distinto a tu pasado:

1. Enfócate en la resolución de problemas. Repetir una y otra vez lo que no quieres es como manejar en reversa para evitar chocar con algo que está frente a ti. Pregúntate: "¿Qué quiero? ¿Dónde lo quiero? ¿Qué puedo hacer para obtenerlo?" ¡Recuerda que no puedes tener dirección si no te planteas un objetivo! Escribe tus metas concretas.

2. Tómate un momento y mira el mundo a tu alrededor. Deshazte de las gigantescas generalizaciones que haces de todo. Rómpelas en pequeños pedazos para que puedas analizarlas, escucharlas y sentirlas, y eventualmente hacer algo al respecto. La gente que pone manos a la obra, a diferencia de un

Quejumbroso, desperdicia muy poco tiempo en reaccionar y usa su energía para acercarse a los resultados que considera viables.

3. Valora lo que está funcionando en tu vida y lo que has logrado. En tu camino te habrás enfrentado a muchos parteaguas quizá sin notarlo. Eso te quita la satisfacción y la energía que proviene de los logros. Pon un par de notas en algunos sitios que te digan: "Recuerda apreciar".

4. Puedes hacer todas estas cosas en lugar de sentirte desesperanzada y quejosa y sacar de quicio a quienes te rodean. Creemos que sería mucho más satisfactorio. Así que la próxima vez que empieces a quejarte, ¡detente! Comprométete a hacer algo, lo que sea, en lugar de quejarte. Tú y todos a tu alrededor habrán dejado las quejas atrás de una vez y para siempre. Gracias por escribir, y si cambias de parecer, ¡avísanos!

11. ¿Y SI *TÚ* ERES EL JUEZ?

Apreciables e idiotas doctores:

Aunque es difícil creerlo, heme aquí solicitándoles su infantil y estúpido consejo. ¿Por qué lo hago? Quizá porque es la única manera en que puedo experimentar de primera mano la inmadurez que permea la filosofía de farmacia de todos los libros de autoayuda. Francamente me asombra la frecuencia con la que me dejan perpleja por la forma en que justifican lo simplista de sus consejos sobre problemas complejos y difíciles. Si alguien es culpable de ser reduccionista y sacar provecho de ello seguramente que ustedes dos califican. Yo he descubierto que la gente que no logra dar la talla se derrumba y genera excusas lastimeras para explicar su incompetencia. En esencia, quisiera escuchar qué tienen que decir a una sola pregunta: ¿qué puedo hacer para bajarme del caballo y comunicarme con los idiotas que me rodean y no simplemente dirigirme a ellos?

Irrespetuosamente, I.O.T. Culpo

CÓMO TRATAR CON GENTE COMPLICADA

Querida I.O.T.:

Apreciamos que quieras hacer lo correcto y sabemos que no será fácil. Puede ayudarte saber que cuando consideras idiotas a los demás tu comportamiento sigue esa pauta. Así que el primer paso para bajarte del caballo es que te deshagas de esa noción. Y aunque eso no modificará tu problema por completo, es la mejor respuesta a tu pregunta. Más allá de eso, se vuelve complejo. Debes examinarte y dictarte sentencia de manera realista y útil. Comprenderás muchas cosas acerca de por qué la gente hace lo que hace. Esa es la parte difícil. Ten en cuenta que el jurado permanecerá ausente durante un buen tiempo mientras aprendes este nuevo comportamiento y consideras a los demás con mayor claridad y precisión. A medida que reemplaces tus opiniones con esas precisiones los juicios que considerabas necesarios en otros tiempos te ayudarán a hacer el bien a quienes aprecias, en lugar de insultarlos.

12. ¿Y SI *TÚ* ERES EL ENTROMETIDO?

Queridos doctores K. y B.:

Sé que quizá incorporarán preguntas en el capítulo sobre "¿Qué pasa si tú eres la persona difícil?" Con eso en mente, les preguntaré algo. Pero antes de hacerlo me gustaría sugerirles cómo abordar la respuesta.

Primero deben considerar sus palabras y sus frases. Las palabras cortas son más sencillas de comprender que las complejas. Recuerden la puntuación apropiada. La mala puntuación dificulta la comprensión del texto. Se pueden beneficiar si mejoran la calidad de los ejemplos de su libro. De hecho, si yo escribiera el libro lo reorganizaría colocando este capítulo de "yo difícil" al principio, ya que la mayoría de la gente que se queja de las personas difíciles es la gente difícil de quienes los demás se quejan.

Sólo envíenme el manuscrito y el contacto de su editor en McGraw-Hill. Sé que me agradecerán.

Ah, y mi pregunta es: ¿por qué la gente se molesta si lo único que hago es hacer algunas preguntas que pueden ayudar?

Por favor respondan a la brevedad.

Ashley Asíh

280

Querida señora Asíh:

Antes que nada le agradecemos sus múltiples sugerencias y ofrecimientos de ayuda. Es obvio que se preocupa por nosotros. El problema con el que se ha estado enfrentando es que las personas sienten que cuando les pregunta algo está tratando de apoderarse de sus vidas. Una manera en la que puede ayudarnos y ayudarse es explicando que no quiere redirigir la vida de nadie y que respetará las decisiones del otro. Aprenda a preguntar lo más importante: "Esto me da curiosidad, ¿puedo preguntarte algo?" Si la respuesta es no, significa que es demasiado pronto pero será su primera oportunidad de demostrar respeto. Por supuesto, usted decide. Su vida, sus decisiones, sus resultados. Ah, y elegimos dejar este capítulo donde está, y apreciamos que respete nuestra decisión.

13. ¿Y SI *TÚ* ERES EL MÁRTIR?

Queridos señores:

No espero que respondan a esto aunque deberían hacerlo. Pero sé que estarán demasiado ocupados para dedicar un momento a una extraña como yo. Lo entiendo. ¿Qué importa si necesito algo y no encuentro a nadie que me ayude? ¿Qué importa si me desvivo por ayudar a los demás sólo para toparme con ingratos que parecen haber olvidado que sacrifiqué todo por ellos y que no tienen ni un momento cuando necesito su ayuda? ¿Qué importa? Estoy acostumbrada. Nadie aprecia lo mucho que he trabajado y hecho por ellos. No tiene importancia. Sólo quiero saber cómo es que la gente toma tanto y da tan poco. Pero no se preocupen. Si no puedo deducir esto por mi cuenta, como acostumbro, meteré la cabeza al horno, ¿no? No creo que aprecien lo duro que es para mí dar tanto y recibir tan poco a cambio. Sólo quiero saber qué se supone que debo hacer para que la gente se preocupe por mí como yo hago por ella.

Triste, Dolly Enteh

Querida Dolly:

Para alguien como tú que ha batallado tanto, hiciste un magnífico trabajo planteando la pregunta clave. ¡Muy bien! Y la pregunta es: ¿cómo hacer que la gente se preocupe por ti? La respuesta puede sorprenderte. Lo lograrás cuando liberes a los demás de las obligaciones. En otras palabras, deja de esperar algo a cambio cuando tú des, para que el otro pueda darte con libertad. Sé sincera cuando le dices al otro que haga lo que quiera. Sincera de verdad. Y cuando todo en ti te impulse a lamentarte por tu suerte, mira a tu alrededor, porque hay muchos necesitados que requieren personas como tú que los ayude. Hay mucho de lealtad, buena administración y amor en satisfacer de manera consistente las necesidades de los demás. Como dijo el famoso humanista Albert Schweitzer a sus estudiantes: "No sé lo que depara el futuro. Pero sí sé esto: los únicos entre ustedes que serán felices de verdad, serán lo que hayan buscado y encontrado a quien ayudar". Para nosotros es muy importante que te preocupes lo suficiente como para preguntar.

CUARTA PARTE

✳

LA COMUNICACIÓN EN LA ERA DIGITAL

Revelamos las limitaciones y los inconvenientes de las comunicaciones telefónicas y los correos electrónicos y te mostramos la manera de convertir estos obstáculos en ventajas con un poco de prevención.

24
COMUNICACIÓN Y EL RETO DE LA TECNOLOGÍA

La comunicación cara a cara siempre ha representado un reto. Ahora, gracias a las facilidades de la tecnología moderna es posible que incluso las buenas relaciones se amarguen y que los problemas interpersonales empeoren a velocidades sin precedentes. En los capítulos 4 al 6 analizamos la importancia de verse y sonar que que uno tiene buena disposición, asumiendo que las "personas no cooperan cuando sienten que el otro está en su contra". La comunicación cara a cara ofrece numerosas formas de enviar y recibir señales que indican que estamos en el mismo canal. Sin embargo, el teléfono y los correos electrónicos bloquean algunas de estas señales y destacan otras, y ofrecen, por lo tanto, ventajas y desventajas.

En esta parte del libro revelaremos la naturaleza del problema y ofreceremos estrategias para reducir el conflicto y mejorar la comunicación a través de teléfono y el e-mail.

LOS "NÚMEROS DEL SIGNIFICADO"

En 1967 el doctor Albert Mehrabian, profesor de la UCLA condujo un estudio sobre la importancia relativa de los mensajes verbales y no verbales cuando la gente comunica sus sentimientos y actitudes.[2] Observó que la mayoría de las personas enviamos mensajes mezclados casi todo el tiempo y buscó entender cómo es posible que los entendamos.

---

[2] Albert Mehrabian, *Mensajes silenciosos. Comunicación implícita de las emociones y actitudes*, 2ª ed., Wadsworth Publishing, Belmont, California, 1980.

Mehrabian diseñó un estudio en el que la gente era filmada mientras comunicaba sus sentimientos. Luego produjo tres diferentes versiones de la misma interacción y las presentó a un grupo de personas. El grupo vio la película sin sonido. Luego escuchó una pista del audio pero pasado por un sintetizador que hacía las palabras incomprensibles aunque dejaba intacto el tono, el volumen y la velocidad. Finalmente leyó la transcripción de los testimonios.

El doctor descubrió que la mayoría las personas en el grupo de estudio pensó que había experimentado tres interacciones distintas: una reunión de trabajo, gente enojada y amigos platicando. Las personas del grupo se sorprendieron mucho cuando descubrieron que eran tres versiones de la misma interacción. Con base en las respuestas, Mehrabian llegó a estas conclusiones:

- El 55 por ciento del significado que la gente deduce de cualquier comunicación se basa en lo que ve.
- El 38 por ciento del significado que la gente deduce de cualquier comunicación se basa en lo que escucha (tono, volumen y velocidad).
- El 7 por ciento del significado que la gente deduce de cualquier comunicación se basa en las palabras pronunciadas.

Nos referimos a estos resultados de manera coloquial como "El 55, el 38 y el 7" o, si lo prefieres, los "números del significado". Creemos que estos números del significado son importantes para entender la comunicación en general.

Estos porcentajes no deberían ser una sorpresa. Después de todo, axiomas comunes como "ver es creer" y "las acciones dicen más que las palabras" apuntan hacia la mayor influencia del 55 por ciento: el componente visual. ¡Los productores de televisión saben esto! Quizá has visto algún episodio de *Cámara escondida*. En uno de ellos, el anfitrión era Allen Funt y creó escenarios con mensajes mezclados: llenó la sala de espera de un doctor con gente en ropa interior. ¡Los pacientes reales entraban al cuarto, se sorprendían, se desvestían y se ponían a leer alguna revista mientras esperaban su turno! Esto demuestra que el elemento visual de nuestras interacciones con los demás es determinante. Algunos padres eligen ignorar esto y decir inútilmente a sus hijos: "Haz lo que digo, no lo que hago".

Cuando la gente te habla, la manera en la que suena constituye el 38 por ciento de la comunicación y usualmente refleja su estado emocional y envía un mensaje de ego. Es un mensaje personal para ti y desempeña un papel en la manera en que descifras el mensaje mezclado.

Como lo mencionamos en el capítulo 7, la gente toma de manera personal el tono de voz. El asistente técnico al otro lado del teléfono puede darte excelentes consejos, pero su voz parece decir: "¡Eres un idiota!" Puedes darle a un amigo direcciones precisas para llegar a tu fiesta, pero la velocidad de tus palabras puede hacer que suene: "¿Podrías intentar entender? ¡Tengo personas más importantes con las cuales hablar y cosas que hacer en lugar de hablar contigo!"

Aunque las palabras que usamos sólo constituyen 7 por ciento del significado de una comunicación particular, todos sabemos que una sola palabra puede ser el gatillo que dispara una reacción en cadena.

Conocimos a un paciente que nos contó que los hijos de su vecino la atormentaban cuando era pequeña. La apodaron el Reno y no dejaban de repetírselo. Treinta años después, en un coctel con colegas, la palabra "reno" salió casualmente y toda la experiencia de la fiesta cambió en un abrir y cerrar de ojos. Sus sentimientos sobre la persona que usó la palabra se volvieron negativos y todo lo que podía pensar era en salir de ahí. Mientras que la reacción no tenía sentido en un nivel consciente, su subconsciente le había traído una oleada de inseguridad. Por esta razón muchos adultos se niegan a compartir sus apodos de la infancia.

El mayor valor de conocer "El 55, el 38 y el 7" está en que recuerdes el orden en que las personas deducirán los mensajes de los demás y cómo es posible que los mensajes mezclados produzcan malentendidos.

Siempre que hay una diferencia entre lo que ves, lo que escuchas y las palabras dichas, hay un problema en potencia. Incluso en la comunicación cara a cara son comunes los mensajes mezclados. Si en una discusión el esposo declara su amor por su esposa gritando: "¡Te quiero! ¡¿No lo entiendes?!", probablemente ella no lo entenderá. Pero si analizamos las palabras por sí mismas: "Te-quiero-no-lo-entiendes", parece que todo está bien. Pero si se añade un tono enojado y un volumen alto, las cosas sencillamente no coinciden. Y cuando hay una falta de concordancia las personas tienden a responder al número más alto.

El tono de voz revela el estado emocional de la persona incluso cuando quiera mantenerlo escondido. Imagina que tienes una respuesta emocional intensa a lo que ves o escuchas. Quizá quieras que esa interacción se mantenga positiva y tu intención hace que reprimas tus sentimientos. El problema es que mientras tu mente consciente está ocupada buscando las palabras que usarás para expresarte (7 por ciento), tus emociones suprimidas se filtrarán a través de tu tono de voz. Desafortunadamente para ti, el receptor del mensaje ignorará las palabras tan cuidadosamente seleccionadas y responderá sólo a tu tono de voz. ¿Por qué? Porque siempre que hay un mensaje mezclado y la gente tenderá a responder al número superior en la tríada 55, 38 y 7.

ALGO SE PIERDE Y ALGO SE GANA

Cuando hablas por teléfono o te comunicas por escrito, pierdes acceso a las sutiles pistas visuales que te ayudan a entender lo que escuchas. No puedes ver el aspecto del otro y él no puede ver el tuyo. Algunas personas saben que son escuchadas cuando las ves a los ojos y asientes con la cabeza mientras hablan. Pero esas señales no se transmiten por la línea telefónica. Como resultado, podrías sacudir la cabeza y el otro no se enteraría. En la comunicación escrita, pierdes el 55 por ciento y el 38 por ciento y sólo quedan las palabras. Es muy natural alucinar con libertad sobre cómo suena el otro y hasta reaccionar a esas alucinaciones como si fueran un hecho.

En la comunicación, como en la vida, cuando algo se pierde, algo se gana. En este caso, la comunicación escrita y telefónica tiene grandes ventajas que rebasan sus aparentes desventajas. Si estás consciente de ella y las usas a tu favor, expandirás tu éxito.

25
OCHO GRAMOS DE PREVENCIÓN EN LA COMUNICACIÓN TELEFÓNICA

Cuando hablas por teléfono prescindes de las pistas visuales (el 55 por ciento) que te podrían ayudar a dar sentido a lo que escuchas. En el teléfono, la comunicación se basa en cómo se escucha la gente, el 38 por ciento, y lo que dice, el 7 por ciento. ¿Qué sucede con el restante 55 por ciento? Cuando los elementos visuales de la interacción cara a cara salen del juego, con frecuencia la gente construye sus propias imágenes. Digamos que estás en el teléfono con alguien a quien jamás has visto en persona. La voz que escuchas te recuerda a alguien más o a algún momento de tu vida pasada. Asocias su tono, su velocidad y su volumen con un tipo específico de persona, con base, por supuesto, en tu experiencia. Así que creas una imagen en tu mente que encaja con lo que escuchas y luego respondes a esa imagen mental.

¿Alguna vez te ha pasado que conoces a alguien en persona con quien habías hablado previamente por teléfono y era completamente diferente a lo que imaginaste? Eso es porque creíste que la imagen en tu mente era real hasta que viste a la persona cara a cara. Ahora imagina que tienes sentimientos negativos asociados a la imagen que creaste en tu mente. ¿Crees que esto influirá en la manera en que interpretas las palabras que escuchas? ¿Crees que la forma en que escuchas las palabras puede influir en tus reacciones? Por supuesto, y a menudo así sucede.

Te ofrecemos un gramo de prevención que convierten las conversaciones telefónicas en una ventaja.

1. DALE FORMA A LA PERCEPCIÓN

Una conversación telefónica se reduce a pequeños momentos en el tiempo que le dan forma a la percepción desde el saludo inicial, la pregunta que tú haces, la respuesta que le dan a tu pregunta, tu respuesta a su respuesta, cómo suenas y lo que dices cuando lo pones en espera y viceversa. Todos esos momentos permiten que fluya mejor o peor la relación, simplificando el momento que sigue o incrementando la complejidad de lo que se requiere de ti. ¡Lo gracioso es que estos momentos tienen poco o nada que ver con la verdad y todo que ver con la percepción!

Puedes creer que haces todo bien y equivocarte debido a que no tienes retroalimentación visual en las conversaciones telefónicas. Puedes creer que estás haciendo y diciendo mal las cosas sólo para descubrir que la persona con la que hablas está agradecida por el tiempo que le dedicas. Por esta razón, es importante que asumas que no sabes cómo serás percibido por el otro. Por lo tanto, debes hacer todo lo que esté en tus manos para ayudar a dar forma a esta percepción. Por ejemplo: tomar notas mientras escuchas lo que el otro dice es una buena manera de mantener presente lo que escuchas. Pero como el otro no te ve escribir, puede preocuparse por los silencios al otro lado de la línea, a menos que le menciones que estás tomando notas. Puedes sonreír a lo que el otro dice, pero a menos que lo verbalices el otro jamás se enterará. Puedes preocuparte del problema que el otro te cuenta, pero a menos que lo menciones el otro asumirá que no te importa.

Es irónico lo poco que se necesita para sostener una conversación telefónica exitosa, incluso con la gente que se comporta mal, tomando en cuenta el gran problema que puede surgir si olvidas todas esas pequeñas cosas que hacen la diferencia. ¡El corazón y el alma de todas las relaciones humanas se reducen al hecho de que lo pequeño cuenta mucho! Y los pequeños detalles se suman: tanto los buenos como los malos. Por ejemplo, la gente sólo necesita dos o tres ejemplos de algo para generalizar. Una vez que lo hace, automática e inconscientemente buscará aspectos de su experiencia que encajen con esas generalizaciones.

¿Alguna vez le has dicho tu nombre a alguien por teléfono, y luego esa persona volvió a preguntarte cómo te llamas? ¿Alguna vez le has dado a alguien tu número de teléfono, por teléfono, y poco después el otro te pide tu número telefónico? ¿Qué generalización hiciste sobre la capacidad de atención de esa persona? Una vez que una opinión negativa se forma, todo cuanto pueda ser juzgado como negativo será juzgado de esa manera.

Las generalizaciones pueden funcionar *en contra* o *a favor* tuyo. La forma que se le da a la percepción se reduce a estos pequeños momentos, que, sumados, cuentan mucho.

2. USA TU CUERPO PARA CONTROLAR TU TONO

Tu habilidad para controlar tus reacciones emocionales y el sonido de tu voz es una de las grandes ventajas que tienes cuando hablas por teléfono Tu tono de voz está conectado a tu cuerpo, y lo que haces con él tiene un efecto en tu tono. Esta es la razón por la cual los que se dedican al telemercadeo tienen un espejo sobre su escritorio y una nota que les recuerda: "Sonríe".

Usa esta ventaja. Cuando te des cuenta de que te pones intenso en una llamada telefónica, inclínate hacia atrás, levanta los pies y adopta una posición relajada. Esto tendrá un notable efecto en el tono de tu voz. Cundo necesites sonar más asertivo o imponente, levántate y párate con estabilidad y fuerza, abriendo las piernas a la altura de los hombros y añadiendo algo de flexibilidad doblando ligeramente las rodillas. Cuando quieras sonar casual, recárgate en tu escritorio. El teléfono te permite tener más dominio de tus reacciones emocionales de lo que tendrías en un encuentro cara a cara.

Hank, representante de soporte técnico de una compañía de alta tecnología, nos dijo que cuando lidia con clientes enojados toma el abuso verbal de manera personal. Gracias a los audífonos que usa puede levantarse de su silla y caminar alrededor. Hace estiramientos de yoga mientras trabaja con clientes agresivos. Esto le ayuda a relajarse pues ¡no puede tomarse las cosas personales cuando está en una postura de yoga! Si estuvieras cara a cara con gente difícil e hicieras yoga, la confundirías mucho. Este comportamiento parecería una locura o al menos algo inapropiado en la mayoría de las circunstancias. El teléfono, ¡qué bueno!, crea un escudo de privacidad que te permite usar estrategias no convencionales pero efectivas que pueden cambiar tu estado emocional.

3. RESPIRA POR TU VIDA

Respirar con conciencia es una magnífica manera de controlar tus reacciones emocionales sin tener que suprimirlas —lo cual podría causarte mayor daño si resurgieran en el futuro y sabotearan tus esfuerzos. Al atender tu respiración, te inspiras cuando inhalas y alivias tensión cuando exhalas. La persona al otro lado de la línea sólo escuchará algunas palabras de tu parte para clarificar o recuperar lo que ha dicho.

Respira más profundamente cuando estés en el teléfono que en persona, pues cara a cara inducirás una reacción negativa. Pon tu teléfono en "silencio": aleja la bocina de tu boca o respira mientras el otro habla. ¡Esa es la ventaja de respirar en el teléfono!

4. ESQUEMATIZA UNA RUTA

Es más fácil tomar notas mientras estás en el teléfono que cuando estás cara a cara con una persona agresiva. Si eres atacado con una diatriba iracunda escribe las palabras o frases claves que esa persona te dice y úsalas para recuperar lo que dijo con mayor precisión. Escribe también lo que tú responderás cuando sea tu turno de hablar. Estas notas son un esquema útil para implementar las estrategias de comportamiento mencionadas en la tercera parte de este libro. Usa tus notas como una semblanza de racionalidad en la interacción.

Asimismo, utiliza tu posibilidad de tomar notas como una manera de ventilar tu respuesta emocional frente a alguien que se porta mal al otro lado de teléfono. Dibuja una caricatura de cómo crees que se ve el otro y luego tacha su cara por completo. Cuando se trata de lidiar con lo que sientes respecto de alguien que está fuera de control ¡quizá aprendiste todo lo que debiste aprender en el jardín de niños!

5. APRENDE CUÁNDO HACER PAUSA Y CUÁNDO COLGAR

Aunque el botón de *pausa* es tu aliado, también es un peligro y puede empeorar las cosas. ¡Del otro lado de la *pausa* hay una *espera*! La mayoría de la gente tiene toda una vida más allá de su relación contigo y cada momento de espera es uno que le robas y que podría dedicar a algo más productivo. ¿Qué hace intolerable la *espera*? No saber cuánto durará. Dos minutos pueden parecer una hora para quienes tienen agendas apretadas y no saben cuándo volverás. Antes de poner a la gente en *pausa* pídele permiso y dile cuánto tiempo tendrá que esperar. Si prefiere no hacerlo, ofrécele opciones.

Si hablas con un Tanque, ponerlo en pausa podría escala el problema. Recuerda que el Tanque se mueve hacia adelante con rapidez y todo lo que tome tiempo o parezca irrelevante será tomado como una provocación. Si vas a poner al Tanque en pausa primero deja claro cuál es la razón de hacerlo y de qué manera sirve a sus intereses. Esto es lo que llamamos en el capítulo 8, "Obtén lo que proyectas y esperas", una *afirmación de intención*: "Para resolver rápido su problema necesito consultar con alguien más. Esto sólo tomará un minuto, máximo dos. ¿Puedo ponerlo en *pausa* o prefiere que le vuelva a llamar?"

La afirmación de intención es ésta: "Para resolver su problema rápido…" Esto se integra con el deseo de acción del Tanque. Al establecer una temporalidad, "Esto sólo tomará un minuto, máximo dos" le das al Tanque algo de control sobre la espera. Como el Tanque no tiene todo el día, asegúrate de que lo que le dices es realista. No le digas: "Esto sólo tomará un minuto" y te tomes cuatro porque cuando regreses el Tanque descargará toda su furia en un asalto a gran escala. Pedir permiso, esperar una respuesta y ofrecer la opción de llamar más tarde también se integra al deseo de control del Tanque. Él tiene cosas que hacer, lugares a los que ir y personas con las que reunirse.

Con la Granada, por otra parte, la *pausa* constituye una gran ventaja. El cuarto paso en la estrategia de la Granada es "Haz una pausa". Como a la Granada no le gusta estallar, el uso del botón de *pausa* le da algo de tiempo a solas para recomponerse. Si alguna vez tienes que lidiar con la Granada por teléfono y le pasas la llamada a alguien más, es probable que encontrará a alguien más normal al otro lado de la línea. También puedes inventar una excusa para terminar la llamada y decirle a la Granada que le llamarás más tarde. Cuando lo hagas, lidiarás con alguien más tranquilo y racional.

Si alguna vez te ha tocado atender la llamada de alguien que ha estado en *pausa* mucho rato, prepárate para integrarte, reconociendo la larga espera y disculpándote por la molestia. "Sé que estuvo esperando por mucho tiempo. Le pido una disculpa por la molestia. ¿Sobre qué quería hablar?" Sé veloz integrándote y enfocándote en lo que sigue pues es poco probable que esta persona deje de estar molesta por lo que pasó y ponga su atención en el tema de la llamada.

6. ¡ENVÍA SEÑALES DE QUE ESCUCHAS!

Muchas de las señales que la gente reconoce como señales de que estás escuchando —contacto visual, movimientos de cabeza, toma de notas, miradas cargadas de significado— son señales visuales. Como no las tienes en las llamadas telefónicas, debes asegurarte de enviar señales verbales.

En lugar de miradas cargadas de significado, puedes hacer sonidos o exclamaciones:

- "Mmm."
- "Oh."
- "Ay, no."
- "Uf."
- "No te creo."
- "¿Y luego?"

Estas interjecciones te ayudarán a transmitir al otro que estás ahí, con él, pero que te mantienes a un lado para que continúe hablando. Retomar lo dicho, como lo abordamos en el capítulo 5, siempre es importante. Pero el poder de recuperar se multiplica en el teléfono. Recuerda que hacerlo no sólo le permite saber al otro que escuchas, sino que te da la posibilidad de ganar tiempo para pensar en lo que quieres preguntar o decir a continuación.

7. DEMUESTRA PREPARACIÓN, AUNQUE NO LA TENGAS

A veces las personas te dan información personal durante una conversación telefónica. Cuando lo hagan, toma nota para futuras referencias, pues estos detalles personales te permiten construir una relación. En una siguiente llamada, consulta previamente los detalles y úsalos como puntos de referencia para comunicar al otro que valoras hablar con él.

(*Nota:* Ten cuidado de hacer varias cosas a la vez. No navegues en internet ni juegues mientras hablas con alguien, ¡a menos que quieras darle la impresión de que no estás escuchando!)

8. CIERRA LOS OJOS

La octava ventaja cuando hablas por teléfono: puedes cerrar los ojos para concentrarte, no para recuperar horas de sueño (¡a menos que dispongas de una grabadora que conteste por ti!) Cuando cierras los ojos te deshaces de distracciones visuales lo cual te ayudará a enfocarte en lo que escuchas. Esto es útil cuando la precisión de la comunicación es importante, cuando hay detalles difíciles en discusión, o cuando sabes que en el futuro serás puesto a prueba respecto de lo que escuchas.

Hay un método para escuchar mejor cuando cierras los ojos. Primero, asume que no sabes nada. Imagina un papel en blanco. Permite que las palabras del otro te den detalles que enriquezcan lo que piensas. Si algo falta, puedes retomar y formular preguntas clarificadoras para llenar los espacios vacíos.

Aunque no puedes hacer esto durante mucho tiempo en la comunicación cara a cara, cerrar los ojos para escuchar es una opción muy buena en una conversación telefónica.

Cuando se trata de un gramo de prevención, el teléfono es una ventaja, en espera de ser implementada en las estrategias presentadas en la tercera parte. Usar este gramo de prevención puede evitar toneladas de remedios al lidiar con los 10 (+3) más indeseables.

BREVE RESUMEN

Cuando te comunicas por teléfono

LOS OCHO GRAMOS DE PREVENCIÓN

1. Dale forma a la percepción.
2. Usa tu cuerpo para controlar tu tono.
3. Respira por tu vida.
4. Esquematiza la dirección.
5. Aprende cuándo poner pausa y cuándo colgar.
6. ¡Envía señales de escucha!
7. Demuestra preparación, incluso si no la tienes.
8. Cierra los ojos.

26

OCHO GRAMOS DE PREVENCIÓN EN LA COMUNICACIÓN CON CORREOS ELECTRÓNICOS

Lo diremos de nuevo: en la comunicación interpersonal, cuando algo se pierde, algo se gana. En el caso de los correos electrónicos pierdes las señales no verbales que añaden color, profundidad y dimensión a las palabras. ¡Es una gran pérdida! Sin el 55 por ciento y el 38 por ciento, el restante 7 por ciento se convierte en el 100 por ciento de la interacción. ¡A la pérdida se añade 38 por ciento de alucinaciones basadas en cómo crees que suena la persona!

Lo que ganas con el uso de herramientas electrónicas de comunicación, incluyendo e-mails, mensajes de texto y redes sociales, es el elemento del tiempo. La comunicación escrita, sin importar qué tan urgente sea, no requiere la inmediatez de respuesta que requieren la interacción cara a cara y las llamadas telefónicas. Incluso si te tomas unos minutos antes de enviar el mensaje tienes tiempo para relajarte, clarificar y transmitir un mensaje razonable y bien pensado.

Antes, escribir algo a alguien implicaba sentarte con papel y pluma (de ave) o con papel y bolígrafo, o con papel y máquina de escribir, o con papel y computadora e impresora. Después de redactar la carta podías releerla, corregirla y reescribirla, a sabiendas de que, una vez enviada, ya no habría posibilidad de hacerlo. Si estabas satisfecho con lo que habías escrito ponías la carta en un sobre y la llevabas al correo. La cantidad de tiempo invertido en el proceso le daba oportunidad a la gente de ser concienzuda. A veces pasaba tanto tiempo antes de recibir una carta que ya era inútil enviar la respuesta.

La era de la información cambió eso. Ahora puedes cortar y pegar, citar, responder, saltarte la impresión e ir directo a "enviar" en minutos. Cuando antes podían pasar días, semanas o incluso meses en los que tu mensaje no se recibía ni se leía, ahora la comunicación se ha acelerado y puedes recibir los mensajes casi instantáneamente. Pero a medida que la comunicación electrónica ha aumentado, con ella también han sido más frecuentes los malentendidos. El tiempo está de tu parte sólo si lo usas como ventaja de manera intencional.

El problema que causa la velocidad de las comunicaciones electrónicas crece por la cantidad de mensajes cotidianos. El increíble volumen de e-mails en las bandejas de entrada hace que muchos se sientan sobrepasados y es probable que mientras más correos reciban, menos tiempo tendrán para contestar un mensaje específico. Si respondes de 50 a 80 mensajes diarios, es más probable que vayas al grano y dejes las galanuras sociales para las interacciones no electrónicas. En lugar de iniciar una conversación con "Hola, ¿cómo estás? ¿Qué hay de nuevo? Bla, bla, bla..." ahora es: "Re: Tu mensaje. Haz esto. Haz lo otro. Aquí es adonde hay que ir".

Los matices amigables o frustrantes de la voz y las expresiones faciales se han ido, así que los lectores de e-mails no perciben las emociones de quien escribe. Sin embargo, es común para algunos fantasear libremente sobre ellas. Intervienen en esto las hormonas y los niveles de azúcar del lector. A menudo no hay referencia de mensajes previos. Como resultado las palabras son malinterpretadas, el humor bien intencionado se confunde con burla y una referencia casual se toma de mala manera. A menudo la falta de contexto y de claves se vuelve el centro de un conflicto; las frases que no tienen perspectiva producen una visión tipo túnel que se incrementa con el tiempo.

Otro factor que contribuye a los conflictos generados por la comunicación electrónica es que las personas escriben directamente en la pantalla, donde sus pensamientos se convierten en palabras aisladas. Sin la buena influencia de la retroalimentación inmediata del otro se diluye la inhibición social que impulsa a las personas a pensar dos veces antes de hablar. Quizá recuerdes la advertencia del escritor Mark Twain: "Mejor no digas nada aunque te crean tonto, en lugar de abrir la boca y demostrarlo más allá de cualquier duda". Tristemente, las palabras compuestas en la soledad son enviadas cuando deberían haber permanecido como pensamientos privados. El e-mail facilita la verbalización de las expresiones más crudas y descaradas de los pensamientos de alguien.

Entre la carencia de pistas visuales y auditivas, la aplastante cantidad de mensajes, la falta de diplomacia social, la ausencia de humanidad al mirar la pantalla y la inmediatez de actuar por impulso en lugar de tomarse el tiempo para considerar una respuesta, estos medios electrónicos de comunicación han provocado una epidemia de incomunicación.

USA LA VENTAJA DEL TIEMPO

Aunque un correo electrónico impone los horarios del otro, ¡tú decides cuándo leerlo y cuándo responderlo! Hemos escuchado muchas historias de e-mails enviados con prisa que provocan efectos terribles. De la misma manera que un disparo da la señal para que zarpen mil barcos, cuando presionas el botón "enviar" el daño ya está hecho. El primer consejo, por lo tanto, es sencillo: nunca contestes de manera rápida o impulsiva a ningún e-mail que tenga contenido emocional, y nunca inicies una interacción de correo electrónico con mensajes de fuerte contenido emocional.

Un correo emocional merece la ventaja del tiempo y debes usarla a tu favor. Después de todo, la emoción que percibes sólo es tuya. Tu estado mental y tus sentimientos sobre un tema pueden provocar que malinterpretes la intensidad o el significado de lo que lees. Toma menos tiempo escribir una respuesta razonada que lo que lleva lidiar con las consecuencias de un mensaje enviado a la ligera.

Aprovecha la ventaja del tiempo para lidiar con tu respuesta emocional de lo que estás leyendo. El tiempo te permite ventilar la reacción con tu pareja (si es que tu casa es el lugar al que vas cuando te cansas de ser amable con la gente) o con un amigo (quien tiene la resistencia emocional para tolerar tus arranques). Mientras tanto, reconsidera lo que quieres de la interacción. El tiempo te permite que hagas un borrador y que regreses a él al otro día para dar el siguiente paso. El tiempo te permite abrir este libro en el capítulo correcto, encontrar la mejor estrategia y elaborar tu respuesta utilizándolo.

Si te tomas el tiempo también le darás a la gente difícil algo de tiempo. Quienes ayer actuaron como Tanques y quisieron pasar encima de ti, quizás hoy, con algo de tiempo para salirse de la zona de peligro, modificar sus niveles de azúcar y atender otras cuestiones que estaban alimentando su ataque, se comporten de manera distinta. Al dar a las cosas un poco de tiempo es más probable que la comunicación sea efectiva y que la gente a la que le envías el mensaje esté más dispuesta a escuchar lo que intentas decir. ¡A tu favor!

Habrá momentos en que las estrategias presentadas en este libro se aplicarán a tu comunicación escrita. Quizas has tenido esta incómoda experiencia en la que después de un encuentro en persona te das cuenta —demasiado tarde— de lo que deberías haber dicho o hecho. Los encuentros cara a cara con el Tanque te hacen sentir que estás "con la pistola en la sien"; te dejan sin palabras con el Francotirador; sintiéndote un tonto con el Sabelotodo, y furioso con la persona Quizá. Pero la correspondencia electrónica te da las ventajas de la claridad y el autocontrol.

Más importante aún: cuando usas el e-mail, si quieres evitar malentendidos que saquen lo peor de ti y de otros, haz que tomarte tiempo y pensar con claridad sea tu prioridad.

OCHO GRAMOS DE PREVENCIÓN

Como siempre, un gramo de prevención vale por una tonelada de reacción. Así que tómate tu tiempo para aplicar estos gramos de prevención a tu correspondencia electrónica.

1. DESCÁRGATE, PERO NO LO ENVÍES

Cuando recibes un mensaje provocador exigiendo una respuesta a veces te sientes obligado a decir algo y no puedes soportar la espera. Si todo lo que quieres es enojarte y quedar a mano, hazlo. Escríbelo. Pero no lo envíes.

Descargar las emociones con palabras exaltadas es increíblemente terapéutico y liberador, pero es peligroso cuando compartes esa ebullición. La acción provoca una reacción, y si el otro tiene que lidiar con tu reacción es muy probable que tú tengas que lidiar con la suya, En la terminología usada para describir el comportamiento difícil en internet encontrarás el término *flame* (flama), o *guerra de flames*.

Las *guerras de flames* a menudo hacen erupción cuando alguien envía algo a otra persona con o sin intención que agrava y/o insulta. Si es hecho intencionalmente, es una *flame*. Pero el camino al infierno a menudo está pavimentado de buenas intenciones, así que un mensaje inocente puede provocar una respuesta acalorada. No es poco común que alguien perciba un *flame* donde no lo hay y responda con otro. Así es como empiezan los *flames*. Alguien manda un *flame* que provoca un *flame* que provoca un *flame*, y pronto todo el paisaje está en llamas con sentimientos desconsiderados e inmaduros. Cuando se dicen palabras duras es difícil retirarlas.

¿Nuestro consejo? No importa qué tan fuerte sea el impulso de subir la llama: detén el fuego. Si estás seguro de que quien te envió el correo necesita sentir ese calor, guarda el mensaje como borrador y revisítalo hasta que diga exactamente lo que necesitas que diga, pero asegúrate de esperar al menos un día. Otro consejo de seguridad: si vas a descargarte, no lo hagas en el *software* que usas para enviar e-mails. Hazlo en un documento aparte. Con frecuencia escuchamos historias de horror de gente que ventiló sus emociones y accidentalmente presionó el botón "enviar" en lugar de "guardar".

Desde el principio de este libro te pedimos que te preguntaras qué querías de tu trato con las personas. En el caso de los e-mails, tómate el tiempo para reconsiderar qué quieres y qué necesitas. ¿Necesitas de una buena *guerra de flames*? ¿Necesitas pasar tiempo elucubrando el siguiente mensaje? ¿Necesitas la ansiedad de no estar seguro del daño que has causado? ¡Creemos que no! Ahórrate un montón de problemas. ¡Ventílate, descárgate pero no lo envíes!

2. LÉELO UNA VEZ MÁS

Si crees que el mensaje que estás redactando puede hacer daño o incrementar el conflicto, no importa el tiempo que le dediques, pero debes releerlo para asegurarte de que borras todas las palabras o frases que podrían crear conflicto o ser malinterpretadas. Cada mensaje merece al menos una segunda lectura antes de ser enviado. Considera tu mensaje como un borrador que puedes mejorar al leerlo una y otra vez.

3. VUÉLVELO A LEER

Aún mejor, lee ese e-mail que te sacó de quicio en otro momento antes de que decidas que terminaste tu respuesta. Cuando tus niveles de azúcar suben y bajan a lo largo del día las mismas palabras pueden sonar diferentes. Quizá notes palabras y frases que no viste la primera vez. Quizá más que responder a lo que crees que el otro dijo vale la pena redactar un mensaje con preguntas clarificadoras. Intenta cualquier cosa para asegurarte de que entendiste lo que leíste y por qué fue dicho, antes de responder.

4. PIDE UNA SEGUNDA OPINIÓN

Si un mensaje te llega y te molesta, es bueno pedir alguien que lo lea para que encuentre cosas que quizá pasaste por alto. Te sorprenderán las diferentes interpretaciones que otros deducen de las mismas palabras. Y no te hará daño que alguien más lea tu respuesta. Pídele retroalimentación sobre lo que debes responder antes de redactar tu mensaje, o al menos pídele su opinión sobre lo que has escrito antes de enviarlo.

5. EMPIEZA CON INTENCIÓN Y ACABA CON DIRECCIÓN

En el capítulo 2, "Habla para que te entiendan", abordamos la importancia de establecer tu intención positiva al inicio de lo que tienes que decir. Los mensajes electrónicos son un poderoso medio a este respecto porque tu intención se mantiene visible y añade contexto al resto del mensaje. Empieza tu mensaje con una clara *afirmación de tu intención* para que el receptor pueda saber por qué le escribes y lo que esperas lograr antes de que continúe. Termina tu mensaje con una *afirmación de dirección*. Dile qué quieres como resultado de haber escrito el mensaje.

Si tu intención es proveer a los receptores información que no requiere respuesta, agrega esta anotación al inicio del correo: "Para tu información te envío una breve crónica de lo que he estado haciendo porque creo que así podrás entender mis peticiones en la próxima reunión".

De ese modo el receptor sabe que no necesita contestar cada punto sino que puede tomar la información y estar dispuesto a considerar tus requerimientos en la reunión. Si envuelves tu mensaje con un fuerte inicio y un sólido final entregas una perspectiva informada que da significado a tus palabras.

Daniel era parte de un grupo que quería mejorar su sitio de internet. Encontró una página que le gustó mucho y pensó que sería un gran ejemplo.

Envió un mensaje a sus colegas que decía: "Vean este sitio: pienso que es genial de muchas maneras. Díganme lo que opinan sobre él". Si avisar a sus receptores lo que él creía que era tan "genial" y sin tomarse el tiempo para clarificar, sus colegas tuvieron vía libre para usar su propio criterio con el fin de determinar lo que era un sitio de internet "genial".

Margaret visitó la página y la evaluó desde la perspectiva del diseño e inmediatamente cuestionó la participación de Daniel en el proyecto. "¿Esta es su idea de un gran sitio? —pensó—. Violenta casi cada uno de los preceptos básicos de un diseño inteligente. No estoy segura de que Daniel deba seguir participando en este proyecto." Lucas, por su parte, miró el contenido del sitio y se incomodó tanto que estuvo a punto de renunciar al grupo en ese instante. Harriet lo miró desde la perspectiva de la navegación y la facilidad de uso y le envió un correo inmediatamente a Daniel sugiriendo que si pensaba que ese era un sitio genial, había demostrado una absoluta falta de discernimiento y había levantado serias dudas sobre su participación en el proyecto, y que estaba segura que esto traería grandes dificultades. Una avalancha de e-mails siguieron, y las cosas empeoraron. Finalmente, el grupo pudo resolver el problema mediante una videollamada en la que Daniel dejó claro qué era lo que le había gustado de ese sitio concretamente y qué quería que todos vieran.

El problema se habría evitado si en lugar de una dirección general les hubiera especificado su intención y lo que concretamente quería que evaluaran: "Queridos colegas: me gustaría que revisaran el siguiente sitio de internet desde la perspectiva de la mercadotecnia. Ignoren el diseño y el contenido, pero fíjense en la manera en que presentan las oportunidades de interacción a los visitantes y en la manera en que hacen posible las compras en cada sección. Díganme si ven algo que pueda implementarse en nuestro sitio para impulsar la interactividad y las ventas".

Los colegas de Daniel también habrían podido responder de una manera distinta: podrían haber usado el e-mail para "escuchar y comprender", solicitando clarificación y dirección. La lección aquí es simple: inicia con tu intención y termina con dirección para evitar complicaciones.

6. CITA PRONTO Y CITA MUCHO

Cuando respondes de manera general a un mensaje electrónico, sin hacer referencia a palabras o frases específicas, los lectores aplicarán tus palabras a cualquier otra cosa tanto en tu mensaje como en los suyos. El problema con las respuestas generales es que producen respuestas muy distintas a lo que era tu intención. En el capítulo 5 de este libro hablamos sobre la importancia de la *recuperación*, o sea, de usar las palabras de una persona en la comunicación cara a cara. Recuperar es una manera poderosa de proveer contexto a cuestiones y afirmaciones. Tiene gran valor en las conversaciones telefónicas también, pues convierte largas retahílas de palabras en ideas llenas de sentido que se relacionan con otras ideas. La recuperación es más sencilla en la correspondencia electrónica que en cualquier otro tipo de comunicación, pues te permite que las palabras del otro hablen por sí mismas. Un método para hacerlo ya ha sido desarrollado por los pioneros de internet y la comunicación por e-mail: para recuperar, simplemente usa el símbolo > frente a las palabras que alguien más escribió. Este símbolo es reconocido porque indica una cita. Usarlo le permite saber al lector a qué estás respondiendo.

Las citas también sirven para cuestionar el significado de alguna palabra o frase.

Por ejemplo, cuando dices:

→ Veamos si puedes atinarle esta vez.
No entiendo si estás siendo sarcástico o sólo bromeas. ¿Cuál es?

También puedes usar las citas para ofrecer opciones. Digamos que escribiste:

→Veamos si puedes atinarle esta vez.
Si tu intención era ser sarcástico, entonces mi respuesta es esta:
¿En serio? Y aquí hay una idea, juguemos al caballo. Yo seré la cabeza y tú sólo sigue siendo tú.
Si, en cambio, sólo bromeas, entonces mi respuesta es esta:
LOL. ¡Sí, haré mi mejor esfuerzo para no arruinar las cosas! ;).

7. USA MEJOR LOS EMOTICONES (CARITAS)

Esto nos lleva a otra oportunidad valiosa de comunicación vía e-mail. Desde los primeros días del correo electrónico se popularizó un grupo de símbolos cibernéticos llamados emoticones. Puedes utilizarlos para indicar tu estado emocional cuando respondes o envías un e-mail. Esto le da contexto a tus palabras y disminuye las probabilidades de las malas interpretaciones.

Emoticón	Significado
;-)	Guiño. Denota que bromeas.
:-)	Sonrisa. Denota felicidad.
:-(	Ceño fruncido. Denota infelicidad.

En nuestro ejemplo previo, quien envió el mensaje pudo usar un emoticón para aclarar la intención detrás de sus palabras.

→Veamos si puedes atinarle esta vez ;-).

El receptor habría sabido a la primera que estas eran palabras amistosas y no agresivas.
Como no todos los que usan e-mail conocen el uso de estos símbolos, es bueno emplearlos con frecuencia hasta que sean de uso común con quienes intercambias correspondencia. La comunicación se agiliza si se usa un lenguaje común. En el mundo cibernético del texto creemos que añadir al

menos un emoticón a lo que dices incrementa la diversión y minimiza los problemas. Aquí hay algunos de los más populares:

:-o	sorprendido
:-@	gritando
:-I	indiferente
:-e	desilusionado
→-/	enojado
:-D	riendo
:-$	pon tu dinero donde está tu boca
:-P	sacando la lengua

Igual que en el idioma hablado, hay más de una manera de decir algo con emoticones. Por ejemplo:

Versión completa	Versión abreviada	
:-)	Feliz	:)
:-(	Triste	:(
;-)	Guiño	;)
:-O	Grito o shock	:O

El rango de emociones que puedes expresar con caritas es increíble. Y puedes añadir algunas abreviaciones comunes para dar más dirección, sentimiento y contenido:

Símbolo	Significado
PC	Por cierto
EMO	En mi opinión
EMHO	En mi humilde opinión
LOL	Carcajada (por sus siglas en inglés: *laughing out loud*)
SMPR	Siempre
TMBN	También
LQK	Lo que quieras
XQ	Porque

BSS	Besos
AMR	Amor
PF	Por favor

8. USA LOS CHISTES CON CUIDADO (¡ATENCIÓN, BROMISTAS!)

Es chistoso lo diferentes que somos cuando se trata de ser chistoso. No nos referimos a que nunca seas gracioso en tu correspondencia electrónica. ¡Inténtalo! Después de todo el humor ayuda a recuperar la perspectiva en las situaciones difíciles. Pero recuerda que un poco de humor a veces va demasiado lejos y sólo funciona para quien capta la broma. Algunas formas de humor como juegos de palabras y traspiés son efectivos sin el 55 y el 38 por ciento. Otro tipo de humor depende completamente del tono de voz o de la expresión facial. Cuando se trata de humor, la basura de alguien es el tesoro del otro. A menos que estés seguro de que provocarás risa, debes evitar el humor. Enviar mensajes que pueden percibirse como basura ¡es un desastre!

Para entender cómo funciona el humor en la palabra escrita te sugerimos leer lo que sea que haya escrito Dave Barry. Por supuesto cada quien tiene sus gustos. Si sabes con seguridad que alguien comparte tu sentido del humor, comparte un chiste con él. Pero si dudas, mejor evítalo.

TOMA TIEMPO, AHORRA TIEMPO

Si aplicas estos ocho gramos de prevención podrás ahorrar tiempo que de otra manera se desperdiciaría en reacciones negativas y en malentendidos. No tienes que leer nuestro libro *Vivir por diseño* (*Life by Design,* por su título en inglés, y disponible en www.thericks.com) para reconocer que tienes cosas más importantes que hacer que pelear con unos y ceros en internet. No hay duda de que usar la ventaja del tiempo te ahorrará tiempo y energía.

BREVE RESUMEN

Cuando te comunicas vía e-mail

LOS OCHO GRAMOS DE PREVENCIÓN

1. Ventila pero no envíes.
2. Lee más de una vez.
3. Lee una vez más.
4. Busca una segunda opinión.
5. Empieza con la intención y termina con la dirección.
6. Cita temprano, cita mucho.
7. Usa mejor los emoticones (caritas).
8. Usa los chistes con cuidado (¡atención bromistas!)

EPÍLOGO

Cómo dar el gran paso de aplicar los pequeños pasos de este libro

Llegamos al final de este libro y al inicio de tu futuro trato con las personas que no soportas. Esperamos que como resultado de lo que has aprendido tolerarás mejor a la gente difícil y sacarás lo mejor de las personas en sus peores momentos. Para que esto suceda deberás dar el gran salto aplicando los pequeños pasos de este libro.

Hay algunas acciones sencillas que puedes implementar de inmediato:

1. Establece como meta ser un comunicador efectivo y toma todas las oportunidades que se presenten para aprender y poner en práctica estas técnicas. Ya sea que estés viendo una película o en una reunión, encontrarás ejemplos de personas que no usan o fallan al usar las habilidades y estrategias de este libro. No olvides consultarlo.

2. Júntate con socios de comunicación: gente que está dispuesta a aprender igual que tú. ¡Eso es lo que hicimos nosotros! Comparte recursos, como este libro, con tus socios y tendrán un idioma común en sus discusiones. Reúnanse una vez a la semana para discutir lo que observan, aprenden e intentan. Más que cualquier otra acción, las reuniones regulares con los socios de comunicación te recuerdan que debes poner atención, mientras te mantienen enfocado en desarrollar y mejorar tus habilidades. Lo cual nos lleva al último paso.

3. Contabiliza tus bendiciones. Si tienes el privilegio de leer este libro ya estás mejor que el 80 por ciento de la población de la Tierra, de formas que a veces damos por sentadas. Probablemente tienes un techo sobre tu cabeza, comida suficiente, personas que te quieren y a quien querer. La vida es difícil y hay suficientes contratiempos como para llenarte de negatividad y desperdiciar tu vida en preocupaciones y estrés. Si recuerdas

contabilizar tus bendiciones hoy, quizás ahora mismo, y cada día, tendrás la fuerza para disfrutar los retos que te presentan las personas difíciles.

Las estrategias de comunicación señaladas en este libro no tiene la intención de ser un remedio instantáneo a los problemas de las relaciones. Mientras más tiempo se tarde un problema en desarrollarse, más tiempo y energía deberás invertir en resolverlo. Cuando empieces a aplicar estas actitudes y estrategias, las probabilidades serán de éxito en algunos casos y de fracaso en otros; ganarás a veces y perderás otras. Más importante que ganar o perder es tener más opciones, oportunidades y alternativas al sufrimiento. Puedes empoderarte para ser la causa de lo que pase a continuación, más que la víctima de lo que otros hacen. Aunque no puedes cambiar a nadie, tu flexibilidad y tu conocimiento pueden ayudar a los demás a cambiar. El compromiso y la perseverancia te guiarán inevitablemente hacia el éxito al lidiar con personas difíciles.

La gente problemática es parte de la vida de cada uno de nosotros, y aparentemente han estado ahí desde el inicio de la historia, cuando el Señor dijo: "Hágase la luz", y la gente difícil apareció en el planeta. Y ahí ha estado desde entonces, iniciando guerras e involucrándose en conflictos interpersonales, acusando, distrayendo, y confundiendo. Sin embargo, cada uno de nosotros puede hacer algo para reducir los malentendidos y eliminar el conflicto que ha plagado la Tierra. De hecho, el futuro de la humanidad puede depender de que cada uno de nosotros aprenda a tolerar al otro a pesar de las diferencias. No hay, por lo tanto, mejor momento para sacar lo mejor de los demás. Nuestros hijos ven su futuro en nuestros esfuerzos. Nos piden que pongamos el ejemplo, que hagamos lo correcto, que tengamos una buena carrera. Así que la próxima vez que tengas que lidiar con alguien a quien no soportas, recuerda esto: la vida no es un examen Es una emergencia. Buena suerte.

SOBRE LOS AUTORES

El doctor Rick Kirschner y el doctor Rick Brinkman son profesores, conferencistas y autores de renombre internacional. Iniciaron su carrera como médicos holísticos especializados en los aspectos emocionales y mentales de la curación y el bienestar.

Son coautores de los programas de audio y video *Cómo lidiar con las personas difíciles,* y otros seis programas de entrenamiento producidos en audio y video. Su libro *Cómo lidiar con la gente que no soportas* es un bestseller internacional traducido a 20 idiomas. También son coautores de los libros: *Vida por diseño: tomar las decisiones correctas en un mundo confuso (Life by Design: Making Wise Choices in a Mixed Up World,* por su título original en inglés), *Ama a tu cliente (Love Thy Costumer,* por su título original en inglés) y *Lidiando con la familia (Dealing with relatives,* por su título original en inglés).

Actualmente presentan sus entretenidas conferencias y programas de entrenamiento en todo el mundo. Entre sus clientes se encuentran los astronautas de la NASA, AT&T, Hewlett-Packard, Texaco, The INC. 500 Conference, The Young Presidents Organization, la Armada de Estados Unidos y cientos de corporaciones, agencias gubernamentales y asociaciones profesionales.

Una invitación de los autores: si deseas consultar la disponibilidad de nuestras conferencias, información sobre los seminarios, encontrar más sobre los programas de audio y video o incluso contarnos tus historias de éxito, visita nuestros sitios de internet o contáctanos vía e-mail:

Los Ricks: www.DealingWithPeople.com.
Dr. Rick Kirschner: drkinfo@theartofchange.com.
                        www.TheArtOfChange.com.
Rick Brinkman: dr.rick@rickbrinkman.com.
                        www.rickbrinkman.com.

Cómo tratar con gente complicada
de Dr. Rick Brinkman and Dr. Rick Kirschner,
se terminó de imprimir en abril de 2018
en los talleres de
Litográfica Ingramex, S.A. de C.V.
Centeno 162-1, Col. Granjas Esmeralda,
C.P. 09810, Ciudad de México.